カラー写真

　Speaking Test Question 3: Describe a Picture（スピーキングテスト「写真描写問題」）および Writing Test Questions 1-5: Write a Sentence Based on a Picture（ライティングテスト「写真描写問題」）は、本番の試験では画面に基本的にカラー写真が表示されます。色に関連することを描写する必要もありますので、ここに示すカラー写真でも練習しておきましょう。

Speaking Test Question 3 : Describe a Picture

40 ページ

43 ページ　写真 A

43 ページ　写真 B

46 ページ　写真 C　/　54 ページ　写真 G

46 ページ　写真 D

49 ページ　写真 E　／　59 ページ　写真 J　／　62 ページ　写真 K

49 ページ　写真 F　／　59 ページ　写真 I

54 ページ　写真 H

62 ページ　写真 L

64 ページ　Guided Practice 1

65 ページ　Guided Practice 2

68ページ　練習問題1

68ページ　練習問題2

69ページ　練習問題3

Writing Test Questions 1-5 : Write a Sentence Based on a Picture

171 ページ

173 ページ　写真 A

174 ページ　写真 B

176 ページ　写真 C

177 ページ　写真 D

180 ページ　練習問題 1　Question 1

some / line

180 ページ　練習問題 1　Question 2

shopper / store

181 ページ　練習問題 1　Question 3

shelf / on

181 ページ　練習問題 1　Question 4

bed / next to

182ページ　練習問題1　Question 5

outdoors / buy

182ページ　練習問題2　Question 1

decide / if

183ページ　練習問題2　Question 2

chef / in order to

183 ページ　練習問題 2　Question 3

photograph / on

184 ページ　練習問題 2　Question 4

walk / because

184 ページ　練習問題 2　Question 5

counter / order

模擬テスト1

Speaking Test 1

236 ページ　Question 3: Describe a Picture

Writing Test 1

Questions 1-5: Write a Sentence Based on a Picture
245 ページ　Question 1

woman / picture

246 ページ　Question 2

some / museum

247 ページ　Question 3

sofa / between

248 ページ　Question 4

talk / because

249 ページ　Question 5

escalator / in order to

模擬テスト2

Speaking Test 2

258 ページ　Question 3: Describe a Picture

Writing Test 2

Questions 1-5: Write a Sentence Based on a Picture

267 ページ　Question 1

man / stand

268 ページ　Question 2

carry / luggage

269 ページ　Question 3

some / around

270 ページ　Question 4

play / in

271 ページ　Question 5

sit / while

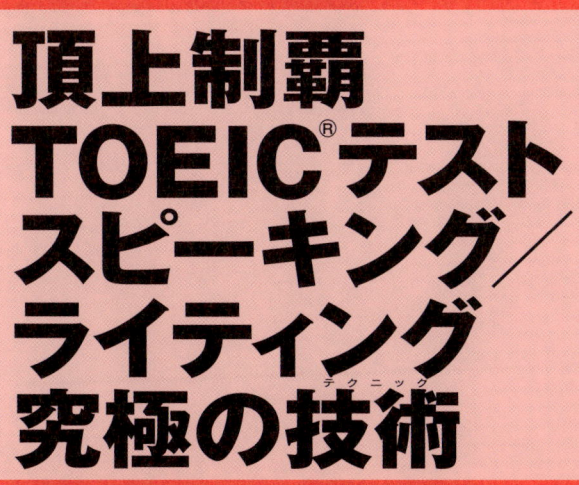

ロバート・ヒルキ
上原雅子／横川綾子／トニー・クック

TOEIC is a registered trademark of Educational Testing Service (ETS).
This publication is not endorsed or approved by ETS.

研究社

The TOEIC® test directions are reprinted by permission of Educational Testing Service, the copyright owner. However, the test questions and any other testing information are provided in their entirety by Kenkyusha Co., Ltd. No endorsement of this publication by Educational Testing Service should be inferred.

まえがき
Introduction

「頂上制覇　TOEIC® テスト　究極の技術(テクニック)」シリーズについて

みなさん、こんにちは。ロバート・ヒルキです。

このたび、研究社より、「頂上制覇　TOEIC® テスト　究極の技術(テクニック)」シリーズ（全6巻）の刊行をスタートいたします。本シリーズで、みなさんにはきっとTOEICのさらなるスコアアップをはかっていただけるはずです。特にすでに900点以上のスコアをお持ちで、そこから990点満点をめざしてさらに努力を重ねておられる方は、ぜひ本シリーズをさらなるスコアアップの「起爆剤」としてご活用ください。

TOEICテストで高得点を取るには、実際のTOEICで出題されるような問題をできる限り多く解いてみることが大切です。本シリーズの続刊ではTOEICのPart 1からPart 7までを4巻に分けて解説し、各Partごとに4セット分のテスト問題を収録、さらに『トリプル模試』では完全模擬試験3回分を収録する予定です。シリーズの共著者は全員TOEICテスト990点満点ホルダーで、TOEICスピーキングテスト／ライティングテスト200/200点満点獲得者もおり、この人たちの協力を得て、本番さながらの問題を作成し、実戦に役立つ解説を付けました。TOEICのスコアアップにとどまらず、グローバル・コミュニケーションで求められる高度な英語運用能力を確実に身につけたい方の強い味方として、自信を持ってお届けします。

本書『頂上制覇 TOEIC® テスト スピーキング／ライティング 究極の技術(テクニック)』について

さて、TOEICスピーキングテスト／ライティングテスト（以下、SWテスト）とは、発信型英語能力判定のための信頼しうる試験を求める声に応えて、ETS（Educational Testing Service）が2007年に開始したものです。受験者の口頭

ならびに文書でのコミュニケーション能力をはかるために開発されました。SW テストはすでに韓国では毎年多くの人が受験していると聞いていますし（韓国 YBM 発行の Newsletter 72 号では、同国の 2011 年のスピーキングテストの受験者数は 24 万人と報告されています）、日本でも人気が高まっており、将来ますます受験者が増えてゆくことは間違いありません。ですので、TOEIC のすべてを網羅した「頂上制覇」シリーズの第 1 弾として、本書『頂上制覇 TOEIC® テスト　スピーキング／ライティング　究極の技術（テクニック）』を刊行できるのは、喜びに堪えません。

　本書を最高の SW テスト対策本にするために、共著者の上原雅子、横川綾子、トニー・クック、研究社編集部の金子靖さん、そして私の 5 人は、SW テストを何度も受験して内容をよく把握し、有益な関連情報を集めました。この SW テストは、英語を第一言語としない人たちのスピーキングとライティングの力を測定するテストとして、疑いなく最高レベルのものであると確信しています。特に、多様化の進む現代のグローバル・ビジネスの場で求められる英語能力判定に最適です。SW テストを英語の実務能力判定の目安として利用する企業や団体はますます増えつつあり、今後そのハイスコアがキャリアアップの上で貴重な財産になるのは確実です。

　本書には SW テストの効果的な対策やテクニックを多数盛り込み、また実践的な練習問題と模範解答も豊富に用意し、テスト本番に確実に生かせるように工夫しました。これにより、読者のみなさんには、効率的・効果的な受験対策を進めていただけると思います。また、本書はスコアの向上にはもちろん、英語の語彙力増強にもお役に立つはずです。最終的にはどんな状況においても、ハイレベルな英語を話し、書くことができる力がきっと身についていることでしょう。

2013 年 2 月
ロバート・ヒルキ　（Robert Hilke）

※この「まえがき」は 5-6 ページの英文の主旨を生かしつつ、著者と編集部で追加情報を盛り込んで再構成したものですので、両者の内容は完全には一致していません。

Introduction for
"Aiming for the Top — Ultimate Techniques for Getting a Perfect Score on the TOEIC® Test Speaking and Writing"

Hello, everybody. This is Robert Hilke.
   It gives me great pleasure to announce that Kenkyusha and I have launched a comprehensive TOEIC book series, "Aiming for the Top — Ultimate Techniques for Getting a Perfect Score on the TOEIC Test." We are sure that the series will help you to take your TOEIC score to the next highest level. The series mainly focuses on advanced learners who have already scored over 900 on the TOEIC test who can use a "boost" to complement their diligent study in the quest to get a perfect score of 990.

   In order to get the highest score on the TOEIC test, test takers should practice using genuine, realistic TOEIC questions as much as possible. In our series we provide four sets of questions in each book, plus three sets of questions in the trial examination book. Together with my coauthors — all with perfect TOEIC scores, including 200 on the SW (200 on the Speaking Test / 200 on the Writing Test) — we have produced a series with thoroughly authentic TOEIC items, with practical and useful explanations for each question. I am certain that the books in this series will be very helpful for all TOEIC test takers who not only wish to improve their TOEIC scores, but also who want to confirm their control of the type of sophisticated English they need to communicate at a high level.

   In order to respond to market demand for reliable assessments of productive English language skills, the TOEIC Speaking and Writing Test — often called the "SW Test" in Japan — was launched by the Educational Testing Service (ETS) in 2007. The SW is designed to measure the test taker's ability to communicate clearly in spoken and written English. Considering the fact that the SW is already very popular in Korea, and increasingly in Japan as well, there is no doubt that more and more people will be taking the TOEIC Speaking and Writing Test in the future. That's why we decided to include this SW book in our series. I am very happy to start our comprehensive series with this SW book.

To make the best possible preparation book for the SW test, my coauthors Masako Uehara, Ayako Yokogawa, Tony Cook, my editor Yasushi Kaneko, and I have taken the test many times to acquire knowledge and useful information about the test. In all honesty, we feel that the SW is one of the best tests to measure non-native English speaking and writing skills, particularly the skills needed to be successful in today's diverse, global business environment. A high score on the SW will truly be your asset as you progress through your career, as more and more companies and organizations will take the SW score into consideration when evaluating their employees' actual English abilities.

We have combined our efforts to present you with a vast amount of strategic information, along with practical questions and sample answers to allow you to apply the strategies we introduce. I am confident that our readers can prepare efficiently and effectively for the TOEIC Speaking and Writing Test by using this book. Further, I am sure that this book will not only help you improve your TOEIC score, but that it will also aid you in expanding your vocabulary of English. Ultimately, it is certain that you will feel even more comfortable speaking and writing English at a high level, regardless of the situation you find yourself in.

February, 2013
Robert Hilke

目次 Contents

まえがき ... 3

TOEIC® スピーキングテスト／ライティングテストについて ... 9

1 Speaking Test 13

Unit 1 Speaking Test Questions 1-2：Read a Text Aloud
音読問題 ... 15

Unit 2 Speaking Test Question 3：Describe a Picture　写真描写問題 ... 37

Unit 3 Speaking Test Questions 4-6：Respond to Questions　応答問題 ... 71

Unit 4 Speaking Test Questions 7-9：Respond to Questions Using Information Provided
提示された情報に基づく応答問題 ... 97

Unit 5 Speaking Test Question 10：Propose a Solution
解決策を提案する問題 ... 117

Unit 6 Speaking Test Question 11：Express an Opinion
意見を述べる問題 ... 137

Writing Test 165

Unit 7 Writing Test Questions 1-5：Write a Sentence Based on a Picture　写真描写問題　　　　　　　　　　167

Unit 8 Writing Test Questions 6-7：Respond to a Written Request　Eメール作成問題　　　　　　　　　　185

Unit 9 Writing Test Question 8：Write an Opinion Essay 意見を記述する問題　　　　　　　　　　203

模擬テスト 1　　　　　　　　　　233

模擬テスト 2　　　　　　　　　　255

あとがき　　　　　　　　　　276

【CD 吹き込み】
Jeff Gedert (American male)
Cris Koprowski (American male)
Michael Rhys (British male)
Kim Forsythe (American Female)

CD 収録時間：
Disc 1: 37 分 24 秒
Disc 2: 40 分 23 秒

※ 2 枚の CD は同じ袋の中に入っています。

※本書同梱の音声CDには、書名、著者（アーティスト）名、トラック名などの文字情報は含まれていません。本CDをパソコンに読み込んだ際に表示される書名、著者（アーティスト）名、トラック名などの文字情報は、弊社の管理下にない外部のデータベースを読み込んだものです。ご了承のほど、お願い申し上げます。

TOEIC® スピーキングテスト／ライティングテストについて

　TOEIC スピーキングテスト / ライティングテスト（以下、TOEIC SW テスト）は、英語で効果的にコミュニケーションをするために必要な、話す、書く能力を測定するテストです（現在の公開テストでは、スピーキングテスト、ライティングテストのどちらか一方だけを受験することはできません）。TOEIC テストを開発・制作するアメリカの非営利テスト開発機関 ETS（Educational Testing Service）が問題を作成し、採点も行なっています。

　TOEIC SW テストは、6 つの問題形式（11 問）のスピーキングテストと、3 つの問題形式（8 問）のライティングテストからなる、全体で約 80 分間（スピーキングテスト 20 分、ライティングテスト 60 分）のテストです。受験者は試験会場に用意されたパソコンを使って受験します。問題は、インターネットを通じて、受験者のパソコンに配信されます。

　スピーキングテストでは、画面の表示とヘッドホンから聞こえる指示に従って、音声を吹き込みます。ライティングテストは画面の指示に従い、文章をタイプして解答します。どちらのテストもメモを取ることはできません。

　コンピューターに記録された受験者の解答は ETS に送信されて、そこで各問題ごとに別々のファイルに分けられます。その各ファイルを訓練を積んだ採点官が ETS の厳格な採点基準に従い、採点します（それぞれの問題の採点基準は各 Unit に明記しましたので、参考にしてください）。

　テスト結果はスピーキングテスト、ライティングテストそれぞれ 0 点から 200 点のあいだで 10 点刻みのスコアで示されます。スコアをもとにした評価が Proficiency Level Descriptors（能力レベル別評価）として、スピーキングテストでは 8 段階、ライティングテストでは 9 段階で表示されます。 スピーキングの音読問題のみ、Pronunciation Level（発音），Intonation and Stress Level（イントネーションとアクセント）に関して、3 段階の評価が示されます。

　以下、日本で TOEIC テストおよび TOEIC SW テストの運営・実施を行なう一般財団法人国際ビジネスコミュニケーション協会（IIBC: The Institute for International Business Communication）のサイトに示されている TOEIC SW テストのテスト構成を見てみましょう。

TOEIC SW テストの構成

　TOEIC SW テストは国際的な職場環境において、効果的に英語でコミュニケーションをするために必要な、話す、書く能力を測定するテストです。
　TOEIC SW テストにおいてはそれぞれ具体的に、以下のような能力が受験者に問われます。

▶ TOEIC スピーキングテスト
1. 英語のネイティブスピーカーや英語に堪能なノンネイティブスピーカーに理解しやすい言葉で話すことができる
2. 日常生活において、また仕事上必要なやりとりをするために適切に言葉を選択し、使うことができる（たとえば、指示を与えたり受けたり、情報や説明を求めたり与えたり、購入、挨拶、紹介ができる、など）
3. 一般的な職場において、筋道の通った継続的なやりとりができる

▶ TOEIC ライティングテスト
1. 平易な文でも複雑な文でも、適切な語彙・語句を使用し、文法的に正しい文を作成できる
2. 簡単な情報、質問、指示、話などを伝えるために複数の文で構成される文章を作成することができる
3. 複雑な考えを表わすために、状況に応じて理由、根拠、詳しい説明などを述べながら複数の段落から構成される文章を作成することができる

　TOEIC SW テストには、TOEIC テスト（リスニング、リーディング）と同様、一般的な、またはビジネスの場面が採用されておりますが、特殊なビジネス英語や特定の業界、分野の知識を必要としたり、特定の国の歴史や文化に関連する固有の事象がわからなければ解答できない問題などは含まれていません。

▶テストの形式と構成

スピーキングテストの形式　　問題数：11問　テスト時間：約20分

内容	問題数	解答時間	課題概要	採点スケール
Read a text aloud (音読問題)	2問	各問 45 秒 (準備時間 各 45 秒)	アナウンスや広告などの内容の、短い英文を音読する	0～3
Describe a picture (写真描写問題)	1問	45 秒 (準備時間 30 秒)	写真を見て内容を説明する	0～3
Respond to questions (応答問題)	3問	15 秒または 30 秒 (準備時間なし)	身近な問題についてのインタビューに答えるなどの設定で、設問に答える	0～3
Respond to questions using information provided (提示された情報に基づく応答問題)	3問	15 秒または 30 秒 (資料を読む時間 30 秒、解答前の準備時間なし)	提示された資料や文書(スケジュールなど)に基づいて、設問に答える	0～3
Propose a solution (解決策を提案する問題)	1問	60 秒 (準備時間 30 秒)	メッセージなどを聞き、その内容を確認した上で、問題の解決策を提案する	0～5
Express an opinion (意見を述べる問題)	1問	60 秒 (準備時間 15 秒)	あるテーマについて、自分の意見とその理由を述べる	0～5

ライティングテストの形式　　問題数：8問　テスト時間：約60分

内容	問題数	解答時間	課題概要	採点スケール
Write a sentence based on a picture (写真描写問題)	5問	5問で8分	与えられた2つの語(句)を使い、写真の内容に合う一文を作成する	0～3
Respond to a written request (Eメール作成問題)	2問	各問10分	25～50語程度のEメールを読み、返信のメールを作成する	0～4
Write an opinion essay (意見を記述する問題)	1問	30分	提示されたテーマについて、自分の意見を理由あるいは例とともに記述する	0～5

▶受験の申し込みについて

　受験の申し込みは、インターネットを通じて、TOEICスピーキングテスト／ライティングテスト公式サイト（http://www.toeic.or.jp/sw/）から行なえます。また、実際のテスト画面に近いデザイン・レイアウトで、サンプル問題も確認できます。

1

Speaking Test

Unit 1

Speaking Test Questions 1-2

Read a Text Aloud

音読問題

1. 問題形式の説明

　Questions 1-2 では画面に表示される英文パッセージを音読します。内容は英語圏で身近に聞かれる案内放送、広告、紹介文、天気予報、交通情報、スピーチ、留守電メッセージなどで、長さは 60 語前後の短いものです。準備時間 45 秒で目を通したあと、制限時間 45 秒以内で読みます。ゆっくり読んでも時間は十分あるので、焦らず「相手に情報を伝えよう」という気持ちで読みます。

　採点上、最も重要視されるのは、「聞き手が特に注意を払わなくても内容が理解できるか」という点です。聞き手が誰であるか、どのような状況で聞いているかを意識した読み方が求められます。実際の採点は、個々の英語の音に関する Pronunciation Level と、文レベルの高低と単語レベルの強弱に関する Intonation and Stress Level の両分野が、それぞれ 3 段階で評価されます。ほかのセクションは問題ごとのスコアが出ませんが、音読問題は詳細がスコアレポートに載ります。

　パッセージを読むだけですから、受験者のレベルにかかわらず、このセクションでなるべく高得点を上げたいところです。しかしながら、実際は High（採点スケール 3）を取るのは簡単ではありません。一般財団法人国際ビジネスコミュニケーション協会発行の 2013 年 1 月 20 日（日）公開テスト結果から、発音レベル

(Pronunciation Level) の「採点スケール 3」取得者は 18.4%、「採点スケール 2」取得者は 79.2%、イントネーションとアクセント（Intonation and Stress Level）の「採点スケール 3」取得者は 13.4%、「採点スケール 2」取得者は 81.4%となっており、「採点スケール 3」取得が簡単ではないことがわかります。かなり厳しく採点されていると考えてよいでしょう。

　このセクションでは Pronunciation Level, Intonation and Stress Level それぞれのレベルで、High（採点スケール 3）を取るためにはどのような練習をすればよいか考えます。また発音、イントネーション、アクセントはすべてのセクションで採点の対象になっていますので、こうしたスキルの改善はほかのセクションのスコアアップにもつながります。また、英語の音の特性、つながりなどを知ることはリスニング力のアップにもつながります。

▶問題形式

課題内容	短い英文を音読する。内容は案内放送、広告、紹介文、天気予報、交通情報、スピーチ、留守電メッセージなど。
設問数	2 問
準備時間	Question 1, 2 それぞれ 45 秒
解答時間	Question 1, 2 それぞれ 45 秒

2．採点・評価基準

▶採点項目
「音読問題」は以下の 2 点について採点されます。
- 発音
- イントネーション・アクセント

▶評価基準

Questions 1-2 は Pronunciation, Intonation & Stress の2つのカテゴリーについて0～3の4段階で採点されます。

Pronunciation Level（発音）

採点スケール	採点ポイント
3	些細なミスや、他の言語の影響がわずかにあるものの、非常にわかりやすい
2	いくつかのミスや、他の言語の影響が多少あるものの、概ねわかりやすい
1	わかりやすいところもあるが、他の言語の影響が大きいため、適切な話し方が妨げられている
0	無解答、もしくは解答の中に英語が含まれていない、またはテストと全く関係ないことを答えている

Intonation & Stress Level（イントネーション＆アクセント）

採点スケール	採点ポイント
3	強調されるべき部分、間の取り方、音の高低が適切である
2	いくつかのミスや、他の言語の影響が多少あるものの、強調されるべき部分、間の取り方、音の高低は全体的によい
1	強調されるべき部分、間の取り方、音の高低が適切でなく、他の言語の影響がかなり見られる
0	無解答、もしくは解答の中に英語が含まれていない、またはテストと全く関係ないことを答えている

（国際ビジネスコミュニケーション協会の資料より抜粋）

3．解答時のコツ

1．準備時間にチェックすること
- 固有名詞を声に出して練習する。2語以上の場合が多いが、一息で言えるようにしておく。
- and, but, or があったらどの語（または句、節）が A，B，（または C，…）の関係になっているか考える。
- 質問文が WH Question であるか、Yes / No で答えられる質問文であるかを確認する。
- 聞こえなくなる音、つながる音については、準備時間内に読み方を練習しておく。

2．読む際の注意点
- 焦らず意味のまとまりを考えながら読む。
- 読んでいる部分より先を見るように意識しつつ、固有名詞、並列関係などをすばやく認識するようにする。
- 一定のペースを保つ。ただし速すぎないように。
- イントネーションを多少大げさに表現する。

4．サンプル問題と解答例

CD1 3-4

> **Directions:** In this part of the test, you will read aloud the text on the screen. You will have 45 seconds to prepare. Then you will have 45 seconds to read the text aloud.

ディレクション： この問題では画面に音読するテキストが表示されます。準備時間は45秒です。指示があったら、45秒で画面に表示されたテキストを音読してください。

Are you thinking of studying a new foreign language? Well, look no further than Altona Institute Learning Software. We offer computer-based learning programs in French, Italian, and other languages. Also, if you sign up for a course by the end of this month, you'll receive a complimentary set of headphones. Call us today, and find out more about our extensive range of products and discounts for students.

Sample Answer

CD1 4

（赤字は強勢、（ ）は脱落又は破裂なし、⌢ は同化、下線は並列関係、/ // は意味の切れ目、↗ は上げ調子、↘ は下げ調子を表わす。）

Are you thinking(g) of studying / a new foreign language? // Well, / loo(k) no further than / Altona Institu(te) Learning Sof(t)ware. // We offer / compu ter-base(d) learnin(g) programs / in French, Italian, an(d) other languages. // Also, / if you sign up for a course / by the end of this month, // you'll receive / a complimentary set of hea(d)phones. // Call us today, // and find ou(t) more / abou(t) our extensive range of produc(ts) / an(d) / discoun(ts) for studen(ts).

新しい外国語を勉強しようとお考えですか？ それなら、アルトナ研究所の学習ソフトウェア以外にありません。当社はコンピューターを使用した、フランス語やイタリア語などの語学プログラムを提供しております。また、今月末までにいずれかのコースにお申し込みいただくと、ヘッドフォン・セットを無料でプレゼントいたします。今すぐお電話ください。当社の幅広い製品ラインアップと学生割引について、さらにご理解いただけます。

【注】
☐ further　なおそのうえに　　☐ sign up　登録する、申し込む　　☐ complimentary　無料の
☐ find out　…を知る　　☐ extensive　広い、豊富な

Speaking / Writing

5. ポイント解説

　Questions 1-2 で扱われているパッセージの内容は TOEIC の Reading/ Listening Test を受験したことのある方なら、短めの Part 4 と似ていると感じたのではないでしょうか。ほとんどのパッセージが、不特定多数の聞き手を対象とした、一方的に話し手の意図を伝えるスタイル（monologue）でフォーマルな英語です。

　聞き手が理解しやすいように読むためには、いくつかのポイントがあります。個々の音が正しく発音できているか、単語レベルでのアクセントや音節が正しく理解できているか、単語と単語のつながりがスムーズか、イントネーションが自然かなどですが、どれが欠けていても聞き手に英語らしく伝わりません。

　これらのスキルは学習者によって差が大きいので、これを機会に自分の不得手な部分を知り、「採点スケール3」をめざしてください。まずは自分の音声を録音（携帯、スマートフォンのボイスメール機能を利用すると便利です。最近のパソコンには、大体の機種にサウンドレコーダー［録音ソフト］が入っていますのでマイクをつなげて使用します。IC レコーダーも便利です）し、弱点を分析し、それに対処する練習を重ねていきましょう。

6. 実践トレーニング

　まずは、18ページのサンプル問題と以下のパッセージを読んで自分の音声を録音し、付属 CD の音声と聞き比べてください。

🔊 CD1 5

▶▶▶ Guided Practice 1: Announcement

Attention all employees. This afternoon at two o'clock the fire alarms will be tested throughout the building. Upon hearing the alarm, you should stop work, leave your work area, and proceed to the nearest emergency exit. Please remember to switch off any machinery prior to leaving your location and not to run at any time while evacuating the building.

Attention all employees. // This afternoon / a(t) two o'cloc(k),/ the fire alarms will be teste(d) / throughou(t) the building. // Upon hearing the alarm, / you shoul(d) sto(p) work, / leave your wor(k) area, an(d) procee(d) to the nearest emergency exi(t). // Please remember to switch off any machinery / prior to leavin(g) your location / an(d) no(t) to run a(t) any time / while evacuatin(g) the buildin(g).

【アナウンス】
従業員のみなさまにお知らせします。今日の午後2時に、火災報知機のテストがビル全体で行なわれます。警報が聞こえたらすぐに仕事を止め、その場から離れて、最寄りの非常口に向かってください。機器類の電源をすべて切ってから仕事場を離れ、建物から出るまでいかなる時も走らないようにしてください。

【注】
☐ fire alarm 火災報知機   ☐ proceed 進む   ☐ emergency exit 非常口
☐ evacuate 避難する

CD1 6

▶▶▶ Guided Practice 2: News Bulletin

In entertainment news, top-selling band "The Kranks" have announced that they are to perform at Memorial Park on May 7. Tickets are available online, from local music stores, and from the Memorial Park box office. You don't want to miss this rare opportunity to see one of our country's most popular music groups.

In entertainmen(t) news, // top-sellin(g) ban(d) "The Kran(ks)" / have announce(d) that / they are to perform / at Memorial Park on May 7. // Ticke(ts) are available online, / from local musi(c) stores, / an(d) from the Memorial Park box office. // You don'(t) wan(t) to miss this rare opportunity to see / one of our country's / mos(t) popular musi(c) grou(ps).

Speaking / Writing

> 【ニュース】
> 芸能関係のニュースでは、売り上げトップに輝くバンド、ザ・クランクスが、メモリアル・パークで5月7日にライブを行なうと発表しました。チケットはオンライン、各地の音楽ストア、メモリアル・パークのチケット売り場で発売中です。わが国で最も人気のあるミュージック・グループを見るめったにないチャンスを、どうぞお見逃しなく。
>
> 【注】
> ☐ top-selling　最も売れている　☐ announce　発表する　☐ in addition to　…に加えて
> ☐ venue　会場　☐ box office　チケット売り場　☐ rare　貴重な、めったにない
> ☐ opportunity　機会

次は以下のチェックリストに沿って、CDの音声と自分の話し方のどこに違いがあったかを分析してみましょう。自分の弱点がわかったら、それについての解説の箇所を示してありますので、その項目を読み、CDの音声を繰り返し聞いて練習してください。

▶ Check List

a) 単語1つひとつの音、特に子音の音はCDの音に近いか。
　　27ページ 2.「Pronunciation Level」参照
　　35ページ「付録　発音しにくい子音」参照

b) 音節の数を理解しているか。たとえばsoftwareはsoft・wareと2音節で読んでいるか。特にカタカナ英語になっている語に注意。
　　32ページ 4.「日本語になっている単語の読み方」参照

c) アクセントは正しい位置についているか。すべての音節を同じ強さで読んでいないか。
　　23ページ 1.1)「単語レベルの強弱」参照
　　24ページ 1.3)「助動詞、be動詞の読み方」参照

d) 単語と単語のつながりはCDの音声と同じように読めているか。
　　27ページ 2.「Pronunciation Level」参照

e) イントネーションはCDの音声と同じように読めているか。
　　25ページ 1.4)「イントネーション」参照

f) 息を継ぐ位置はCDの音声と同じか。意味のまとまりが正しく取れているか。
　　25ページ 1.5)「意味のまとまりを探す」参照

g) リズムがあるか。
　　23ページ 1.2)「英語のリズム」参照

1. Intonation and Stress Level

1）単語レベルの強弱（Stress Level）

　英語のアクセントは声の強弱で決まります。これは息を強く吐き出すことで単語のある部分が際立って聞こえる現象です。アクセントのある箇所（強勢）はほかの部分より吐き出される息の量が多くなります。反対にアクセントのない部分（弱勢）を発音する場合は、はっきり聞こえないよう息の量をコントロールしなければなりません。強勢は 2 音節以上の単語に必ず 1 か所あります。個々の音と同様、単語の重要な構成要素の 1 つですから、間違えた音節を強く発音すると聞き手は正しく意味を理解することができません。後述のイントネーションと違ってアクセントは単語により決まっていますので、新しい語は辞書で必ず確認し、強勢のある音節がはっきり聞こえるまで練習します。英語の強勢は日本語にない現象なので、意識して息を強く出してください。

　（※以下、33 ページまでの音声および 36 ページの音声は、CD2 のトラック 73 から 93 までに収録されています。ご注意ください。）

CD2 73

for·eign	/ˈfɔːrən/	2 音節	for に強勢（アクセント）
lan·guage	/ˈlæŋgwɪdʒ/	2 音節	lan に強勢（アクセント）
com·**put**·er	/kəmˈpjuːtə(r)/	3 音節	put に強勢（アクセント）

2）英語のリズム

　英文の中には強く読む語と弱く読む語があります。意味を伝える内容語は強く読み、あまり意味を持たない機能語は弱く読みます。

　内容語 ── 名詞、本動詞、形容詞、副詞、数詞、疑問詞など。
　機能語 ── 助動詞、be 動詞、前置詞、接続詞、人称代名詞、冠詞、関係詞など。

　一般に内容語は文の中で強く、はっきりと発音され、機能語は弱く、あいまいに発音されます。しかしながら、話し手の意図を表わすために、機能語であっても強く発音されることがあります。（24 ページの 3）「助動詞、be 動詞の読み方」参照）

　次の文章を見てください。太字で示してある語が内容語です。まず、太字の語だけを発音してみましょう。その際、内容語（太字）と内容語（太字）の間隔が等しくなるようリズムをとって発音してください。

Speaking / Writing

🔊 **CD2 74**

Call us **today**, and **find** out **more** about our **extensive range** of **products**.
● ・ ● ・ ● ・ ●　・　● ● ・ ●

では、そのリズムを壊さないように気を付けながら、間に細字で示した語を入れて発音してみてください。細字で示した語は弱めに読みます。more と extensive の間には　about our と 2 語の機能語が入りますので、リズムを壊さないためにはこの 2 語をすばやく読む必要があります。これが英語のリズムの基本です。

3）助動詞、be 動詞の読み方

　肯定文の場合、助動詞、be 動詞は主語と結びついて短縮形になります。この時の助動詞、be 動詞は弱く読まれ、主語が強く読まれます。

🔊 **CD2 75**

He'll be **here** in a **minute**.　　　　　(He *will* be here in a minute.)
They're **com**ing **soon**.　　　　　　(They *are* coming soon.)

　これに対して否定文の場合、助動詞、be 動詞は否定の not と結びついて短縮形になります。この時の助動詞、be 動詞は強く読まれ、はっきり聞こえます。反対に主語は弱く読まれます。否定の n't ははっきり聞こえません。

🔊 **CD2 76**

He **should**n't have said that.　　　　(He *should* not have said that.)
They **are**n't coming.　　　　　　　(They *are* not coming.)

　肯定文と否定文を聞き分ける際は not の音を聞くのではなく、どこに強勢があるかを聞き分けます。主語が際立って聞こえたら肯定文で、助動詞、be 動詞が際立って聞こえたら否定文です。発話する際にも、この原則に沿って発音してください。

4）イントネーション

　イントネーションとは話す時の声の音程の上がり下がりで、文字では表わせない話し手の意図・感情を伝えます。アクセントと違い、話される状況、話し手の心的態度などに左右されますので、書かれた文章が同じでも決まった読み方があるわけではありません。適切なイントネーションは読み手が伝えたいメッセージによって決まります。基本的には下記の3パターンがあります。
- 下降調（声が高めから低めに下がる）
- 上昇調（声が低めから高めに上がる）
- 平坦調（声の高さに変化がない）

　基本的には下降調は文の終了を表わします。付加疑問文（It's nice, **isn't it**?）のように、疑問形でも相手に確認を求める場合は下降調になります。それに対し、相手に返事を促し反応を求める場合は上昇調になります。**Yes / No** で答えられる質問文がこれにあたりますが、文章が疑問形を取っていなくとも、相手に返答や反応を求める場合はやはり上昇調になります。

　WH Question（what, which, who, where, when, how で始まる質問文）は基本的には文末を下げて読みます。また and, but, or, で列挙される（並列関係を作る）語・句・節では、and, or, but の前に来る語は上げ、最後の語（または句）は下げて読みます（French ↗, Italian ↗, and other languages ↘）。

　特に語尾が上下しない平坦調は、未完結や継続を意味しますので、文末には使いません。

5）意味のまとまりを探す

　パッセージを下読みする際に、まず文の切れ目をチェックします。切る箇所を探すというよりは、意味のまとまりを考え、切り離したくない箇所を探すとよいでしょう。ここではサンプル問題を使って、どこで区切るか考えます。

Are you thinking of studying a new foreign language?

　この文章の中で切り離したくないフレーズを探します。a new foreign language（新しい外国語）は1つのものを指しているので切りたくありません。冠詞の a がかかっている名詞（この場合は language）までが一区切りです（または前置詞か

Speaking / Writing

ら目的語の名詞まで）。Are you thinking of studying は切らずに一息で言います。

CD2 77

→ **Are you thinking of studying / a new foreign language?**

切る位置が決まったら、今度はそれぞれの語群をまるで1語であるかのように読んでみます。Yes / No で答える疑問文ですので language ↗ と文末を上げて読みます。フレーズの中ではあまり上げ下げせずに、あくまでも一息で4語を読んでください。

a new foreign language ↗

次の文章の中には固有名詞（Altona Institute Learning Software）があります。これも1語として切らずに読みます。

CD2 78

Well, / look no further than / Altona Institute Learning Software.

次の文章には and があります。

We offer computer-based learning programs in French, Italian, and other languages.

文章の中に and, but, or を見つけたら、まずどの語とどの語が並列関係を作っているかをチェックします（並列関係とは、A, B, and C の形の場合、A, B, C にあたる語を指す）。この文章の and は、French, Italian, other languages を並列関係で結んでいます。and の前の語（French, Italian）は語尾を上げて読み、and のあとの語（other languages）は語尾を下げて読みます。A, B, C の語数が違う場合も多くありますが（French＝1語、Italian＝1語、other languages＝2語）、できるだけ A, B, C を同じ長さで読みます。語数が多いところは少し速めになりますが、同じ速さで読むことで、英語らしいリズムができます。

CD2 79

We offer / computer-based learning programs / in French, Italian, and other languages.

次の文章にも2つ and があります。

Call us today, and find out more about our extensive range of products and discounts for students.

　1つ目の and では、Call us today という節（主語と述語2語以上の単語の集まり）と、find out 以下の節が並列です。節と節が並列になっている場合は、A, B にあたる部分が長く、全体を一気に読めないことも多いので and の前後に短いポーズを入れて読みます。2つ目の and では、our extensive range of products と discounts for students が並列です。

CD2 80

Call us today, / and / find out more / about our extensive range of products / and / discounts for students.

　区切る位置がはっきりしたら、それぞれのまとまりを1語のように流れを持って読みます。この文のように比較的長めの句・節が並列関係を作っている場合は and, or, but の前の語を上昇調で読む必要はありません。

2.　Pronunciation Level

　日本人の英語発音は多かれ少なかれ日本語の影響を受けています。学習者はネイティブスピーカーレベルではなく、英語を母国語としない者同士が話をする際に誤解を招かないような発音を身につけることを目標とします。採点スケールでも、High（採点スケール3）は「ほかの言語の影響は多少あるものの、意味がはっきり通じるレベル」を求めています。

Speaking / Writing

　書かれた英語の文章と実際の発音の間にはいろいろなズレがあります。文章の中で母音・子音は必ずしも発音記号のとおりに発音されているわけではありません。文章の中で強勢が置かれるか、弱く読まれるかにより発音が変わります。また文字の上で2語になっていても、発音されると1語のようにつながって聞こえたり、前後の音に影響を受け、別の音になったり、聞こえなくなったりという音声変化を起こします。この音声変化を無視して1つひとつの語を辞書の発音記号に忠実に発音する話し方では、英語のリズムを作り出せず、かえって聞き手が理解しにくい英語になってしまいます。

　この音の変化はある程度の規則性を持って行なわれていますから、その規則性を知った上で英語を話せば「通じる英語」になります。いくつかの法則がありますが、特に日本語を話す人には理解がむずかしく、また間違えると英語として聞き手の理解を妨げる子音の発音および音声変化に絞って解説します。

1）破裂音 /p/, /b/, /t/, /d/, /k/, /g/ の発音

　この6種の音は破裂音と呼ばれます。発音してみると、いったん止めていた息を一気に吐き出すこと（破裂）により、音を出しているのに気づくでしょう。日本語の「パ、ピ、プ、ペ、ポ、バ、ビ、ブ、ベ、ボ」は破裂をともないません。また日本語のパ行、バ行は必ず母音をともないますが、/p/, /b/, /t/, /d/, /k/, /g/ は単独で発音されることが多くあります。

　この中で特に無声音の /p/, /t/, /k/ は、語頭に来た時（①参照）、またアクセントのある位置に来た時（②参照）に強く破裂を起こします。反対に弱勢、また文（発話）の終わりに来る破裂音 /p/, /b/, /t/, /d/, /k/, /g/（③参照）は破裂をともないません。この時、むりやり母音を付けて発音しないように気を付けます。

🎧 **CD2 81**

① **p**en　　　**t**est　　　**k**ind
② o**pp**ose　　re**t**ire　　e**c**onomy
③ to**p**　　　tha**t**　　　han**d**　　　ma**ke**　　　win**g**

2）聞こえなくなる音

　1つの単語内で2つ以上の子音が連続した場合、また2つの単語間において2つ

以上の子音が連続した場合は前出の子音が聞こえなくなります。特に破裂音 /p/, /b/, /t/, /d/, /k/, /g/ のあとに子音が続く時と発話の終わりに来る時は破裂をともなわず、聞こえなくなります。

🔊 CD2 82

I wan**t to** visit his office.

　want to は /t/ のあとに /t/ が続くために初めの /t/ は破裂がなく、音が聞こえなくなります。むりやり /t/ を発音しようとすると、うしろに母音が付き日本語の「ト」の音になり、英語とかけ離れた音になってしまいます。

🔊 CD2 83

I want**ed to** visit his office.

　wanted to の場合は /d/ のあとに /t/ が続き、やはり /d/ は破裂がなく、音が聞こえなくなります。この場合も、むりやり /d/ を発音しようとしてうしろに母音を付け、日本語の「ド」の音になってしまうと、英語として通じなくなります。このように破裂音は聞こえなくなることが多いのですが、よく聞いていると音がそこに存在していることはわかります。

🔊 CD2 84

This is what I want**ed**.

　この文章は書かれた文字を見ると破裂音の /d/ で終わっています。しかしながら、破裂音が文末に来ているので発音される時は破裂を起こさず、音がほとんど聞こえなくなります。実際に発音してみてください。

　破裂音が破裂を起こさない例を見てきましたが、発音する際に気を付けたいことは、破裂はしないが /d/ は発音されているということです。あくまでも、息が強く吐き出されないだけで、口は /d/ の音を出す形を作り、小さく /d/ の音を出して

Speaking / Writing

います。聞こえないのだからとこの形をおろそかにすると、また違った音になり、英語の音として伝わりません。

　以下はサンプル問題の中で破裂をともなわない破裂音の例です。赤字の音は破裂をともないません。

CD2 85

look no further	破裂音 /k/ のあとに子音 /n/ が続く	[lo(k)noʊ]
software	破裂音 /t/ のあとに子音 /w/ が続く	[ˈsɔf(t)wer]
computer-based learning programs		
	破擦音 /t/ のあとに子音 /l/ が続く	[beɪs(t)ləːrnɪŋ]
headphones	破擦音 /d/ のあとに子音 /p/ が続く	[ˈhe(d)fəʊnz]

3）つながる音（連結）

　文を読む時と聞く時のもう1つの大きな違いは、書かれたものでは独立した2, 3の単語が、耳で聞くと1語のように連続音になっている点です。連結した部分の音は聞き分けにくいため、リスニングの障害になります。また、英語らしい発音で話すためにも、以下の連結の規則を理解し、スクリプトに書かれた単語とCDの音声を照らし合わせて、連結する音を練習してください。

　一般に英語では、単語が子音で終わり、次に続く単語の初めが母音（または半母音の /j/　young /jʌŋ/ の初めの音）の場合、連結が起こります。サンプル問題の中では下記の太字の部分が連続音になります。

　練習してみましょう。

CD2 86

| thinking of | for a | find out |
| end of | sign up | set of |

4）別の音になる（同化）

　連結は子音と母音が結びつき、日本語の音節のように2つの単語の終わりと初めが1つの音として聞こえてくる現象ですが、同化は隣り合った音がお互いに（ある

いは片方に）影響を与えて、音が変化する現象を言います。

🎧 CD2 87

（※以下の4文は2回ずつ読まれます。1回目はゆっくり発音されて音声変化を起こしていないもので、2回目に発音されるのは音声変化を起こしているものです。）

うしろの音に影響される場合

/s/ と /j/ が結びつき /ʃ/ の音になる。
I'll miss you.　　　　　　　　[mɪs jə] → [mɪʃə]
/z/ と /ʃ/ が結びつき /ʒ/ の音になる。
Has she arrived yet?　　　　[həz ʃi] → [həʒʃi]

隣り合う音が1つになる場合

/t/ と /j/ が結びつき /tʃ/（チュに近い）の音になる。
It will cost you a lot.　　　　[kɔst jə] → [kɔtʃə]
/d/ と /j/ が結びつき /dʒ/（ジュに近い）の音になる。
I'll lend you some money.　 [lend jə] → [lendʒə]

3.　練習方法

イントネーションは声の音程の上がり下がりですが、日本人は日本語の影響で読み方が平坦になる傾向があります。練習方法には以下のようなものがあります。

1. 文章の区切り、抑揚を考え、少し大げさに音程を上げ下げして、読み方を自分なりに研究する。
2. テキストを見ながらCDの音声に合わせて読む（オーバーラッピング）。その際、特にCDの音声の区切り、イントネーションをまね、ネィティブスピーカーと同じくらいの上下幅の抑揚で読めるまで繰り返す。
3. 慣れてきたらテキストを見ずに、CDの音声を追いかけるようにまねて話す（シャドーイング）。シャドーイングに慣れてくると、意味を考えずに発音してしまいがちだが、必ず伝えたいメッセージを明確にして練習すること。
4. 自分の声を録音し、CDの音声のイントネーションと比較し、十分抑揚を付けて読めているか確認する。

内容が相手に正しく伝わることが第一ですから、文章の意味を考え、どこを強調

したいか考えながら読む練習をしてください。電子辞書、また各種オンライン辞書にも英単語の発音を再生できるものがありますから、発音やアクセントに自信のない語はその都度チェックする癖をつけてください。

4. 日本語になっている単語の読み方

　日本語を母国語とする人にとって特に注意が必要となるのが、日本語として使われている英語の読み方です。たとえば日本語で「ロケーション」を発音してみると、特に強く読まれる箇所はなく、平坦に読まれます。また日本語ではロ・ケー・ショ・ンは4音節から成っています。一方、元となる英語の location は lo·ca·tion /ləʊˈkeɪʃ(ə)n/ と3音節で第2音節の ca にアクセントが置かれます。このようにカタカナ英語になっている語が英語の文章に出てくる時は、アクセントの位置を特に意識して話さないと意味をなさず、通じない結果となります。かなりの数のカタカナ英語が日常の日本語の中で使われていますから、英語の単語を発音する場合はどこにアクセントがあるか必ず確認し、アクセントのない部分が際立たないよう注意します。

　本書で練習するパッセージの中で使われているカタカナ英語を次ページにリストアップしました。まずアクセントの位置（2音節以上の場合）を意識して発音してみましょう。次に CD の音声を聞き、正しく発音できているかをチェックします。発音・イントネーションに自信のある人も、日本語になっている語のアクセントの位置、発音は特に要注意です。CD を繰り返し聞き、正しい発音をマスターしてください。

Unit 1

Read a Text Aloud

CD2 88

ac·count
af·ter·noon
a·larm
an·nounce·ment
av·er·age
bal·ance
band
break
build·ing
cap·tain
change
com·put·er
con·di·tion
coun·try
course
cus·tom·er
ed·u·ca·tion
en·ter·tain·ment
eve·ning
French
gar·den
gen·tle·man

CD2 89

green·house
head·phone
health
hot
in·for·ma·tion
in·ter·view
Ital·ian
job
jour·ney
la·dies
lan·guage
les·son
learn·ing
line
light
lo·ca·tion
main en·trance
map
me·mo·ri·al
mu·sic
news
on·line

CD2 90

park
pic·nic
pol·i·cy
pop·u·lar
pres·i·dent
prod·uct
ques·tion
re·port
safe
serv·ice
set
show·er
sign
sky
soft·ware
stop
stu·dent
switch
tick·et
time
weath·er
wel·come

Unit 1 | Speaking Test Questions 1-2 | 33

7. レベル別アドバイス

【2点をめざす】

焦らずゆっくり読めば2点はもらえます。固有名詞が正しい読み方で読めなくても減点にはなりませんから、全体を同じペースで読みましょう。

【3点をめざす】

CDと自分の音声を聞き比べ、自分の弱点を分析します。特に、区切る箇所、アクセント位置、イントネーションの幅をチェックし、CDを何度も聞いて練習を重ねてください。

8. 練習問題

CD1 7

（※対訳は「別冊解答」を参照してください）

練習問題1　Guided Tour

Welcome to the National Botanic Gardens. As you walk through the gardens, be sure to visit our newest facility, a greenhouse with over two hundred exotic plants from the Amazon rainforest. For a map, foreign language assistance, or any other question, please visit the information center. It is conveniently located to the left of the main entrance.

CD1 8

練習問題2　News Bulletin

Welcome to KJCM News. Today in Manton City, over two hundred students protested against cuts in education, health, and welfare spending. Although the Mayor has expressed his sympathy, he stated that it will be next year before any substantial changes to the budget can be implemented by the city government. More after the weather report.

CD1 9

練習問題3 Phone Message

Hello, is this Fred Smith? My name is Kelly Jones and I am calling about the job advertisement I saw in the evening newspaper. I want to let you know that I can work on Monday, Tuesday, and Wednesday afternoons. Furthermore, I live locally, so I am available for an interview at any time convenient to you.

付録　発音しにくい子音

i. 子音が続く時

　日本語では多くの音節は母音で終わりますが、英語では子音が連続する場合があります。サンプル問題の中では fur**th**er, so**ftw**are, hea**dph**ones, produ**cts** などがその例です。この中で特に software, headphones, products は日本語にある語なので間違って子音のあとに母音を入れがちです。software ＝ソフトウエアですが、英単語の場合は ft のあとに母音がありませんから、soft は1音節として発音されます。母音は s のあとの o のみです。「ソフトウエア」と発音してしまうと英語の音とかけ離れてしまいます。

ii. th で表わされる /θ/ と /ð/ の音

　この音は日本語にない音です。/θ/ を日本語のスと、/ð/ を日本語のズと区別して発音します。歯と歯で舌をかんで出す音と覚えている人も多いかもしれませんが、実際に舌をかんでしまうと音は出ません。舌の先を上下の前歯でちょっとはさんで、その周りから息を強く出すと /θ/（th 無声音）/ð/（th 有声音）の音がうまく出せます。スペルの中に th とあれば /θ/ か /ð/ ですから、あとは練習あるのみ。

iii. /v/ と /f/ の音

　この音も日本語にない音です。/v/ と /b/, /f/ と /h/ の区別が必要です。/b/ は唇と唇を合わせて発音する音ですが、/v/, /f/ は上の前歯を唇の上にちょっと乗せて、

唇と歯の間から強く息を吐き出し発音します。/h/ は唇を丸め、息を出して発音します。

CD2 91

/v/ と /b/	very	/'veri/	vs	berry	/'beri/
/f/ と /h/	fold	/foʊld/	vs	hold	/hoʊld/

iv. /l/ と /r/ の音

この音も間違えると英語の意味が決定的に違ってしまいますから、ぜひともマスターしてください。/l/ が語頭にある時は、必ず前歯の裏の付け根を舌でしっかり蹴ります。well のように /l/ が語の最後に来る時は歯の付け根に舌をしっかり付けて発音します。/r/ 音は right のように r から始まる語でまず練習します。唇をぐっとすぼめてそこからスタート。唇を素早く広げながら「ゥラ」と言ってみましょう。/r/ で苦労する方の多くは日本語の「ラ」を発音する時のように口が横に開いた状態で発音していることが多いので、鏡の前で口の形を確認してください。

CD2 92

light	/laɪt/	vs	right	/raɪt/
lead	/liːd/	vs	read	/riːd/

v. /s/ と /ʃ/ の音

/ʃ/ は「シャ、シュ、ショ」の出だしの音を息を強めに出す感覚です。むずかしいのは /s/ です。日本語のサ行より口の前のほうで発音される音で、上の前歯と舌の間に息を強く出して発音します。

CD2 93

she	/ʃiː/	vs	sea	/siː/
sheet	/ʃiːt/	vs	seat	/siːt/

Unit 2

Speaking Test Question 3
Describe a Picture

写真描写問題

---

1. 問題形式の説明

　Question 3 はパソコンの画面に映し出された写真に基づき、人、場所、物について説明する問題です。写真に写っている人の行動を含め、詳細な描写が求められています。写真はカラーで、30 秒の準備時間のあと 45 秒で描写します。写真を見ていない人が説明を聞いて、写真の内容が想像できるようであれば正しく描写できているといえます。

　まず最も目につく事柄から話し、時間が余ったら写真から推測できることを付け加えます。解答には一貫性が必要ですので、自分の好きなように背景を設定し、物語風に説明してもいいでしょう。

▶問題形式

課題内容	パソコン画面に映し出された写真を見て内容を説明する問題です。写真には日常のよくある 1 コマが映し出されています。
設問数	1 問

準備時間	30 秒
解答時間	45 秒

2．採点・評価基準

▶採点項目

「写真描写問題」は以下の5点について採点されます。

- 発音
- イントネーション・アクセント
- 文法
- 語彙
- 一貫性

▶評価基準

Question 3 は 0 ～ 3 の 4 段階で採点されます。

写真描写問題	
採点スケール	採点ポイント
3	写真の特徴が描写されている ・聞き手が理解しづらい場合もあるが、概ねわかりやすい ・適切な語彙・語句と構文を使っており、言いたいことが首尾一貫した形で表現されている
2	写真と関連はあるものの、意味があいまいな箇所がある ・聞き手が理解しづらい箇所がある ・語彙・語句や構文が限定されており、全体として意味の理解を妨げることがある
1	写真と関連はあるものの、聞き手が理解しやすいように話す能力は、非常に限定されている ・聞き手はかなり理解に苦労する ・適切な語彙・語句や構文を使用する能力が非常に限定されている、または、それにより意味の理解が著しく妨げられてしまう

| 0 | 無解答、もしくは解答の中に英語が含まれていない、またはテストと全く関係ないことを答えている |

(国際ビジネスコミュニケーション協会の資料より抜粋)

3. 解答時のコツ

1. 準備時間にチェックすること
写真の中央に写っているものに焦点を当て、以下の点をチェックします。
- 場所／時
- 人物は何をしているか
- 人や物の位置関係
- どんなことが推測できるか

2. 45秒の解答時間に話すこと
- 場所・状況について説明する
- 人を1人ずつ描写する
- 人と人、人と物との関係を説明する
- 推測を交えて、この写真が撮られる前に起きたであろうこと、このあとで起きるであろうことを付け加える

Speaking / Writing

4. サンプル問題と解答例

🔊 CD1 10

Directions: In this part of the test, you will describe the picture on your screen in as much detail as you can. You will have 30 seconds to prepare your response. Then you will have 45 seconds to speak about the picture.

ディレクション： この問題では画面に写真が表示されます。 写真をできるだけ詳しく描写してください。準備時間は 30 秒です。指示があったら、45 秒で写真を描写してください。

Sample Answer

CD1 11

This is a picture of a street scene. I can see several people in the picture. The lady on the left is standing, adjusting her scarf. She is wearing blue jeans and a brown jacket. The two men in the middle of the picture are sitting on a bench, having a conversation. One of them is holding a paper cup. Maybe he is drinking coffee. There are some buildings in the back ground. I guess they are shops because they have signs outside. In the foreground, there is a trash can. I think it is winter because everyone is wearing jackets. However, it seems like a nice day as I can see some shadows on the ground.

これは路上の風景です。写真には何人かの人が写っています。左手の女性は立っていて、マフラーを整えています。彼女はブルージーンズと茶色のジャケットを着ています。写真中央の2人の男性はベンチに腰掛け、おしゃべりをしています。その内の1人は紙コップを持っています。コーヒーを飲んでいるのかもしれません。背後には建物がいくつかあります。表に看板があるので、店だと思います。手前にはごみ箱があります。全員ジャケットを着ているので、冬なのでしょう。でも地面に影が映っているので、いい天気のようです。

【注】
- adjust …を整える
- scarf マフラー
- in the middle of …の中央に
- have a conversation 会話する
- hold …を持つ
- background 背景
- guess …だと思う
- sign 看板
- foreground 手前
- trash can ごみ箱
- it seems like …のようだ
- nice day 天気のよい日

Speaking / Writing

5. ポイント解説

　写真を描写する際には、大きく分けて場所、人、物、推測できることの4つのポイントに関して話します。話として全体に一貫性があることが求められています。写真のタイプによって話す順番は変わりますが、最も大きく写っているものから描写するようにします。主体となる物、人に関する詳細情報も話します。

　Sample Answer では、場所について説明したあとに、目に入る物や人について話しています。前面に男性2人と女性1人が写っていますので、この3人について話します。3人は友だち同士のようにも見えますが、はっきりしたことはわかりません。店の前の歩道の休憩所で、何かを飲みながら雑談しているようです。背景には店が連なっていますので、ショッピングモールか何かかもしれません。写っている人の服装から寒い季節だとわかります。天気のよい昼間でしょう。

1. 場所について話す

　まず導入の部分で、写っているのがどのような場所であるかを説明します。場所がはっきりわからない時でも、屋内、屋外などわかる範囲で話します。Sample Answer では This is a picture of a street scene. という第1文がこれにあたります。場所を表わす副詞（句）などを使って、下記のような表現もできるでしょう。

- Some people are having a conversation **outside the building**.
- There are three people **outside** having a conversation.
- Some people are having a conversation **on a sidewalk**.
- The picture shows **the outside of some shops**.

何人かが屋外で会話しています。
屋外で会話している人が3人います。
何人かが歩道で会話しています。
写真には何軒かの店の外観が写っています。

【注】
☐ outside （…の）外で　☐ sidewalk 歩道　☐ show …を表わす

42

下の写真 A・B について、場所の描写を含む文を作ってみましょう。

▶ 写真 A

handwritten notes:
バスストップ
まっている
きっているもの
ユーモーショップ
マンション

place
people
stuff
situation

▶ 写真 B

handwritten notes:
キッチン
food prep

Unit 2　Speaking Test Question 3　43

Speaking / Writing

Example

▶ 写真 A
- This is a scene of a bus stop.
- Some people are waiting for a bus at a bus stop.
- There are several people at a bus stop.
- This is a busy street scene.

▶ 写真 B
- Some people are standing beside a counter.
- This is a scene of a kitchen or food preparation area.

写真 A
これはバス停の光景です。
何人かがバス停でバスを待っています。
何人かがバス停にいます。
これはにぎやかな通りの風景です。

写真 B
何人かがカウンターのそばに立っています。
これは台所か調理場の風景です。

【注】
☐ bus stop　バス停　　☐ busy street　にぎやかな通り　　☐ beside　…のそばに
☐ kitchen　台所　　☐ food preparation area　調理場

場所を表わす表現		
beach （ビーチ、浜辺）	supermarket （スーパーマーケット）	construction site （工事現場）
park （公園）	flea market （フリーマーケット）	outside café （外のカフェ）
street （通り）	street market （街頭市場）	restaurant （レストラン）
intersection （交差点）	bus stop （バス停）	doctor's office （診察室）
sidewalk / pavement （歩道）	airport （空港）	clinic （診察室）
path （散歩道）	train station （駅）	office （オフィス）

(pedestrian) crossing（横断歩道）	parking lot（駐車場）	meeting room（会議室）
grocery store（食料品店）	flower shop（花屋）	staircase / stairs（階段）
bakery（パン屋）	riverside（川辺）	amusement park（遊園地）

2．人物について話す

　写真には人物が写っています。写真の前面にはっきり写っている人を先に描写し、後方の人と分けて説明します。人数、性別、表情、行動、写真のどこに位置しているか、何をしているか、ほかの人との位置関係などについて、目につく人から描写します。Sample Answer でははっきり写っている3人の描写が中心になっています。

> I can see several people（人数）in the picture. The lady on the left is standing, adjusting her scarf（左手に写っている女性の行動）. She is wearing blue jeans and a brown jacket（女性が着ている衣服の描写）. The two men in the middle of the picture are sitting on a bench, having a conversation（中央に写っている男性2人の行動）. One of them is holding a paper cup（男性のうちの1人の行動）.

写真には何人かの人がいます。左手の女性は立っていて、マフラーを整えています。彼女はブルージーンズと茶色のジャケットを着ています。写真中央の2人の男性はベンチに腰掛け、おしゃべりをしています。その内の1人は紙コップを持っています。

位置関係を示す表現を使って、写真の中の人、物の関係を話します。

- The two men **in the middle of the picture**（写真の中央の）are sitting on a bench, having a conversation.
- There are some buildings **in the background**（背後には）.

写真中央の2人の男性はベンチに腰掛け、おしゃべりをしています。
背後には建物がいくつかあります。

Speaking / Writing

下の写真C・Dについて、人、物およびその位置関係を描写してみましょう。

▶写真C

▶写真D

Example

▶ 写真 C
- In the foreground, I can see some food on display.
- In the center, I can see a lady holding a blue plastic bag.
- There are some labels on top of the pies.

▶ 写真 D
- In the foreground, I can see a counter with some bottles, some cups and dishes, and a metallic wine cooler.
- There are also some sweets laid out on a wooden rack.
- In the background, I can see some coffee machines, lots of cups, and bottles.

写真 C
手前には食べ物が並んでいます。
中央には青いビニール袋を持った女性がいます。
パイの上に数枚の値札があります。

写真 D
手前には、ワインの瓶、カップ、皿、金属製のワインクーラーが置かれたカウンターがあります。
また、木の台の上にもお菓子が並んでいます。
背後には数台のコーヒーマシンと、たくさんのコーヒーカップや瓶があります。

【注】
☐ on display　…を陳列して、…を並べて　　☐ sweets　菓子　　☐ lay out　陳列する

写真の中の位置を示す表現

in the foreground 手前には	at the bottom (right/left) of the picture
in the background 背後には	at the top (right/left) of the picture
at the right / left of the picture	in the middle
on the right /left-hand side of the picture	at the rear of (…の背後に、…の後方に)

Speaking / Writing

写真の中の人 / 物同士の位置関係を示す表現		
above	behind	in the front of
between	at the back of	across from
in back of	in the center of	next to
in front of	under	over
below	on top of	right
beneath	toward（…に向かって）	left

3. 人の行動について話す

　行動は「be 動詞 ＋ ~ing」で表わしますが、人が何かを着ている状態の場合も進行形で表わします（She is wearing a uniform.）。何かを身に着ける動作の最中である場合には She **is putting on** blue jeans. もしくは試着中の場合は She **is trying on** blue jeans. となります。

　また進行形は「be 動詞 ＋ ~ing」だと頭ではわかっていても、話す時に be 動詞が抜けてしまう学習者が数多くいます。このセクションの解答も必ず録音して、自分で確認してみましょう。

下の写真E・Fについて、人物の行動を描写してみましょう。

▶写真E

▶写真F

Unit 2 | Speaking Test Question 3 | 49

Speaking / Writing

Example

▶写真 E
- The man on the left is sitting and checking his smartphone.
- One of the women is carrying a brown bag.
- The other man seems to be daydreaming and looking off into the distance.

▶写真 F
- All of the people are walking away from the camera.
- Two people in the middle are pulling suitcases.
- Several people are strolling along a path.

写真 E
左手の男性は、座ってスマートフォンをチェックしています。
女性の1人は茶色のバッグを持っています。
もう1人の男性は、ぼんやりと遠くをみつめているようです。

写真 F
全員、カメラから遠ざかっています。
中央の2人はスーツケースを引いています。
何人かの人が遊歩道をぶらぶら歩いています。

【注】
☐ smartphone　スマートフォン　　☐ carry　持つ　　☐ daydream　ぼんやりする
☐ look off into the distance　遠くを見る　　☐ walk away　遠ざかる　　☐ pull　引く
☐ stroll along　…沿いをぶらぶら歩く

一般的な行動の表現	
A is handing B to C. （B を C に手渡している）	A is waving at B. （B に手を振っている）
A is holding B. （B を持っている）	A is leaning on / against the wall. （壁にもたれかかっている）
A is carrying B. （B を運んでいる）	A is sitting cross-legged. （足を組んでいる）
A is boarding / getting on B. （B に乗りこんでいる）	A is sitting at a desk / table. （机／テーブルの席に座っている）
A is getting off B. （B から降りようとしている）	A is leaning back in his seat. （椅子にもたれかかっている）
A is checking B. （B を預けて／確認している）	A is walking down / up the stairs. （階段をおりて／のぼっている）
A is trying on B. （B を試着している）	A is having a conversation. （会話している）
A is folding A's arms. （腕を組んでいる）	A is surrounded by B. （B に囲まれている）
A is pointing at B. （B を指差している）	A is filling B with C. （B を C で満たしている）
A is bending over B. （B に覆いかぶさっている）	A is bending down. （かがみこんでいる）
A is kneeling down on B. （B の上にひざまずいている）	A is holding out A's hand toward B. （B に手を差し出している）

仕事場での表現	
A is giving a presentation. （プレゼンをしている）	A is writing something down. （何かを書き留めている）
A is speaking into the microphone. （マイクで話している）	A is writing in a notebook. （ノートに書き込んでいる）
A is showing the chart / diagram. （図・表・グラフ／図表・略図を示している）	A is listening to a presenter/speaker. （発表者／講演者の話を聞いている）

A is giving an explanation. （説明をしている）	A is signing B. （B に署名をしている）
A is handing out some materials. （資料を配っている）	A is checking the document. （書類を確認している）
A is attending a presentation / seminar. （プレゼン／セミナーに出席している）	A is examining the document. （書類を調べている）
A is taking some notes. （メモを取っている）	A is talking on the phone. （電話に出ている）

店／レストランでの表現

A is paying at a cashier. （レジで支払いをしている）	A is putting items in a cart. （カートに商品を入れている）
A is paying for the meal / sweater. （食事／セーターの代金を払っている）	A is choosing / reaching for a product on the shelf. （棚の商品を選んで／に手を伸ばしている）
A is looking at the display. （陳列品を見ている）	A is pushing a cart. （カートを押している）
A is examining an item. （商品を吟味している）	A is taking off a jacket. （ジャケットを脱いでいる）

屋外での表現

A is sitting on a bench. （ベンチに座っている）	A is taking a walk. （散歩をしている）
A is riding a bicycle. （自転車に乗っている）	A is walking around the park. （公園を歩きまわっている）
A is walking across the street. （道路を渡っている）	A is jogging. （ジョギングをしている）
A is walking a dog. （犬を散歩させている）	A is taking a dog for a walk. （犬を散歩させている）

衣服を表わす表現

jeans（ジーンズ）	cardigan（カーディガン）	jacket（ジャケット）
pants（ズボン）	swimsuit（水着）	coat（コート）
skirt（スカート）	uniform（制服）	cap（縁のない帽子）
shirt（シャツ）	short / long-sleeved shirt / dress（半袖／長袖のシャツ／ワンピース）	hat（縁のある帽子）
T-shirt（Tシャツ）	sleeveless shirt/dress（袖なしのシャツ／ワンピース）	tie（ネクタイ）
sweater（セーター）	suit（スーツ）	gloves（手袋）
scarf（マフラー）	protective clothing（防護服）	hard hat（ヘルメット）

4. 物について話す

写真に写っている物、背景を1つひとつ描写します。物と物の位置関係、人との位置関係の説明も入れます。なるべく人物と関連するものから順に話すようにします。

Speaking / Writing

下の写真 G・H について、写っている物を描写してみましょう。

▶写真 G

▶写真 H

Example

▶写真 G
- On a counter, there are some pies on display.
- I can see some microwave ovens behind the lady.
- There are some shoppers behind this stall.

▶写真 H
- There is a wooden bench along the path.
- In the background, I can see a car, some trees, and a man.
- There are some trees along the riverbank.

写真 G
カウンターの上にはパイが並んでいます。
女性のうしろには電子レンジが何台かあります。
この屋台の向こう側には、数人の買い物客がいます。

写真 H
遊歩道沿いに木のベンチがあります。
背後に、自動車が1台、木が数本、男性が1人見えます。
川岸に沿って、木が数本あります。

【注】
☐ microwave oven　電子レンジ　　☐ behind　…のうしろに　　☐ stall　売店
☐ along　…沿いに　　☐ riverbank　川岸

物体など		
bench (ベンチ)	shopping area (商店街)	cart (カート)
sign (標識、看板)	plastic bag (ビニール袋)	steps (段)
fence (フェンス)	paper bag (紙袋)	trash box / trash can (ごみ箱)
railing / handrail (手すり)	cash register / cashier (レジ)	ladder (はしご)
wall (壁、塀)	wheelchair (車いす)	sculpture / statue (彫像)
counter (カウンター)	baby buggy / stroller (ベビーカー)	gate (門)

Speaking / Writing

stall (屋台、売店)	fountain (噴水)	vendor (売る人、行商人)
lawn (芝生)	traffic light (信号)	ticket booth / box office (切符売り場)

5. 推測

　はっきり目につく物、人について描写したあとは推測を交えて述べます。何が起こりそうか、何が起こったあとかなどはっきり見えない事柄に対する推測などです。

1）〜のように見える / 思える

　はっきりと見えていない事柄は　look, seem, appear（〜のように見える、〜のように思われる）を使って表現します。

i) look ＋ 形容詞 / look like ＋ 名詞

- It looks hot.
- He looks tired.
- She looks really happy.
- The building looks like a school.
- They look like travelers.

> 暑そうです。
> 彼は疲れているみたいです。
> 彼女は本当に幸せそうです。
> その建物は学校のようです。
> 彼らは旅行者のようです。
>
> 【注】
> □ tired　疲れた　　□ really　本当に　　□ traveler　旅行者

ii) seem ＋ 形容詞 / seem like ＋ 名詞

- They seem excited to see the show.
- It seems dangerous, but the boys are trying to climb to the top.
- It seems (to be) too big for them to carry.
- It seems like a hot day because everyone is wearing short sleeves.
- It seems like a good idea.

彼らはそのショーにわくわくしているようです。
危険なようですが、少年たちはてっぺんまで登ろうとしています。
彼らが運ぶには大きすぎるようです。
全員半袖を着ているので、暑い日だと思います。
よいアイディアみたいですね。

【注】
□ excited　興奮した、わくわくした　　□ dangerous　危険な　　□ short sleeve　半袖

iii) seem to ＋ 動詞 / It seems that ＋ 名詞節

- They seem to be selling some fruit.
- He seems to be waiting for his girlfriend.
- It seems that they are leaving the building.
- It seems that they are about to start a performance.

彼らは果物を売っているようです。
彼はガールフレンドを待っているようです。
彼らは建物から出ていくようです。
彼らはまさにパフォーマンスを始めようとしているみたいです。

【注】
□ leave　離れる　　□ (be) about to do　まさに…しようとしている

iv) appear to be ~ing / appear to be ＋ 形容詞

- They appear to be enjoying the weather.
- He appears to be sick.

彼らはこの天気を楽しんでいるみたいです。
彼は具合が悪いように見えます。

2) 助動詞 / 副詞 など

　写真から断定できない事柄について話す時には、助動詞、副詞などを使ってそれが推測であることを示します。

- 助動詞　　現在形を使うと話し手に 100％確信があることを示すのに対し、助動詞は確信の持てない気持ちを表わします。日常の会話の中でも助動詞をうまく使えるようになると、気持ちを正しく相手に伝えることができます。

　　　　　可能性　95％　〜に違いない（論拠がある）　　　must

Speaking / Writing

　　　　　　可能性　50%　〜かもしれない（論拠がない）　may, might, could
- 副詞　　推測を表わす副詞には以下のようなものがあります。文中での位置に
　　　　注意が必要です。
　　　　＜文頭＞　perhaps, maybe
　　　　＜be動詞のうしろ、一般動詞の前＞　probably, most likely

- I guess, I think などの表現で不確かさを表わすこともできます。

以下が Sample Answer（41ページ参照）で使われている推測の表現です。②③④のように、なぜ自分がそう思うかを付け加えてください。

① **Maybe** he is drinking coffee.
② **I guess** they are shops **because** they have signs outside.
③ **I think** it's winter **because** everyone is wearing jackets.
④ However, it **seems like** a nice day **as** I can see some shadows on the ground.

①　コーヒーを飲んでいるのかもしれません。
②　表に看板があるので、店だと思います。
③　全員ジャケットを着ているので、冬なのでしょう。
④　でも地面に影が映っているので、いい天気のようです。

下の写真I・Jについて、どのようなことが推測できるか話してみましょう。

▶写真I

▶写真J

Speaking / Writing

Example

▶写真 I
- Maybe they are going or have been on a vacation.
- I guess they are husband and wife.
- Their suitcases look full.

▶写真 J
- The other man seems to be daydreaming and looking off into the distance.
- I guess it is late morning, maybe 11 o'clock.
- I imagine that they are regular customers at this café.

写真 I
おそらく休暇で旅行に行く途中か、旅行中なのでしょう。
彼らは夫婦だと思います。
彼らのスーツケースはいっぱいのようです。

写真 J
もう 1 人の男性はぼんやりと、遠くをみつめているようです。
昼前、11 時ぐらいかもしれません。
彼らはこのカフェの常連客だと思います。

【注】
☐ vacation　休暇　　☐ husband and wife　夫婦　　☐ late morning　昼前
☐ regular customer　常連客

6.「～しながら」の意味を表わす分詞構文

分詞構文を使って、2 つの動作を同時に表現することができます。Sample Answer（41 ページ参照）には分詞構文を使った文が 2 文あります。

下の例 1 の文は女性の 2 つの動作を表わす文章が接続詞 and で結ばれています。同じ人の動作を表わしているので、後半の接続詞、主語、be 動詞をセットで省略し、分詞構文を作ります。この際、必ず前半と後半の主語が同じであること、接続詞、主語、be 動詞をセットで削除することに気を付けてください。

例 1　The lady on the left is standing, [and she is] adjusting her scarf.
　　　→ The lady on the left is standing, **adjusting her scarf**.（分詞構文）

例 2　The two men in the middle of the picture are sitting on a bench, and they are having a conversation.

→ The two men in the middle of the picture are sitting on a bench, **having a conversation**.（分詞構文）

【例1】 左手の女性は立っていて、スカーフを整えています。
【例2】 写真の中央の二人の男性はベンチに腰掛け、おしゃべりをしています。

Speaking / Writing

下の写真 K・L について、分詞構文を使って描写してみましょう。

▶写真 K

▶写真 L

Example

▶ 写真 K
- The man on the left is sitting, checking his smartphone.
- A lady in a beige sweater is having a conversation, holding some sweets in her hand.
- The patrons are sitting outside, watching the passing traffic.

▶ 写真 L
- I can see two people and they are sitting, having a chat.
- The woman is holding something, enjoying her drink.
- The seating area is outside, providing a nice area for customers.

写真 K
左手の男性は、座ってスマートフォンをチェックしています。
ベージュのセーターの女性はお菓子を手に、話をしています。
常連客が店の外に座り、往来を眺めています。

写真 L
人が2人いて、座っておしゃべりしています。
女性は何か手に持っていて、飲み物を飲んでいます。
休憩所は屋外にあって、顧客のくつろぎの場となっています。

【注】
☐ sweets　菓子　　☐ patron　客　　☐ passing traffic　往来
☐ have a chat　おしゃべりする

Speaking / Writing

6. 実践トレーニング

▶▶▶ Guided Practice 1

下の写真を見て、話す内容を書き出してみましょう。

Location（場所）: shopping mall, information desk counter
Character（人物）: 何人かの人、2人の女性、
Action（行動）: 何かきいている。案内している。手をあげている
Object（物）:
Speculation（推測）:

Example

Location: inside the building, information desk, behind the counter, stairs, signs
Character: several people, two ladies, people on the upper floor, wearing a brown uniform/hat, wearing a blue shirt
Action: standing, raising her hand, carrying a paper bag
Speculation: station? department store? asking for directions? giving directions?

場所：	建物の中、インフォメーションデスク、カウンターのうしろ、階段、標識
人物：	数人の人、2人の女性、上のフロアの人びと、茶色の制服を着ている／帽子をかぶっている、青いシャツを着ている
行動：	立っている、手を上げている、紙袋を持っている
推測：	駅？、デパート？、行き方を聞いている？、行き方を教えている？

【注】
☐ sign 標識 ☐ uniform 制服 ☐ raise 上げる

🎧 **CD1 12**

書き出した語を使って、45秒で写真を描写してみましょう。

（※解答例は「別冊解答」を参照してください）

▶▶▶ Guided Practice 2

下の写真を見て、話す内容を書き出してみましょう。

Location（場所）　_____
Character（人物）　_____
Action（行動）　_____
Object（物）　_____
Speculation（推測）　_____

Speaking / Writing

Example

Location: restaurant, café, inside
Character: two ladies, wearing a T-shirt, wearing an apron
Action: writing in a notepad, taking an order, placing an order, sitting, standing, looking at a customer, placing her hand on her chin, holding something
Object: table, chairs, bottle, coke, water, banana, bag, menu
Speculation: thinking of what to eat?

場所：　レストラン、カフェ、室内
人物：　2人の女性、Tシャツを着ている、エプロンを着けている
行動：　メモ帳に記入している、注文を取っている、注文している、座っている、立っている、客を見ている、手をあごに当てている、何かを持っている
物：　　テーブル、椅子、瓶、コーラ、水、バナナ、バッグ、メニュー
推測：　何を食べるか考えている？

【注】
☐ take / place an order　注文をとる／する　　☐ chin　あご

CD1 13

書き出した語を使って、45秒で写真を描写してみましょう。
(※解答例は「別冊解答」を参照してください)

7. 目標点レベル別アドバイス

【120点目標レベル】

写真の中で最も目につくものから描写します。場所、人、行動、物、推測の順で話せば、まとまりよく話せるでしょう。詳細を述べる場合は、すでに述べた人、物に関する事柄に限って話すようにします。45秒間で80語話せるように練習しましょう。

【150点目標レベル】

自分の解答を録音し、聞いてみましょう。チェックポイントは以下のとおりです。
- 解答にまとまりがあるか。全体の流れに関係ない事柄を描写していないか。
- 写真を見ていない人が自分の解答を聞いた場合に、ある程度正確な情景を想像できるか。
- 発音は聞き取りやすいか。イントネーションに高低の幅があるか。

このレベルでは45秒間で90〜100語話すことを目標とします。

【180点目標レベル】

このレベルの受験者は流暢さに重きを置いて練習します。文を複雑にすることは避け、人、物、行動を表わす形容詞、副詞を付け加えて解答のレベルを上げましょう。流暢さに重きを置き、100〜110語話します。

Speaking / Writing

8. 練習問題

🔘 CD1 14

練習問題 1

🔘 CD1 15

練習問題 2

(Candy Box Images / PIXTA)

🔊 CD1 16

練習問題3

Unit 3

Speaking Test Questions 4-6
Respond to Questions

応答問題

1. 問題形式の説明

　Questions 4-6 は身近な問題についてインタビューに答えるなどの設定です。自分に関する事柄（たとえば自分がよく見るテレビ番組について）、または身近な話題（たとえば外国人が自国を訪れる際どこに連れて行くとよいか）などのトピックに関して3つ質問を受けます。Question 4 と Question 5 は解答時間が 15 秒、Question 6 の解答時間は 30 秒です。

　この問題は準備時間がありません。質問を受けたら即座に答えます。日本語で電話に応対する場合、質問に対して間を置かずに自分のわかる範囲で返答しますが、これを英語で行なうと考えてください。それぞれの質問の意図を正しく汲み取り、的確に答えることが求められます。

　この問題で高得点を出すには、社会人として通用するていねいな表現を使い、実際に電話で話しているように話すことが大切です。設問は音声とともに画面に表示されますので、設問を読んだら瞬時に大切なポイントがつかめるよう練習しましょう。

Speaking / Writing

▶問題形式

課題内容	*身近な問題についてインタビューに答えるなどの設定で、設問に答える。設問は Question 4 から Question 6 まで、画面に1問ずつ表示され、読み上げられます。解答は1問ずつ録音されます。
設問数	3問
準備時間	各設問に答える際の準備時間はありません。
解答時間	解答時間は設問により異なります。 Question 4　15秒 Question 5　15秒 Question 6　30秒

2015年5月の公開試験より、一部新しい形式の問題が導入されました。
＜旧形式＞
「身近な問題についてのインタビューに答えるなどの設定で、設問に答える」
＜新形式＞
「電話での会話で、設問に答える」

国際ビジネスコミュニケーション協会のサイトには、以下の注意書きがあります。
注意点：
・2015年5月の公開テスト以降、＜現行＞（旧形式）と＜新形式＞のどちらが出題されるかは実施日時により異なり、事前に受験者の皆様に通知されません。
・＜現行＞（旧形式）と＜新形式＞のどちらが出題されても、問題数、解答時間、難易度、評価基準、採点スケールなどは全く同じで、有利・不利はございません。

2．採点・評価基準

▶採点項目

「応答問題」は以下の7点について採点されます。
・発音
・イントネーション・アクセント
・文法

- 語彙
- 一貫性
- 内容の妥当性
- 内容の完成度

▶評価基準
Questions 4-6 は 0 〜 3 の 4 段階で採点されます。

応答問題	
採点スケール	採点ポイント
3	解答は質問に対して十分で、関連性があり、社会的にも適切な応答ができている。提示された情報に基づく課題に対しては、資料や文書の情報も正確に答えている ・聞き手はすんなりと理解できる ・適切な語彙・語句を使っている ・課題に合った構文を使って答えている
2	質問に対してはある程度適切に答えているが、完全ではなく、適切でない部分もある。また、提示された情報に基づく課題には、正確に答えていない部分がある ・聞き手が理解しづらい箇所があるが、概ね理解できる ・全体的な意味ははっきりしているものの、語彙・語句が限定されていたり、やや適切でない場合がある ・構文の使用が不適切なため、聞き手が理解するためには多少の努力を要する ・提示された情報に基づく課題に関しては、資料や文書から関連した情報を見つけることができるが、それらを関連のない情報と区別したり、聞き手が理解しやすいように言い換えることはできない
1	質問に対して十分に答えていない。関連する情報が十分に伝わっていない ・聞き手は理解するのにかなり苦労する ・語彙・語句が不正確であったり、設問と同じ内容を繰り返す ・構文の使用が不適切なため、意味の理解が妨げられてしまう
0	無解答、もしくは解答の中に英語が含まれていない、またはテストと全く関係ないことを答えている

（国際ビジネスコミュニケーション協会の資料より抜粋）

3．解答時のコツ

　この問題は電話インタビュー形式です。最初にどこの国の調査会社が何の目的で行なうインタビューであるかの説明があり、その後すぐに質問に移ります。準備時間はありませんので開始の合図音が聞こえたら間を置かずに話し出します。Well, Let me see. でもよいので、話し始めることが大切です。

Question 4, 5 　質問に的確に答えるために、質問文の疑問詞に注意します。15秒間話し続ける必要はないので、質問に答えたところで解答をやめます。

Question 6 　自分の意見に理由を加え、30秒間話し続けます。

4．サンプル問題と解答例

🔊 CD1 17, 18, 20, 22

Directions: In this part of the test, you will answer three questions. For each question, begin responding immediately after you hear a beep. No preparation time is provided. You will have 15 seconds to respond to Questions 4 and 5 and 30 seconds to respond to Question 6.

ディレクション： ここでは、3つの設問があります。ビープ音のあと、すぐに解答してください。準備時間はありません。Question 4,5には15秒で、Question 6には30秒で解答してください。

Imagine that a U.S. marketing firm is doing research in your country. You have agreed to participate in a telephone interview about food and dining out.

（実際には設問は1問ずつ画面に表示されます。各問題のあとの解答時間は取ってありません。お手数ですが、ストップウォッチをご用意ください。）

Question 4　　What is your favorite food?
Question 5　　How often do you eat out?
Question 6　　Describe a good restaurant in your town.

アメリカのマーケティング会社があなたの国で調査を行なっており、あなたは食べ物と外食についての電話によるインタビューを受けることを承諾したとします。

質問4　好きな食べ物は何ですか。
質問5　どのくらいの頻度で外食をしますか。
質問6　あなたの町にある、いいレストランを紹介してください。

【注】
☐ marketing　マーケティング　　☐ firm　会社　　☐ do research　調査を行なう
☐ agree to do　…することを承諾する　　☐ participate　参加する　　☐ dine out　外食する
☐ favorite　好きな、お気に入りの　　☐ eat out　外食する
☐ describe　説明する

Sample Answer

CD1 19, 21, 23

Question 4　Let me see. My favorite food is pizza because I can choose whatever topping I want.

Question 5　I eat out three times a week. I often go to an Italian restaurant in town to eat dinner.

Question 6　I like to go to a Thai food restaurant called Blue Lagoon. It only takes five minutes to get to from my house. I like this place because the food is great and authentic. On top of that, the price is reasonable and the atmosphere makes me feel like I have visited Thailand. I usually order a Thai salad and some noodles. They are spicy and taste really good.

質問4　そうですね。私はピッツァが好きです。何でも好きなトッピングを選べるからです。
質問5　週に3回外食をします。よく町のイタリアン・レストランに行って食べます。
質問6　ブルーラグーンというタイ料理の店に行くのが好きです。家からほんの5分のところです。この店が気に入っているのは、料理がおいしくて本格的だからです。何と言っても、値段が良心的で、しかもタイに行ったような気分にさせてくれるんです。いつもタイ風サラダと麺を頼みます。ぴりっと辛くて、本当においしいです。

【注】
☐ take　(時間が) かかる　　☐ authentic　本格的な　　☐ reasonable　手ごろな
☐ atmosphere　雰囲気　　☐ spicy　ぴりっと辛い

5. ポイント解説

1. Question 4 & Question 5

1) Introductory Phrases

Question 4, Question 5 は受験者の個人の好みや経験に関する短い質問です。電話の会話ですから、まず下記のような Introductory Phrases（導入句）で解答をスタートします。

Well,

Let me think.

Let me see.

準備時間はありませんが、定型の言いまわしで始めることにより、考える時間を少しでも作り出すことができます。

2) 質問に的確に答える

▶疑問詞を正確にとらえる

このセクションは音声だけでなく画面に質問文が表示されていますので、疑問詞 what / when / where / who / how を目で見てチェックできます。 what の場合は次に続く名詞まで（例：what time, what color）、また how の場合は次に続く形容詞、副詞（例：how often, how many, how hard, how long）までチェックしてください。

▶挿入句に気づく

疑問詞から始まるわかりやすい質問文も多いですが、Where do you think is the best place to spend your summer vacation? のように、質問文の途中に挿入句（do you think）が入っていることもあります。このような場合、挿入句はいったん省いて考えましょう。

→ Where is the best place to spend your summer vacation?

▶質問の中のキーワードに注目

下記の質問のキーワードは best, place, vacation です。これらに注意して必要な情報を外さないように答えます。

→ Where do you think is the **best place** to spend your summer **vacation**?

▶はっきりと自分の意見を示す
I like to ～
My favorite … is ～
I usually ～

　Sample Answer では My favorite food is pizza. が質問の答えです。聞かれたことに答えたら短く理由・情報を付け加えるとよいでしょう。質問に的確に答えてさえいれば、解答時間の 15 秒より早く話し終えても問題ありません。 また実際のテストでは Question 4, Question 5, Question 6 はそれぞれ別の採点官が採点しますので、内容が重なっても支障ありません。たとえば Question 4 で短く理由を話したあと、Question 5 で Why do you like that food? などと理由を聞かれることがあります。Question 4 の解答と内容が重複しても構わないので、Question 5 の質問に的確に答えます。

2. Question 6

　Question 6 の設問には 2 つのタイプがあります。疑問詞から始まる質問と、Describe で始まり説明を求める場合です。どちらの場合も受験者の意見を述べます。質問は身近な話題についてですので、むずかしい議論を展開する必要はありません。1 文目で自分の意見をはっきり提示し、さらに相手の理解を深めるためにその主張の理由や例を含めることが大切です。30 秒間話すには大体 65 語必要です。自分が今まで体験した事柄をもとに具体的な場所、体験、感想などを織り込み、解答をいくつか作っておきます。出だしの文言を変えて、似たようなほかの質問に答える際にも使えるよう、詳細を考えておきます。

　サンプル問題では受験者の住む街にある良い（おいしい）レストランについての説明が求められています。 Sample Answer では 1 つレストランを決め、気に入っている理由として、家からの距離、値段、雰囲気、料理について具体的に述べています。必ずしも実在するレストランについて説明しなければならないわけではありません。架空のレストランを自分で設定し説明してもいいのです。準備時間がない中でゼロから架空のレストランを想像するのはなかなかむずかしいので、具体的に 1 つレス

Speaking / Writing

トランを思い浮かべ、架空の情報を付け足していくとうまく言えるでしょう。

Question 6 は解答時間が 30 秒ありますから、質問文の一部を使って発話を始め、その間に意見をまとめます。

Ex1: Question Where do you go **when you feel lonely**?
Response **When I feel lonely**, I usually go to my friend's house.

Ex2: Question What is **the most exciting movie you've ever seen**?
Response Well, **the most exciting movie I've ever seen** is ～

```
【例1】 質問  さびしい時、どこへ行きますか。
        答え  さびしい時、いつも友だちの家へ行きます。
【例2】 質問  今まで観た中で一番ドキドキハラハラした映画は何ですか。
        答え  そうですね、今まで観たうちで、一番ドキドキハラハラしたのは…。
【注】
  □ lonely  さびしい    □ exciting  ドキドキはらはらする
```

質問文のフレーズを使わないほうがうまく話し出せる場合もあります。

Ex3: Question Describe your favorite place to visit during your vacation.
Response **I usually like to go to** the beach during my vacation.

```
【例3】 質問  休暇に行きたい、お気に入りの場所について説明してください。
        答え  休暇には海へ行くのが好きです。
```

下記のような表現も、何を話すか考えるための時間を作り出すのに役立ちます。

Ex4: Question What is your favorite restaurant?
Response **Well, there are a lot of restaurants I go to, but if I had to choose one**, it is…
I like to go to a lot of restaurants but I would have to say / I would like to say that my favorite one is…

Ex5: **Question** **How important** is it to pay attention to what you eat?

Response I think it is **very important** to pay attention to what I eat because…

That's a hard question. / That's a good question.

【例4】	質問	お気に入りのレストランはどこですか。
	答え	そうですね、よく行くレストランはたくさんあるのですが、その中から1つ選ぶなら、それは…。
		いろいろなお店に行くのが好きなのですが、強いてお気に入りの店を挙げるなら、…。
【例5】	質問	食べ物に気をつかうことはどのくらい大切ですか。
	答え	食べ物に気をつかうのはとても大事なことだと考えています。どうしてかというと、…。
		むずかしい質問ですね。／いい質問ですね。

【注】
□ pay attention to　…に注意を払う　　□ hard　むずかしい

また、一貫性と流れのある解答にするには適切な「つなぎの表現」が欠かせません。アイディアのつながりがはっきりするよう、下記に挙げられている「つなぎの表現」を覚え、すらすら言えるようになるまで練習します。

▶自分の意見を述べる

あいまいさを表わす助動詞は抜いて、はっきり自分の意見を示します。

・I like to do ～

・My favorite ～ is ～

・I usually ～

・I (really) think the best ～ is ～

・I think ～ is good/bad because

・～ is very important to ～

・I don't think it is very important to ～

・～ is the best way to ～

・The most ～ I've ever ～ is ～

・The best way to ～ is to ～

自分の意見を述べたあとに、理由、詳細、例を加えますが、その詳細が自分の意見とどのようなつながりがあるかを示すフレーズを入れます。この表現を正しく使うことで一貫性のある解答になります。

Speaking / Writing

▶ 理由を述べる
- I say so because
- The reason (I say this) is that
- This is because
- One reason (for this) is 〜 / Another reason is 〜

▶ 情報を追加する
- In addition,
- Also,
- Furthermore,
- What's more,

3.　ブレーンストーミング（brainstorming）

　brainstorming のもともとの意味は「参加者が自由に多くの意見を出しあうことによって、独創的なアイディアを引き出す集団思考法」ですが、「個人が独創的なアイディアを捻出する」の意味でも使われることがよくあり、ここでは以下、後者の意味で用います。

　この設問では話す内容がすぐ頭に浮かぶかどうかが解答の出来を左右します。実際のテストでは自分にとって本当のことであろうがなかろうが、何か答えなくてはなりません。想定できる話題について、次ページの表を使い自分の考えを整理してください。すべての欄を埋める必要はありません。本当の意見である必要もありません。適切な英語の語句が浮かばない場合は、とりあえず日本語で単語を入れておきましょう。

	When / How often	Where	How	Why	What	With whom
Shopping (Example)	once a week	shopping mall		reasonable price	clothes bags shoes	friends mother
Shopping	~~some times~~ everyday	internet				
Exercise / Sports	everyday ~~tried to~~					
TV show	Break time					
Movie	if I were when I only					
Travel	~~one~~ twice a year					
Clothing	Sometimes					
Food						
School subject						
Book						
Season						
Actor / Actress						
Commuting						

Speaking / Writing

6. 実践トレーニング

　ブレーンストーミングで出したアイディアをもとに、Questions 4-6 の質問に答えてみましょう。各問題のあとの解答時間は取ってありません。お手数ですが、ストップウォッチをご用意ください。

🔊 CD1 24, 26, 28

▶▶▶ Guided Practice 1: Vacation & Travel

Imagine that a Canadian marketing firm is doing research in your country. You have agreed to participate in a telephone interview about vacation and travel.

Question 4: (15s) Where do you want to go for your next vacation?
Question 5: (15s) When is your favorite time to take a vacation?
Question 6: (30s) Describe your best ever vacation.

（※ Question 6 の解答例は「別冊解答」を参照してください。CD には、解答例として、表の赤くした部分を読んだ音声を収録しています）

　以下の応答例を参考に、空欄に場所、理由などを記入して自分の応答を作成してください。

🔊 CD1 25

Question 4: Where do you want to go for your next vacation?

導入 Let me see….	
質問の返答 I would like to go somewhere	in Europe / North America etc
	tropical / sunny / warm / hot
	unspoilt by man
	in my own country

理由 because I want to see (lots of)	nice historical sites.
	nice countryside.
	unusual animals.
	beautiful views.
	world heritage sites.
	palm trees and blue oceans.
やりたいこと I want to	try (some local foods).
	take (a lot of pictures).
	enjoy (different cultures).
	relax and take it easy.

 CD1 27

Question 5: When is your favorite time to take a vacation?

導入 Well,	
質問の返答 I prefer to take a vacation	in the spring / summer,
	during the New Year holidays,
	in February,
理由 because	the weather is better.
	it is cheaper.
	I have more free time.
	it is easier to take a long holiday.

Speaking / Writing

CD1 29

Question 6: Describe your best ever vacation.

導入 Well,		
質問の返答 the best vacation I ever had was	a family vacation in Hawaii / in the countryside / in Okinawa.	
	a skiing trip in the Northern part of Japan.	
	scuba diving in Okinawa.	
	a school trip to France.	
詳細 I went there with	my parents	
	some of my friends	
	my family	
	my class	
when	I was 15 years old.	
	I was young.	
	I was a college student.	
	last year.	
While we were there, we	went sightseeing.	
	took a lot of photographs.	
	spent most of the time skiing / swimming / mountain climbing.	
	took a lot of excursions.	

It was really good because	the hotel was nice.
	the weather was great.
	the views were amazing.
	the people were nice.
	the food was tasty.
	I had a chance to see lots of ···.
	I could use a foreign language.
If I have another chance to visit there, I'd like to	try the local food.
	try other sports.
	spend more time visiting museums.

🔊 CD1 30, 32, 34

▶▶▶ Guided Practice 2: Reading & Literature

Imagine that a U.S. marketing firm is doing research in your country. You have agreed to participate in a telephone interview about reading and literature.

Question 4: (15s)　What is your favorite book?
Question 5: (15s)　Where do you like to read books?
Question 6: (30s)　Describe your favorite book.
（※ Question 6 の解答例は「別冊解答」を参照してください）

Speaking / Writing

🔊 **CD1 31**

Question 4: What is your favorite book?

Let me see….	
My favorite book is	*Harry Potter.*
	Lord of the Rings.
	my English dictionary.
I like it because it's	*interesting.*
	funny.
	scary.
	good to learn new vocabulary.

🔊 **CD1 33**

Question 5: Where do you like to read books?

Nice question!	
I like to read books	in my room
	at the library
	on the train
	in the park
	in a coffee shop
because	it is quiet.
	I feel comfortable.
	I can concentrate.
	it is a popular place to read.

Question 6: Describe your favorite book.

(★マークの部分の情報は「別冊解答」を参照してください)

Well,		
	The title is	*My Way*
	It is a	true story
		scary story
		funny story
		science-fiction story
		love story
		novel
		famous book in Japan
	set in	the past.
		the present.
		the future.
		an imaginary world.
		1984.
		space.
	★	
	It has a very	surprising ending.
		sad ending.
		happy ending.
		shocking ending.
		funny ending.
	★	

Speaking / Writing

下記の予想問題に対し、即答できるまで練習してください。質問を1回読んだ段階で正しく意味をつかめますか？ キーワードにすぐ気づきますか？ 文の出だしをどう始めればよいでしょう？（参考までに解答の制限時間を示してあります。）

旅行・休暇に関するそのほかの予想問題

1. How often do you take a vacation? （15s）
2. Who do you usually take a vacation with? （15s）
3. Which season do you like to travel in? Why? （15s）
4. How do you spend your time on vacation if the weather is bad? （15s）
5. Where did you go on your last vacation? （15s）
6. Do you prefer active or relaxing holidays, why? （30s）
7. If you could take a week off next week where would you like to go?
   Choose one from the following:
   - Beach
   - Mountainside
   - Museum （30s）

---

1. どれぐらいの頻度で休暇を取りますか。（解答時間 15 秒）
2. いつも休暇は誰と過ごしますか。（解答時間 15 秒）
3. 旅行をするなら、どの季節がいいですか。それはなぜですか。（解答時間 15 秒）
4. 天気がよくない場合、どうやって休暇を過ごしますか。（解答時間 15 秒）
5. この前の休暇にはどこへ行きましたか。（解答時間 15 秒）
6. 休暇は活動的に過ごすのと、のんびりするのとどちらが好きですか。それはなぜですか。（解答時間 30 秒）
7. 来週1週間がまるまる休みになるとしたら、どこに行きたいですか。次の中から選んでください。
   ・海
   ・山
   ・博物館　（解答時間 30 秒）

【注】
☐ take a vacation　休暇を取る　　☐ last　この前の　　☐ active　活動的な
☐ relaxing　のんびりした　　☐ mountainside　山腹

読書・本に関するそのほかの予想問題

1. What kind of books do you like to read? （15s）
2. Who is your favorite author? （15s）
3. How many books do you usually read a month? （15s）
4. Which book have you read recently? （15s）

5. Have you ever read a book and then seen a film of that book? (15s)
6. Do you think that books are a thing of the past? (30s)
7. What kind of books do you enjoy reading? Choose from the following:
   - Mysteries
   - Love stories
   - Historical novels   (30s)

```
1. どんな本を読むのが好きですか。(解答時間 15 秒)
2. お気に入りの作家は誰ですか。(解答時間 15 秒)
3. ふだん、1か月に何冊本を読みますか。(解答時間 15 秒)
4. 最近読んだ本は何ですか。(解答時間 15 秒)
5. 今までに、本を読んで、それからその本が原作の映画を見たことがありますか。(解答時間 15 秒)
6. 本は過去のものだと思いますか。(解答時間 30 秒)
7. どんな種類の本を楽しみますか。次の中から選んでください。(解答時間 30 秒)
   ・ミステリー
   ・恋愛小説
   ・歴史小説
```
【注】
☐ author 作家   ☐ recently 最近   ☐ film 映画   ☐ love story 恋愛小説
☐ historical novel 歴史小説

テレビ番組・映画に関する予想問題

1. Who is your favorite actor?   (15s)
2. How often do you visit the movie theater?   (15s)
3. What is the best movie you have ever seen?   (15s)
4. When do you usually watch television?   (15s)
5. What kind of television programs do you enjoy?   (15s)
6. Describe your favorite movie.   (30s)
7. Do you like watching television by yourself or with your family?   (30s)

```
1. 好きな俳優は誰ですか。(解答時間 15 秒)
2. どれぐらいの頻度で映画館に行きますか。(解答時間 15 秒)
3. 今まで観たうちで一番よかった映画は何ですか。(解答時間 15 秒)
4. ふだん、いつテレビを見ますか。(解答時間 15 秒)
5. どんなテレビ番組が好きですか。(解答時間 15 秒)
6. お気に入りの映画について説明してください。(解答時間 30 秒)
7. テレビは1人で見るのと、家族と一緒に見るのとどちらが好きですか。(解答時間 30 秒)
```
【注】
☐ actor 俳優   ☐ movie theater 映画館   ☐ television program テレビ番組
☐ by oneself 1人で

Speaking / Writing

通勤・交通に関する予想問題

1. How often do you use public transportation? （15s）
2. What is the most readily available form of public transportation where you live? （15s）
3. What is your favorite form of transportation? （15s）
4. Where is a good place to go for a drive? （15s）
5. Do you have a good public transportation system where you live? （15s）
6. Do you feel safe when you ride public transportation? Why, why not? （30s）
7. Would you accept a job that required a two-hour commute? Why, Why not? （30s）

---

1. どれぐらいの頻度で公共交通機関を利用しますか。(解答時間 15 秒)
2. あなたの住んでいるところで、一番便利な公共交通機関は何ですか。(解答時間 15 秒)
3. 交通機関で何が一番好きですか。(解答時間 15 秒)
4. ドライブするのにいいところはどこですか。(解答時間 15 秒)
5. あなたの住んでいるところには便利な公共交通機関がありますか。(解答時間 15 秒)
6. 公共交通を利用している時、安全だと感じますか。それはなぜですか。(解答時間 30 秒)
7. 職場まで 2 時間かかるとしたら、あなたは就職しますか。それはなぜですか。(解答時間 30 秒)

【注】
□ public transportation　公共交通機関　　□ readily　すぐに　　□ available　利用できる
□ require　必要とする　　□ commute　通勤、通学

コンピューター・インターネットに関する予想問題

1. About how many hours a day do you use the Internet? （15s）
2. Do you use the Internet for fun or for education? （15s）
3. Why is e-mail a good method of communicating with family? （15s）
4. Is it better to buy online or in a shop? Why? （15s）
5. What Internet sites do you visit regularly? （15s）
6. How can the Internet help people to learn English? （30s）
7. Do you think it is important for schools to have Internet access, why? （30s）

---

1. 1 日に何時間ぐらいインターネットを使いますか。(解答時間 15 秒)
2. インターネットを使うのは楽しみのためですか、それとも勉強のためですか。(解答時間 15 秒)
3. 電子メールが家族と連絡を取り合う上でいいのはなぜですか。(解答時間 15 秒)
4. 買い物はオンライン・ショップでするのと、実店舗でするのとどちらがいいと思いますか。それはなぜですか。(解答時間 15 秒)

5. 定期的に見るホームページは何ですか。(解答時間 15 秒)
6. インターネットは英語の勉強にどのように役に立つでしょうか。(解答時間 30 秒)
7. 学校でインターネットが使えることは大事だと思いますか。それはなぜですか。(解答時間 30 秒)

【注】
☐ for fun　楽しみのため　　☐ method　方法　　☐ buy online　オンライン・ショップで買う
☐ Internet site　ホームページ　　☐ regularly　定期的に
☐ Internet access　インターネットへの接続

趣味・娯楽に関する予想問題

1. What is your hobby? (15s)
2. How many hours a week do you spend doing your hobby? (15s)
3. Does your hobby influence your choice of friends? (15s)
4. Did you have any hobbies when you were a child? (15s)
5. Which hobbies are most popular with women in your country? (30s)
6. Which hobbies are most popular with men in your country? (30s)
7. Are there any hobbies that you would like to try? (30s)

1. あなたの趣味は何ですか。(解答時間 15 秒)
2. 趣味のために週に何時間ぐらい使いますか。(解答時間 15 秒)
3. 趣味は交友関係に影響がありますか。(解答時間 15 秒)
4. 子どもの時は趣味がありましたか。(解答時間 15 秒)
5. あなたの国で女性に一番人気がある趣味は何ですか。(解答時間 30 秒)
6. あなたの国で男性に一番人気がある趣味は何ですか。(解答時間 30 秒)
7. やってみたい趣味がありますか。(解答時間 30 秒)

【注】
☐ spend　(時間を) 使う

友人・家族に関する予想問題

1. What do you usually do with your friends? (15s)
2. Where is a good place to make new friends? (15s)
3. What type of people do you get along with the best? (15s)
4. Are friends more important than family? (15s)
5. Do you think children should help with the housework? Why, why not (30s)
6. Describe your best friend? (30s)
7. What qualities do you consider to be important in a friend? Choose one from the following:

Speaking / Writing

- Honesty
- Sense of humor
- Same interests （30s）

1. ふだん、友だちとどんなことをしますか。(解答時間 15 秒)
2. 新しい友だちを見つけるのにはどこがいいですか。(解答時間 15 秒)
3. 一番気が合うのはどんなタイプの人ですか。(解答時間 15 秒)
4. 友だちは家族よりも大切ですか。(解答時間 15 秒)
5. 子どもは家事を手伝うべきだと思いますか。それはなぜですか。(解答時間 30 秒)
6. あなたの一番の親友のことを説明してください。(解答時間 30 秒)
7. 友だちのどんなところが一番大切だと思いますか。次の中から１つ選んでください。
    ・正直さ
    ・ユーモアのセンス
    ・同じものに関心がある（解答時間 30 秒）

【注】
☐ get along with　…と仲良くやっていく　　☐ housework　家事　　☐ consider　考える
☐ honesty　正直さ

健康・運動に関する予想問題

1. Do you think you have a healthy lifestyle? （15s）
2. Do you pay much attention to what you eat? （15s）
3. How many hours of sleep do you usually need? （15s）
4. Have you ever considered becoming a vegetarian? （15s）
5. What is your attitude about smoking? （30s）
6. What are some things people can do to stay healthy? （30s）
7. What are some situations when you feel stress? （30s）

1. 自分は健康的な生活を送っていると思いますか。(解答時間 15 秒)
2. 食べるものには気を使っていますか。(解答時間 15 秒)
3. ふだん睡眠時間は何時間ぐらい必要ですか。(解答時間 15 秒)
4. 今までに菜食主義者になろうと思ったことはありますか。(解答時間 15 秒)
5. 喫煙についてどう考えますか。(解答時間 30 秒)
6. 健康を保つためにできることはどんなことでしょうか。(解答時間 30 秒)
7. どんな状況でストレスを感じますか。(解答時間 30 秒)

【注】
☐ vegetarian　菜食主義者　　☐ attitude　意見　　☐ stay　…の状態でいる

7.　目標点レベル別アドバイス

【120点目標レベル】

　Question 4 と Question 5 は、1 文でも構わないので質問に正しく答えることに重きを置いてください。完結した文になっているか、主語が適当か、動詞は適当か、他動詞の目的語はあるか、前置詞のあとに名詞はあるかなど、自分の解答を書き出してチェックします。日本語で文を作ってから英語にする傾向のある人は、主語の選び方が適切でない場合が多く見受けられます。このセクションでは受験者の意見を聞かれていますから、まずは I を主語にして話してください。

【150点目標レベル】

　このレベルでも Question 4 と Question 5 は解答時間ぎりぎりまで話す必要はありません。時間が余っているからと余計な文章を付け加えた結果、不適切な解答になるようなことのないよう気を付けましょう。Question 6 は 30 秒間話す必要があります。まずは 65 語を目安に自分の解答を書いてみて、意見、詳細、具体例が言えているか、つなぎの言葉は適切に入っているかをチェックします。その後、その解答の中から使えそうな語彙を 5, 6 語選び、そのリストだけを見て話してみます。自分で書いた解答を覚えるのではなく、似たような解答を再現する練習です。

【180点目標レベル】

　Question 6 で解答時間が余り、話す内容がなくなった場合、自分の意見と相反する意見を短く述べた上で、それでもやはり自分の意見は正しい、という展開にするのも有効です。たとえば、This restaurant is a little noisy but I still find it very relaxing. といった具合です。ただし、相反する意見を述べているうちに制限時間が終わってしまうと減点の対象になりますので、ご注意ください。

Speaking / Writing

8. 練習問題

🔊 CD1 36-41

練習問題 1

Imagine that a British marketing firm is doing research in your country. You have agreed to participate in a telephone interview about transportation and commuting.

Question 4:	(15s)	How do you usually travel to school or work?
Question 5:	(15s)	How long does it take you to travel to school or work?
Question 6:	(30s)	What do you like to do when traveling to school or work?

🔊 CD1 42-47

練習問題 2

Imagine that a Canadian marketing firm is doing research in your country. You have agreed to participate in a telephone interview about friends and family.

Question 4:	(15s)	Who is your best friend?
Question 5:	(15s)	How did you first become friends?
Question 6:	(30s)	Describe your best friend.

🔊 CD1 48-53

練習問題 3

Imagine that a U.S. marketing firm is doing research in your country. You have agreed to participate in a telephone interview about television viewing.

Question 4: (15s) How often do you usually watch television?
Question 5: (15s) Where do you usually watch television?
Question 6: (30s) Describe your favorite television show.

Unit 4

Speaking Test Questions 7-9
Respond to Questions Using Information Provided
提示された情報に基づく応答問題

1. 問題形式の説明

　Questions 7-9 は、提示された情報（スケジュールなど）に基づいて、電話での問い合わせに応える設定です。提示された情報に関する 3 つの質問に答えます。解答時間は Question 7 と Question 8 が 15 秒、Question 9 が 30 秒です。Questions 4-6 と同じく、各設問に答える前の準備時間はありません。また Questions 7-9 では 3 つの質問文は画面に表示されませんので、質問を正確に聞き取り、内容を覚えておく必要があります。このセクションのポイントは「短時間で資料の内容を理解すること」と「相手の質問の意図を正確に汲み取ること」です。実際に電話で話しているような、相手に伝わりやすく自然な応答を目指しましょう。

▶問題形式

課題内容	提示された資料や文書（スケジュールなど）に基づいて、設問に答える。画面上の資料を読み、相手の質問を聞き取り、適切に応答します。質問は読み上げのみで、画面には表示されません。
設問数	3 問

Speaking / Writing

準備時間	画面上の資料を読む時間は 30 秒。各設問に答える際の準備時間はありません。
解答時間	解答時間は設問により異なります。 Question 7　15 秒 Question 8　15 秒 Question 9　30 秒

2．採点・評価基準

▶採点項目

「提示された情報に基づく応答問題」は以下の 7 点について採点されます。

- 発音
- イントネーション
- 文法
- 語彙
- 一貫性
- 内容の妥当性
- 内容の完成度

▶評価基準

Questions 7-9 は 0 〜 3 の 4 段階で採点されます。

提示された情報に基づく応答問題	
採点スケール	採点ポイント
3	解答は質問に対して十分で、関連性があり、社会的にも適切な応答ができている。提示された情報に基づく課題に対しては、資料や文書の情報も正確に答えている ・聞き手はすんなりと理解できる ・適切な語彙・語句を使っている ・課題に合った構文を使って答えている

2	質問に対してはある程度適切に答えているが、完全ではなく、適切でない部分もある。また、提示された情報に基づく課題には、正確に答えていない部分がある ・聞き手が理解しづらい箇所があるが、概ね理解できる ・全体的な意味ははっきりしているものの、語彙・語句が限定されていたり、やや適切でない場合がある ・構文の使用が不適切なため、聞き手が理解するためには多少の努力を要する ・提示された情報に基づく課題に関しては、資料や文書から関連した情報を見つけることができるが、それらを関連のない情報と区別したり、聞き手が理解しやすいように言い換えることはできない
1	質問に対して十分に答えていない。関連する情報が十分に伝わっていない ・聞き手は理解するのにかなり苦労する ・語彙・語句が不正確であったり、設問と同じ内容を繰り返す ・構文の使用が不適切なため、意味の理解が妨げられてしまう
0	無解答、もしくは解答の中に英語が含まれていない、またはテストと全く関係ないことを答えている

（国際ビジネスコミュニケーション協会の資料より抜粋）

3．解答時のコツ

　最初に指示文が画面に表示され、同時に音声による指示も流れます。次に英文資料が映し出され、30秒間の準備時間が与えられます。ここでしっかり資料の内容を理解します。まず資料のタイトルや太字になっている部分を読みます。何に関する資料なのかを理解し、資料の全体像を把握します。次に細部を確認します。資料にはどんな項目があるか、項目の数はいくつか、などを細かく見ていきます。資料下部や枠外に小さく書かれている備考は、解答に関係してくることが多いので、注意が必要です。ここでは発音練習として、各項目の内容を声に出して読んでおくことをおすすめします。固有名詞や数字は言い慣れないことが多いので、事前に声を出して言う練習をしておくと安心です。

　30秒間の準備時間終了の合図のあとに、質問者が「なぜ問い合わせをしたのか」を説明する短いメッセージが流れ、続いて Question 7 が聞こえてきます。質問の核である疑問詞（例：when, where）を聞き取ってください。Question 8 は行為

Speaking / Writing

の可能性や情報の真偽に関する質問である場合が多く、質問文が長くなります。何を聞かれているのかわかった時点で、資料の該当部分を見ながら質問を聞きつづけましょう。**Question 9** は情報の要約を求める問題です。質問者が「ほしい情報を指定する表現」を聞き逃さないようにしましょう。情報を指定する表現は質問文の後半に出てくることが多いので、最後までしっかり聞く姿勢が大切です。また Questions 7-9 に関しては、質問に的確に答えていれば解答時間が余っても問題ありません。

4．サンプル問題と解答例

CD1 54

Directions: In this part of the test, you will answer three questions based on the information provided. You will have 30 seconds to read the information before the questions begin. For each question, begin responding immediately after you hear a beep. No additional preparation time is provided. You will have 15 seconds to respond to Questions 7 and 8 and 30 seconds to respond to Question 9.

ディレクション：ここでは、提示される情報に基づいて、3つの設問に解答してください。設問に解答する前に、提示された情報を30秒で読んでください。各問題とも、ビープ音のあと、すぐに解答してください。準備時間は与えられません。Question 7 と Question 8 には15秒で、Question 9 には30秒で解答してください。

Provincial Employment Training Seminar

Venue: Provincial Employment Center
Date: January 15th

09:00 – 09:30	Opening Statement – Ken James (Vocational Trainer)
09:30 – 10:15	Writing the perfect résumé – Sally Myers (Mayville Careers Officer)
10:15 – 10:30	Break
10:30 – 11:45	Interview Skills Training – Ken James
11:45 – 13:00	Presentation Skills Training – Sally Myers
13:00 – 14:00	Lunch
14:00 – 16:00	One to One Interviews (15 minutes)*

* You may leave as soon as your interview is finished.

地域雇用訓練セミナー
会場：地域雇用センター
日程：1月15日

9時～9時30分　開会のあいさつ　ケン・ジェームズ（職業トレーナー）
9時30分～10時15分　「完璧な履歴書の書き方」サリー・マイアース
　　　　　　　　　　　　　　　　　　（メイヴィル就職相談所職員）
10時15分～10時30分　休憩
10時30分～11時45分　「面接のワザを磨く」ケン・ジェームズ
11時45分～13時　「プレゼンのワザを磨く」サリー・マイアース
13時～14時　昼食
14時～16時　個別面談（15分間）*
＊面談が終了し次第退出できます。

【注】
☐ provincial　地域の　　☐ venue　会場　　☐ employment　雇用　　☐ statement　スピーチ
☐ vocational　職業の　　☐ résumé　履歴書　　☐ break　休憩　　☐ leave　退出する

Speaking / Writing

（30秒後、ナレーターの声が流れます。メッセージと3つの質問は音声のみで画面には表示されません）

🎧 CD1 55-61

(Narrator)

Hello. My name is Johnny Garside and I am attending the Provincial Employment Training Seminar. I have a couple of questions to ask you about the details of the seminar.

（質問は1つずつ解答のための間隔をおいて読み上げられます。各問題のあとの解答時間は取ってありません。お手数ですが、ストップウォッチをご用意ください。）

Question 7:
I would like to know when the workshop will be held.

Question 8:
I have to be somewhere else at four o'clock. If I leave early, is this a problem?

Question 9:
Can you tell me what will be happening in the morning, before lunch?

もしもし、ジョニー・ガーサイドと申します。「地域雇用訓練セミナー」に参加するつもりなんですが、セミナーの詳細についてお尋ねしたいことがいくつかありまして。

質問7　研修会の日程を知りたいのですが。
質問8　4時には別の用事が入っています。早めに退出したいのですが、それは問題ないですか。
質問9　午前中、昼食の前にはどんなことをするか、教えてください。

【注】
☐ a couple of　いくつかの…　☐ details　詳細　☐ hold　(会などを)開く

Sample Answer

🎧 CD1 57, 59, 61

Question 7:
The workshop will be held on January 15th.

Question 8:
The seminar finishes at four o'clock. However, you can leave as soon as your interview is finished.

Question 9:
Sure. First, there are opening comments from Ken James. Then, Sally Myers will talk about writing the perfect résumé. After that, you can take a break. After the break, there are two seminars. One is about interview skills training, and the other is about presentation skills.

質問7　研修会は1月15日に行なわれます。
質問8　セミナーの終了時刻は4時ですが、面談が終わったらすぐに退出できます。
質問9　わかりました。まず、ケン・ジェームズから開会のあいさつがあり、それからサリー・マイアーズが完璧な履歴書の書き方について話します。休憩のあと、セミナーが2つあります。1つは面接での受け答えのしかたについて、もう1つはプレゼンの技術についての話です。

【注】
☐ sure　承知しました

5．ポイント解説

1．資料を効率的に読む

　資料を読む時間は30秒間です。この準備時間にできるだけ多くの情報に目を通してください。サンプル問題の資料（101ページ参照）を例に、資料の効率的な読み方について「全体から細部へ」という観点から解説します。

1）資料全体の確認

　まず全体を眺め、資料のレイアウトを確認します。この資料ではまず、太字のタイトル Provincial Employment Training Seminar（地域雇用訓練セミナー）を確認します。Venue（会場）と Date（日程）はタイトルの下に示されています。項目は時間別です。項目は全部で7つ、Break（休憩）と Lunch（昼食）を除くと5つです。常に数字を意識しましょう。また2つ目の質問の答えに関係してくるであろう「備考」があることも見逃さないでください。* You may leave as soon as your interview is finished. という備考が資料下部にあります。30秒間の準備時間のうち、**10〜15秒を資料のレイアウト確認**にあてます。

2）意識を細部へ

　資料全体の確認がすんだら、意識を細部に向けます。各項目の内容を声に出して

読み、1つひとつ内容を確認します。音読することで内容も頭に残りやすくなりますし、数字や日時、固有名詞の発音練習にもなります。サンプル問題の資料にある January 15th, Sally Myers, Mayville といったフレーズは数回発音しておくと安心です。最後に、資料の下部にある備考を読みます。どんな質問をされるかを予測しましょう。サンプル問題では、* You may leave as soon as your interview is finished.（面接が終わり次第、お帰りいただけます）という備考がありました。この場合は「自分の面接時間が終わったあとは何をするのか」あるいは「16:00 より前に帰ることはできるか」といった質問内容を予想します。30 秒間の準備時間のうち、**15 〜 20 秒を細部の確認**にあてます。

2. 質問を正確に聞き取る

1）Question 7: 特定の情報

　Question 7 では特定の情報について答える質問が出題されます。その場合、what time / when / where / who / how much といった疑問詞を正確に聞き取ることが正解へのカギを握ります。しかしストレートに When is the workshop?（研修会はいつですか）と聞いてくることはまずありません。聞き手にていねいに聞こえる「間接疑問文」が使われます。サンプル問題 Question 7 は I would like to know when the workshop will be held.（研修会が開催されるのがいつか知りたい）という間接疑問文です。**疑問詞（when）が文頭ではなく途中で聞こえてくる、疑問詞のあとの語順は平叙文と同じ**（the workshop will be held）、という2つの特徴を理解しましょう。間接疑問文の例をいくつか紹介します。

【よく使われる間接疑問文の例】

• [Could / Can] you tell me [what time / when / where / who / how much] S+V ?
e.g.) Could you tell me what time I can check in to the hotel?

> 何時にホテルにチェックインできるのか教えてもらえますか。

• I would like to know [what time / when / where / who / how much] S+V.
e.g.) I would like to know what time I can check in to the hotel.

> 何時にホテルにチェックインできるのか知りたいのですが。

- Will you be able to tell me [what time / when / where / who / how much] S+V ?

e.g.) Will you be able to tell me what time I can check in to the hotel?

> 何時にホテルにチェックインできるのか教えていただけますか。

　Question 7 で聞き取った質問を覚えておくには、**その内容を頭の中で映像化する**のが効果的です。たとえば Could you tell me what time I can check in to the hotel?（何時にホテルにチェックインできるのか教えてもらえますか）という質問では、スーツケースを持った旅行者がホテルのロビーでチェックインしようとしている情景を思い浮かべてください。文字や言葉で記憶しようとするよりも映像として記憶するほうが、聞いた内容をより鮮明に記憶できます。

2）Question 8: 行為の可能性や情報の訂正

　Question 8 では行為の可能性や、間違った情報の訂正に関する質問が出題されます。その場合、相手の希望や事情あるいは思い込みを正しく聞き取り、それに関連する資料内容を伝えます。サンプル問題 Question 8 は I have to be somewhere else at four o'clock. If I leave early, is this a problem?（4時には別の用事が入っています。早めに退出したいのですが、それは問題ないですか）という行為の可能性に関する質問です。**備考内容は Question 8 の質問とその解答に関係してくる**ので、内容を確認のうえ、質問を予測しておく習慣をつけてください。ここでも Question 7 と同様に、婉曲的な表現や間接疑問文がよく使われます。可能性を尋ねる質問や情報の確認を求める表現には以下のような例があります。

【可能性を尋ねる表現の例】

- Is …included in …?

e.g.) Is lunch included in the tour fare?

> 旅行代金には昼食代も入っていますか。
>
> 【注】
> □ fare　代金

- Will I be able to do …?

e.g.) Will I be able to visit Sensoji and spend some time there?

Speaking / Writing

> 浅草寺へ行ってそこで少しの間見ることはできますか。

- Would it be possible to do …?
- e.g.) Would it be possible to request vegetarian food for lunch?

> 昼食に菜食主義者向けメニューを頼むことはできますか。

【情報の確認を求める表現】

- I believe that …. Is that right?
- e.g.) I believe that a river boat cruise is available in the tour. Is that right?

> このツアーでは川船クルーズにも参加できると思ったのですが、間違いないですか。
>
> 【注】
> □ cruise　船の旅、クルーズ　　□ available　利用できる

- If S+V, will that be okay?
- e.g.) If I don't go on a river cruise and spend some more time shopping instead, will that be okay?

> 川船クルーズに参加せずに、代わりにその時間に買い物をしていても大丈夫でしょうか。

- Am I right in thinking that S+V…?
- e.g.) Am I right in thinking that the tour includes shopping in Ginza?

> このツアーの予定には銀座での買い物も入っていると考えていいですか。
>
> 【注】
> □ include　含む

　Question 8 では、質問を聞きながらその答えがある場所を特定して読み始めることができれば、余裕を持って解答することができます。

3）Question 9: 情報の要約

　Question 9 の解答時間は 30 秒間と、ほかの質問と比べて 2 倍の長さが与えられています。質問は情報の要約を求める場合がほとんどです。質問者が「ほしい情報を指定する表現」を聞き逃さないようにします。サンプル問題 Question 9 は Can you tell me what will be happening in the morning, before lunch?（午前中、昼

食前までの予定を教えてほしい）という質問です。たとえばセミナーの内容を要約するのであれば、「セミナーの内容全般」なのか「特定の時間帯の予定」なのか、あるいはツアーの旅程表を要約するのであれば、「午前中の予定」なのか「午後の予定」なのかを聞き取ります。Question 9 で聞かれる質問には以下のような例があります。よく使われる表現を自分でも言えるようにして、質問を正確に聞き取れるようにしてください。

【情報の要約を依頼する表現の例】

- [Could / Can] you tell me the details for ...?
- e.g.) Could you tell me the details for what can be expected during the afternoon sessions?

> 午後の部の予定の詳細を教えてくださいますか。

- [Could / Can] you tell me something about ...?
- e.g.) Could you tell me something about our activities in the afternoon?

> 午後の活動について教えてくださいますか。

- What will happen [after / before] S+V ?
- e.g.) What will happen before we have lunch?

> 昼食の前には何をするのですか。

- What other [events / meetings] are scheduled? What will happen [after / before] S+V ?
- e.g.) What other events are scheduled? What will happen after we check in to the hotel?

> ほかにどんなことが予定されているのですか。チェックインのあとの予定はどうなっていますか。

- What other [events / meetings] are scheduled?
- e.g.) What other events are scheduled besides the river boat cruise?

> 川船クルーズ以外にどんなことが予定されていますか。

Speaking / Writing

　Question 9 の質問文はある程度パターンが予測できます。ただし定番の質問だから簡単に聞き取れるというわけではなく、「どの情報」を要約するのかを指定する表現を聞き逃さないことが大切です。

3．情報を効果的に伝える

　使える構文（＝型）を覚えて、練習問題の質問に合った構文を使って応答練習をします。自分なりの定番表現をいくつか持っておくと安心ですので、自分で書いた解答を音読し、暗唱することをおすすめします。手持ちの英語教材を見ながら自分で質問を作って自分で答えるのも、よい練習になります。イベントのスケジュールや旅程表、会議の進行表、店舗広告などの文書が、Questions 7-9 の練習素材として適しています。繰り返し練習し、質問に答える際のパターンを覚えましょう。聞かれた内容を、簡潔に過不足なく伝えるよう心がけてください。

【使える構文例】

① 開催日時

It's on _____ .　It starts at _____ .　It's from _____ .

② 開催場所

It's at _____ .　The venue is _____ .　It will be held at _____ .

③ 費用

It costs _____ .　It's _____ dollars.　The fee is _____ .　_____ is included in the fee.

④ 担当者

_____ is in charge of ….　_____ will take care of ….

⑤ 可能性

You can _____ .　You will be able to _____ .　It's no problem to do _____ .

6. 実践トレーニング

▶▶▶ Guided Practice 1: Personal Schedule

1. 資料を効率的に読む

以下の資料を 30 秒間で読みます。最初の 10 〜 15 秒は資料全体の確認、次の 15 〜 20 秒で細部まで目を通してください。

Itinerary for Mr. Peter Sheringham – 100m Gold Medalist

5:00 P.M.	Arrive at Forster College (Main Entrance)
5:30 P.M.	Welcome Speech – College Vice Chancellor
6:00 P.M.	Address "Making dreams come true" – Peter Sheringham
7:00 P.M.	Q&A Session – submit questions at door
8:00 P.M.	Closing Statement – Student Union President
8:10 P.M.	Car to Green Hotel (Washington Hotel – Fully booked)
9:00 P.M.	Dinner with invited guests at the Green Hotel Restaurant

*Unfortunately, the Washington Hotel that Mr. Sheringham initially requested was fully booked at this time of year.

Speaking / Writing

【確認ポイント】
全体：Peter Sheringham 氏（100 メートル金メダリスト）の予定表。
細部：項目は時間別に 7 つ。最初の予定は 5 P.M. から。* 印の備考欄には「ワシントンホテルは満室だった」とある。

2. 質問を正確に聞き取る

CD を聞いて 3 つの質問内容をメモしてください。メモは英語でも日本語でも構いません。なお、各設問の傾向は以下のとおりです。

Question 7: 特定の情報
Question 8: 行為の可能性・間違った情報の訂正
Question 9: 指定された情報の要約

CD1 62-65

Question 7:_____

Question 8:_____

Question 9:_____

【確認ポイント】
Question 7: Sheringham 氏が Forster College に到着する予定時刻
Question 8: Sheringham 氏は今年も the Washington Hotel に滞在するかどうか。
Question 9: Sheringham 氏の講演後の予定

3. 情報を効果的に伝える

3 つの質問に 109 ページの資料を見ながら解答してください。
（※解答例は「別冊解答」を参照してください）

CD1 66-68

Question 7: (目標解答時間 15 秒)
Question 8: (目標解答時間 15 秒)
Question 9: (目標解答時間 30 秒)

▶▶▶ Guided Practice 2: A Job Résumé

1. 資料を効率的に読む

以下の資料を 30 秒間で読んでください。最初の 10 〜 15 秒は資料全体の確認、次の 15 〜 20 秒で細部まで目を通してください。

Mr. Hugh Roberts
27 Almeada Street, Westview, Montreal, Canada
Tel: 555-2234

Objective:	I am seeking employment as a Marketing Advisor.	
Education:	1978 – 1981	Acorn University (B.A. History)
	1972 – 1978	Astor Court High School
Employment:	1997 - present	Aldion Group
	1985 – 1997	Rider Corporation
	1981 – 1985	Hayes Electronics
Skills:	Bilingual (English & French)	
Hobbies:	Painting (oil / water), Church member, Art Museum volunteer	

*References are available upon request.

Unit 4 — Respond to Questions Using Information Provided

Speaking / Writing

【確認ポイント】
全体：Hugh Roberts 氏（Marketing Advisor の職に応募）の履歴書。
細部：大きな項目は5つ。小さな項目は「学歴」に2項目、「職歴」に3項目。
　　　備考欄には「推薦状は用意できます」とある。

2．質問を正確に聞き取る

CD を聞いて3つの質問内容をメモしてください。メモは英語でも日本語でも構いません。

🔊 CD1 69-72

Question 7: _____

Question 8: _____

Question 9: _____

【確認ポイント】
Question 7:　Hugh Roberts 氏が卒業した高校名
Question 8:　Hugh Roberts 氏が3つの言語を話すかどうか。
Question 9:　Hugh Roberts 氏の職歴の要約

3．情報を効果的に伝える

3つの質問に111ページの資料を見ながら解答してください。
（※解答例は「別冊解答」を参照してください）

🔊 CD1 73-75

Question 7: （目標解答時間 15 秒）
Question 8: （目標解答時間 15 秒）
Question 9: （目標解答時間 30 秒）

7. 目標点レベル別アドバイス

【120点目標レベル】

まずは資料を正確に理解したか、質問を正確に聞き取れたかを確認してください。資料に出てくる知らない単語は調べて、その場で覚えましょう。そして30秒間という制限時間内に資料を読む練習も、本書で繰り返し練習してください。また質問の聞き取りが十分でないと思ったら、ディクテーション練習（音声を聞いてその内容を書き留める）をしましょう。音声を聞くだけでなく、質問によく使われる構文や練習問題で聞いた質問のスクリプトも、暗唱するくらいまで音読してください。次に解答例の音読練習に取り組みます。まずは解答例を制限時間内（Question 7とQuestion 8は各15秒、Question 9は30秒）に読みきる練習から始めます。慣れてきたら音声と一緒にスクリプトを読み上げる練習を取り入れてください。解答を録音し、あとで聞き直すとさまざまな発見があります。それを次の練習に活かしましょう。

【150点目標レベル】

練習の際は、自分の解答を録音してください。質問を正確に聞き取れていたかをスクリプトで確認し、自分の解答内容がその質問に正確に答えるものになっているかどうかを検討します。質問内容と自分の解答内容がずれている場合は、「質問を正しく理解していない」または「資料内容を正しく理解していない」のいずれかです。質問を聞き直し、資料のどの部分に解答すべき内容が書いてあったのか、解答例でどのように表現されているのかを確かめてください。120点目標レベルのアドバイスにある、解答例の音読練習も併せて行なってください。Question 9に関しては本書の解答例を参考に自作のテンプレートを用意しましょう。First, Then, After thatなど聞き手にとって道案内の役割をするつなぎの言葉（Transition Words）の使用を心がけてください。

【180点目標レベル】

「読む・聞く・話す」のすべてにおいて納得できる内容かどうか、自分の解答を録音し、改善点を見つけましょう。解答を文字に書き起こし、不要な繰り返しをしていないか、First, Then, After thatといったつなぎの言葉の使用は適切か、固有名

Speaking / Writing

詞をはっきり発音できているか、などを確認してください。Question 9 に関しては、1 つの質問に複数の自作解答を用意し、それを音読・暗唱してください。録音された自分の話し方で気になる部分があれば（思った以上に早口で話している、語尾を上げる癖がある、など）修正していきましょう。160 〜 170 点レベルの方にも、解答例の音読の練習は効果的ですので、トレーニングメニューに取り入れてください。

8. 練習問題

CD1 76-82

練習問題 1

Redic Corporation – Management Training Seminar

Venue: Head Office, 24 Main Street, Galtonville
Time/Date: 09:00, June 4

09:00	Welcome – The history of our company Jane Williams (CEO)
09:15	Presentation – Rising to the Challenge Tim Jones (Human Resources)
10:00	Break
10:30	Presentation – Time & Task Management Kelly Reynolds (CFO)
12:00	Lunch*
13:00	Training A – Conflict Resolution – Room 14 Tim Jones (Human Resources) 　　　　or Training B – Giving Feedback – Room 24 Line managers
15:00	Wrap up

*A buffet lunch will be provided for attendees (Conference Room - 2nd floor).

Question 7: _____

Question 8: _____

Question 9: _____

Speaking / Writing

CD1 83-89

練習問題 2

Bertie's Food Shack
224-226 Ocean Way San Francisco 555-5434

X-Mas Party Menu

Appetizers
Shrimp Cocktail   Melon Boat   Garden Salad

Option A: $5.99
Roast Turkey with Roast Potatoes, Vegetables & Gravy

Option B: $6.99
Vegetable Lasagna with YOUR choice of Bread or Rice

Option C: $8.99
Salmon Fillet with Hollandaise Sauce and Baby Carrots

*Reservations are preferred but not required. The minimum group is 10 people. Maximum group size is 25. A 15% service charge will be added to all bills.

Question 7:_____

Question 8:_____

Question 9:_____

Unit 5

Speaking Test Question 10
Propose a Solution

解決策を提案する問題

---

1. 問題形式の説明

　Question 10 は、問題を提示する留守番電話のメッセージを聞いて相手の問題を理解し、与えられた自分の立場から解決策を提案するという設定です。留守番電話のメッセージが約 1 分間流れたあと、30 秒間で相手の問題に合った解決策を考え、解答の構成を考えます。解答時間は 60 秒間です。相手の問題を理解していることを示し、その問題への対処法を提案します。このセクションのポイントは「相手の問題を正確に理解すること」と「短時間でその問題に合った解決策を考えること」です。練習を重ねてどんな問題でも応答できるように準備しておきましょう。

▶問題形式

課題内容	*留守番電話に残されたメッセージなどを聞いて、その内容を確認した上で、問題の解決策を提案する。相手の問題を理解していることを示し、それに対する解決策や提案を相手の留守番電話に吹き込む設定。
設問数	1 問

Speaking / Writing

準備時間	メッセージを聞いてから解答までに 30 秒
解答時間	60 秒　※解答の残り時間が画面に表示されます。

2015 年 5 月の公開試験より、一部新しい形式の問題が導入されました。
＜旧形式＞
「メッセージなどを聞き、その内容を確認した上で、問題の解決策を提案する」
＜新形式＞
「会議の内容を聞き、その内容を確認した上で、問題の解決策を提案する」

国際ビジネスコミュニケーション協会のサイトには、以下の注意書きがあります。
注意点：
　• 2015 年 5 月の公開テスト以降、＜現行＞（旧形式）と＜新形式＞のどちらが出題されるかは実施日時により異なり、事前に受験者の皆様に通知されません。
　• ＜現行＞（旧形式）と＜新形式＞のどちらが出題されても、問題数、解答時間、難易度、評価基準、採点スケールなどは全く同じで、有利・不利はございません。

2．採点・評価基準

▶採点項目
「解決策を提案する問題」は以下の 7 点について採点されます。
　• 発音
　• イントネーション
　• 文法
　• 語彙
　• 一貫性
　• 内容の妥当性
　• 内容の完成度

▶評価基準
　Question 10 は 0 〜 5 の 6 段階で採点されます。

解決策を提案する問題	
採点スケール	採点ポイント
5	全ての部分において確実に課題をこなしており、非常にわかりやすく、継続的に話し、かつ首尾一貫している ・適切に自分の役割を理解し、メッセージの受け手と送り手の関係性を理解している ・課題の状況を明確に理解しており、関連性のある、細部に及んだ解答をしている ・全体的にわかりやすく、ほどよいペースである ・基本的な構文も複雑な構文も(必要に応じて)かなり自由に使える。些細なミスが時折見受けられるが、意味をわかりにくくするものではない ・多少正確でない部分が見受けられるものの、語彙・語句の使い方は効果的である
4	全ての部分において課題に適切に答えているが、解決策があまり十分に展開されていない。全体的にわかりやすく継続的に話し、ある程度流暢で筋は通っているが、時折ミスが見受けられる ・適切に自分の役割を理解し、メッセージの受け手と送り手の関係性を理解している ・終始、設問の内容に沿って最低限の関連した情報を伝えている ・発音、イントネーション、ペースにわずかに問題があり、聞き手が理解しづらい箇所もあるが、全体の理解が大きく妨げられることはない ・比較的自由かつ有効に文法を使いこなせるが、使用する構文がやや限定的である。全体的な流暢さに若干影響を与えるものの、意思の伝達を大きく妨げるものではない ・語彙・語句をかなり効果的に使えるが、不正確・不明確なものもある
3	課題に答えようとはしているものの、全ての課題を達成できているわけではない。概ね理解できるが、話し方や全体的なまとまりに問題があることもある ・課題のロールプレイング形式を無視している、またはメッセージの送り手と受け手の関係性を理解していない ・課題と関連のある情報を伝えているが、明らかに不完全、不正確であり、課題あるいは設問文の内容を理解しないまま解答している ・話す内容は基本的にわかるが、発音が不明瞭だったり、イントネーションがぎこちない、またはリズムやペースが不規則なため、ところどころ意味がはっきりせず、聞き手は理解に苦労する箇所がある ・使える文法に限りがある

3	・使用できる語彙・語句は限られている
2	話す内容は関連性があまりなく、また、一貫性にかけ、話の大部分は理解しづらい 話す内容が限られている理由： ・長い間があいたり、スムーズな会話を妨げるような不適切な間があいたりする ・課題やタスクに対してあまり関連性のあるものではない 話の大部分が理解しづらい理由： ・ぎこちない解答のため聞き手はかなり理解に苦労する ・使える文法が限られている ・使用できる語彙・語句がかなり限られている、または的確でない
1	課題が全く理解できないことがある。単語のみ、またはフレーズのみ、あるいは母国語と英語を混ぜて答えることがある。あいまいかつ漠然とした解答で、課題と全く関連がないことがある
0	無解答、もしくは解答の中に英語が含まれていない、またはテストと全く関係ないことを答えている

（国際ビジネスコミュニケーション協会の資料より抜粋）

3．解答時のコツ

　最初に指示文が画面に表示され、同時に音声による指示も流れます。続いて画面は電話機の静止画像に変わり、留守番電話のメッセージが約1分間流れます。相手が説明する状況をできるだけリアルに想像し、まさに「自分に話しかけられている」という当事者の気持ちで聞きます。メッセージを聞きながらその内容を「キーワード単位の情報に圧縮」していきましょう。

　音声が終わってから30秒間の準備時間があります。相手の問題を整理し、それに対する解決策をできれば2つ考えます。準備段階で文を作る必要はなく、キーワードやフレーズ単位で解決策を考えるよう心がけましょう。

　解答時間が始まったら、簡単なあいさつのあと、相手の問題を15～20秒で話します。文の数は2つ程度に抑えてください。ここを膨らませすぎると、解決策を話す時間がなくなるので注意が必要です。次に解決策を20～25秒で話します。解決策は2つ提案するよう努めます。テンプレートに沿って話すと、内容そのものに集中できる利点があります。準備時間中に考えたことを堂々と話してください。

4. サンプル問題と解答例

CD1 90

Directions: In this part of the test, you will be presented with a problem and asked to propose a solution. You will have 30 seconds to prepare. Then you will have 60 seconds to speak.

In your response, be sure to
・show that you recognize the problem, and
・propose a way of dealing with the problem.

ディレクション： ここでは、提示される1つの問題について、解決策を提案してください。準備時間は30秒、解答時間は60秒です。

解答にあたっては、必ず
・メッセージの相手の問題を理解していることを示してください
・問題への対処方法を提案してください

(実際のテストでは以下のスクリプトは画面に表示されません)

Now listen to the voice message.

CD1 91

Hello, this is Bill Thompson from the accounting department with a message for the office manager. I have just been looking at the costs for photocopying over this year, and it seems that we are spending twice as much as last year on photocopy paper and ink. For example, last year around two thousand A4 copies were made, but this year, the figure has increased to four thousand. I want to know whether you, as an office manager, have any ideas on how we can encourage our staff to use the copy machine less and thus cut our spending. I know everyone has to make copies sometimes, but this is seriously getting out of hand. Thanks. Call me back with any suggestions. This is Bill Thompson from the accounting department.

Speaking / Writing

もしもし、経理部のビル・トンプソンです。営業所長にメッセージです。今年のコピー代を見ているところなのですが、前の年に比べてコピー用紙代もインク代も2倍になっています。たとえば、去年はA4のコピーを約2000枚取っていましたが、今年は4000枚に増えています。スタッフにコピー機の使用を控えさせて経費を抑える方法について、所長としてのお考えをお聞かせ願えますか。誰でもコピーをとる必要があるのはわかりますが、もはやまったく抑えがきかなくなっています。何か提案があれば、折り返しお電話ください。経理部のビル・トンプソンでした。

【注】
□ accounting department　経理部　　□ photocopy　コピー
□ encourage　…するように促す　　□ get out of hand　手に負えなくなる

（以下の文が画面に表示されます）

Respond as if you are the office manager.

In your response, be sure to
・show that you recognize the problem, and
・propose a way of dealing with the problem.

営業所長になったつもりで解答してください。

解答にあたっては、必ず
・メッセージの相手の問題を理解していることを示してください
・問題への対処方法を提案してください

Sample Answer

CD1 92

This is a message for Bill Thompson. This is Harumi Sasaki, the office manager. Thank you for your call. Your message said that you were concerned about the cost of photocopying, and the number of copies had increased dramatically. To be honest, it is something that I have been thinking about, too. It seems that there were several reasons why the number of copies has increased over the past year. Why don't we make people more aware of the costs involved by sharing the monthly cost of photocopying on our company Web site? The more conscious they become, the fewer copies they will make. Also, we could use less costly recycled paper. In fact, I know a good supplier specializing in low cost recycled paper. If you want to speak to me today, give me a call at 555-3434. Thanks.

ビル・トンプソンさんへのメッセージです。営業所長のササキハルミです。お電話ありがとうございました。コピー代がかさんでいるのと、コピー枚数が大きく増えているのを懸念されているとのことですね。正直言って、私もこの問題が気になっていました。ここ1年でコピー枚数が増えたのにはいくつか理由があるようです。会社のホームページ上で月々のコピー代を共有して、社員のコスト意識を高めるようにしてはどうでしょうか。1人ひとりがコストを気にするようになれば、コピー枚数も減るでしょう。あるいは安い再生コピー用紙を使うこともできるでしょう。実は、安い再生用紙を専門に扱うよい業者を知っています。今日、この件についてお話がありましたら、555-3434にお電話ください。ありがとうございました。

【注】
- be concerned about ...について心配している
- dramatically 飛躍的に
- be aware of ...に気づいている
- conscious 意識している
- supplier 納入業者

5. ポイント解説

1. 相手の問題を要約する

Question 10 ではメッセージの内容を日本語ではなく、わかりやすい英語に置きかえていく、積極的なリスニングスタイルが望まれます。「情報をキーワード単位に圧縮する」という手法を活用しましょう。また解答時には相手の問題を自分の言葉で説明するので、キーワード単位への情報の圧縮は、初めから英語で行なうことをおすすめします。

サンプル問題の解答例では、相手の問題を Your message said that you were concerned about the cost of photocopying and the number of copies had increased dramatically. とまとめています。これは相手のメッセージにあった the costs for photocopying, spending twice as much as last year, the figure has increased to four thousand といったキーワードをもとに、相手の問題を再構築したものです。

2. 解決策を考える

Question 10 のもう 1 つのタスクは「解決策を提案する」ことです。その場で問題の解決策を考えるには、発想の柔軟性が求められます。相手の問題がわかったらできるだけリアルに状況を想像し、相手の気持ちになって「こう言われたら助かる」「こう返されたら嬉しい」と直感的に思いついたことを中心に話しましょう。章末の「付録」(134 ページ参照) に問題と解決策のパターンが紹介されていますので参考にしてください。

サンプル問題の解答例では、2 つの解決策を提示しています。1 つは「会社のウェブサイトにコピーにかかった月間経費を掲示して、社員のコスト意識を高めて節約してもらうこと」、もう 1 つは「より安価な再生紙を使うこと」です。

3. 相手の問題と解決策を効果的に伝える

最後は相手の問題と解決策を「効果的に伝える」段階です。使える構文やテンプレート (ひな型) を覚え、それを本書の演習問題を使って練習しましょう。自分なりの解答パターンをいくつか持っておき、使える構文やテンプレートをもとに、自作の解答を音読・暗唱することをおすすめします。ここで重要なのは「実際に声に

出す」ことです。
　サンプル問題では、1つ目の解決策を提案表現である Why don't we を使って Why don't we make people more aware of the costs involved by sharing the monthly cost of photocopying on our company Web site? と表現しています。もう1つの解決策は、別の提案表現である we could を使って we could use less costly recycled paper と表現されています。

【使える構文】
<初めのあいさつ>
1. Hello, this is a message for （　相手の名前　）.
2. This is （　自分の名前と職種　）.
3. Thank you for your call.

<問題への理解を示す>
1. Your message said that （　問題の要旨　）.
2. I'm returning your call about the problem regarding （　問題の要旨　）.
3. It seems that （　問題の詳細　）.
4. It seems that you need to find ways to （　問題の詳細　）.

<解決策を提示する>
1. I would suggest that you （　解決策　）.
2. We / You could （　解決策　）.
3. Why don't we （　解決策　）?
4. It's a good idea to （　解決策　）.

<締めのあいさつ>
1. If you want to speak to me today, give me a call at extension （　電話番号　）. Thanks.
2. I'm available in the office all day, so you can contact me at your convenience. Thanks.
3. Again, I'm sorry for any inconvenience this may cause you. Thanks.

Speaking / Writing

> 1. 今日、この件についてお話がありましたら、(電話番号)にお電話ください。ありがとうございました。
> 2. 一日中オフィスにおりますので、ご都合のよろしい時にご連絡ください。ありがとうございました。
> 3. 重ねがさね、ご迷惑をおかけしますことお詫び申し上げます。ありがとうございました。

【テンプレート1】

1. Hello, this is a message for (相手の名前). This is (自分の名前と職種). Thank you for your call.
2. Your message said that (問題の要旨). To be honest, I have been thinking about the same thing.
3. It seems that (問題の詳細).
4. Why don't we (解決策1)?
5. Also, we could (解決策2).
6. If you want to speak to me today, give me a call at extension (番号). Thanks.

【テンプレート1 使用例】

1. Hello, this is a message for Mr. Beck. This is Kei Yamamoto, the head of public relations. Thank you for your call.
2. Your message said that you wanted to hear my ideas for announcing the temporary closure of the main road. To be honest, I have been thinking about the same thing.
3. It seems that we'll need to publicize the closure and its effect on parking spaces to the residents and business owners in our town as effectively as possible to avoid confusion.
4. Why don't we release the information in the local newspapers and on the radio?
5. Also, we could post the announcement on the city's Web site.
6. If you want to speak to me today, give me a call at extension 5678. Thanks.

1. もしもし、ベックさんに伝言です。広報部長のヤマモトケイと申します。お電話ありがとうございました。
2. ご伝言は、主要道路の一時閉鎖を通知することについて、私の意見を聞きたいということですね。正直に言って、私も同じことを考えていました。
3. 混乱を避けるためには、閉鎖のことと、それによる町の住民や事業主の駐車スペースへの影響について、なるべく効果的に広く告知しなければなりません。
4. 地域の新聞とラジオを使って情報を流すのはどうでしょう？
5. また、市のホームページで発表することもできます。
6. 今日、この件についてお話がありましたら、内線5678にお電話ください。ありがとうございました。

【注】
☐ publicize 宣伝する ☐ confusion 混乱 ☐ release 公表する、発表する

【テンプレート 2】

1. Hello. This is a message for (相手の名前). This is (自分の名前と職種).
2. I'm returning your call about the problem regarding (問題の要旨).
3. It seems that you need to find ways to (問題の詳細).
4. I would suggest that (解決策 1).
5. You could also (解決策 2).
6. Please let me know what you think. I'm available in the office all day, so you can contact me at your convenience. Thanks.

【テンプレート 2 使用例】

1. Hello. This is a message for David. This is Naomi, the project manager.
2. I'm returning your call about the problem regarding long meetings.
3. It seems that you need to find ways to shorten meetings in order to encourage attendees to have better focus at the meetings.
4. I would suggest that you distribute the agenda prior to each meeting and have attendees read it before the meeting.
5. You could also ask attendees to submit their comments on items on the agenda online in order for them to participate in discussions during the meeting more actively.
6. Please let me know what you think. I'm available in the office all day, so you can contact me at your convenience. Thanks.

Speaking / Writing

> 1. こんにちは。デイビッドさんに伝言です。プロジェクトマネージャーのナオミです。
> 2. 会議時間が長いという問題についてのお電話をいただき、こちらからかけ直しています。
> 3. 会議参加者がより集中できるように、会議の時間を短縮するにはどうしたらいいか、ということですね。
> 4. 前もって会議の議題を配布して、参加者に読んでおいてもらうのがいいのではないかと思います。
> 5. さらに、参加者には議題についてオンラインでコメントを募り、会議での話し合いにもっと積極的に参加してもらってはどうでしょう。
> 6. ぜひご意見をお聞かせください。今日は一日オフィスにおりますので、ご都合のよい時にご連絡ください。ありがとうございました。
>
> 【注】
> ☐ attendee 出席者 　☐ distribute 配布する　 ☐ agenda 議題

6. 実践トレーニング

▶▶▶ Guided Practice 1: Asking for Volunteers

CD1 93

(※スクリプトは「別冊解答」を参照してください)

1. 相手の問題を要約する

メッセージを聞いて、相手の問題をいくつかのキーワードにまとめます。

【キーワード例】
Jenny Taylor, need a Korean speaking guide, a group of Korean teenagers are visiting, guide them

2. 解決策を考える

1) まずは日本語で解決策を考えます。はじめから英語で練習する方は 2) に進んでください。

【解答例】
① 地元の韓国語学校に問い合わせて、ガイドができる学生がいるか聞いてみる。
② 実は自分の知り合いに韓国語を話せる人がいるので、興味があるか聞いてみる。
③ ウェブサイトには載せていないが、韓国語を話せるガイドが数名稼働しているので、彼らの予定を確認してみる。

2) 次に解決策を英語に置き換えます。はじめから英語で練習する方は、ここで解決策を考えてください。

【解答例】
① I'll call a local Korean language school and ask if there's any student who can be a tour guide for the day.
② In fact, I have a friend who speaks good Korean. I'll ask her if she'd be interested in helping us out.
③ Although they are not listed on our Web site, a few guides who speak Korean are at work. I'll check their availability.

3. 相手の問題と解決策を効果的に伝える
　1) と 2) の内容を盛り込んで 60 秒間で相手の問題と解決策を伝えます。本書のテンプレートも参考にしてください。

🔊 CD1 94

（※解答例は「別冊解答」を参照してください）

▶▶▶ Guided Practice 2: Poor Customer Service

🔊 CD1 95

（※スクリプトは「別冊解答」を参照してください）

1. 相手の問題を要約する
　メッセージを聞いて、相手の問題をいくつかのキーワードにまとめます。

【キーワード例】
Keith Jackson, a regular customer, celebrated a birthday, service and food were really disappointing

2. 解決策を考える
1) まずは日本語で解決策を考えます。はじめから英語で練習する方は 2) に進んでください。

Speaking / Writing

【解答例】
① もう少し詳しく話を聞かせてもらうため、無料招待したい。
② お支払いいただいたお食事代をただちに全額返金する。
③ お詫びとして、ご家族全員分の食事券を贈る。

2) 次に 1) の解決策を英語に置き換えます。はじめから英語で練習する方は、ここで解決策を考えてください。

【解答例】
① We'd really like to hear more from you, so could you come over to the restaurant again? We'll offer every one of you a complimentary dinner.
② We'll offer you a full refund as soon as possible.
③ We'd like to offer you a dinner voucher for every one of you to receive a free meal as a token of our apologies.

3. 相手の問題と解決策を効果的に伝える

1) と 2) の内容を盛り込んで、60 秒間で相手の問題と解決策を伝えます。本書のテンプレートも参考にしてください。

🔊 CD1 96

(※解答例は「別冊解答」を参照してください)

▶▶▶ Guided Practice 3: How to Promote Our Business

🔊 CD1 97

(※スクリプトは「別冊解答」を参照してください)

1. 相手の問題を要約する

メッセージを聞いて、相手の問題をいくつかのキーワードにまとめます。

【キーワード例】
Paul Simpson, newly built supermarkets to open next month, plan to promote our new supermarkets opening on July 1st

2. 解決策を考える

1) まずは日本語で解決策を考えます。はじめから英語で練習する方は 2) に進んでください。

【解答例】
① 店長が地元の FM 局に出演して、新店舗を宣伝する。
② コミュニティペーパーに割引クーポン付きの広告を出す。
③ 期間限定で広告板を人通りの多い通りに掲示する。

2) 次に 1) の解決策を英語に置き換えます。はじめから英語で練習する方は、ここで解決策を考えてください。

【解答例】
① The store manager will be on a local FM station's program and advertise our new stores.
② We can place an ad with discount coupons in the community paper.
③ We can post a billboard on the side of busy streets for a limited period.

3. 相手の問題と解決策を効果的に伝える

1) と 2) の内容を盛り込んで、60 秒間で相手の問題と解決策を伝えます。本書のテンプレートも参考にしてください。

CD1 98

(※解答例は「別冊解答」を参照してください)

7. 目標点レベル別アドバイス

【120点目標レベル】

まずは相手の問題を聞きながら、情報をキーワード単位に圧縮するトレーニングをします。音声を止めながら内容をメモして、相手の問題を1～2文の英語にまとめる練習を繰り返してください。解決策に関しては、テンプレートを暗唱してしまうことが120点への近道の1つです。テスト本番でもそのひな型にあてはめて話すようにします。解決策は1つで十分ですので、落ち着いて話すよう心がけてください。実際に声に出して行なう練習はとても大切です。解答例は暗唱できるまで音読してください。解答例で使用されている構文やテンプレートを暗唱しておけば、とっさにその表現や構文が口をついて出てくることがあります。体に染み込ませるように、「気持ちを込めた音読練習」を繰り返してください。

【150点目標レベル】

相手の問題を理解する精度を上げていきます。テンプレートは暗唱しておき、解答に際しては、相手の問題への理解の部分で失点しないようにしましょう。解決策は常に2つ考えることを目標にしてください。20～30秒で2つの解決策を提示することになるので、流暢さも必要です。自分が60秒でどのくらいの語数を話せるか、計測しておきましょう。録音した60秒間のスピーチを文字に書き起こし、語数を数えます。その語数に合うようにテンプレートを調整して練習を重ねましょう。これはQuestion 11にも必要な練習です。

【180点目標レベル】

180点をめざす方は、解答の完成度を上げることに集中します。普段から1つの問題に3つの解決策を考えるトレーニングを行なうと、テスト本番で解決策を2つ思いつくのは、さほど大変なこととは感じなくなります。また表現の幅を広げるために、1つの問題に対して自作の解答を複数作成することを心がけてください。自分のスピーチを定期的に録音し、客観的に評価した上で改善点を探すことも大切です。日頃から英語の音声を聞きながら英文を読み上げる練習などを通じて、話すテンポとスピードを上げておきましょう。

8. 練習問題

練習問題 1

🎧 CD2 1-3

準備時間 30 秒　　解答時間 60 秒

Respond as if you are the head of personnel. In your response, be sure to
- show that you recognize the problem, and
- propose a way of dealing with the problem.

練習問題 2

🎧 CD2 4-6

準備時間 30 秒　　解答時間 60 秒

Respond as if you are the head of marketing. In your response, be sure to
- show that you recognize the problem, and
- propose a way of dealing with the problem.

付録　相手の問題と解決策のパターン紹介

1.
相手の問題： ボランティアを探している。協力してもらえないか。
解決策： 自分はむずかしいが、友だちにあたってみる。地元の大学にも聞いてみる。

2.
相手の問題： 時間外サービスを依頼したい。平日はこちらの都合が悪く、休日は終日休業。
解決策： 始業前か終業後に時間を設定する。追加料金を課金する。特別な担当者を派遣する。

3.
相手の問題： 修理を依頼したい。作業は複雑で、現場も遠い。
解決策： 技術者を複数名派遣する。追加料金を課金する。別の業者を紹介する。

4.
相手の問題： 従業員の意欲や士気を高めたい。だが予算はないし、従業員は日々忙しい。
解決策： イベント、コンテスト、ミーティングを開催。

5.
相手の問題： より多くの顧客を獲得するにはどうしたらいいか。広告は高いし、その予算もない。
解決策： FacebookのようなSNSを立ち上げる。ホームページを開設する。無料の試供品を配る。

6.
相手の問題： 支出を減らしたい。しかし従業員が不満に思うかもしれない。
解決策： 支出切り詰めのアイディアコンテストを開催する。お知らせを掲示する。全員と話す。

7.
相手の問題： よいスタッフを雇用したい。能力のある人はすぐ辞める。若者には不評な職種。
解決策： 若者向けのインターンシップを行なう。地元の学校と協力する。

8.
相手の問題： 従業員のスキルをさらに伸ばすにはどうしたらよいか。
解決策： 業績に合わせた報酬にする。新入社員の教育にあたってもらう。

9.
相手の問題： 地域の人にお知らせをしたい。低予算で効果的な方法はないか。
解決策： 地元のFM局でメッセージを流す。市役所に掲示する。市のホームページに掲載する。

Unit 6

Speaking Test Question 11
Express an Opinion

意見を述べる問題

1. 問題形式の説明

　Question 11 は提示されたテーマに関し、自分の意見を理論立てて述べる問題です。自分の意見とそれを裏づける理由を、準備時間（15秒）のあとに60秒で述べます。テーマは主に身近な話題に関することですが（2択問題が多いが、選択肢が複数ある場合もあり）、日常の会話では話題になりにくい事柄も含まれています。準備時間は 15 秒しかありません。英語のレベルも解答の出来を左右しますが、準備時間内に説得力のある理由、具体例を思いつくかが大きなポイントになります。できるだけ多彩なトピックに関して、事前に意見、理由、具体例などを整理しておきましょう。

　この問題では、60 秒のあいだに受験者の意見が論旨を明確にして展開されていることが重要です。決まった構成で話さなくてはいけないわけではありませんが、言いよどんだり、黙りこんだりしないためには、ある程度論旨の構成を型にあてはめたほうが話しやすいでしょう。最も大切なことは、自分の立場をはっきり示し、聞き手（採点官）が納得するような理由を提示することです。そのためには結論を最後に述べるのではなく、まず初めの 10 秒ほどで自分の意見を主張するようにします。受験者がどの立場をとるかは評価に影響を与えませんから、自分の本当の考えを述べるというより、理由を話しやすい立場を選んでください。残りの 50 秒で、

具体例を織り込みながら自分の主張を裏づける理由を述べ、説得力のある解答をめざします。

▶問題形式

課題内容	提示された身近なテーマに対し、自分の意見とその理由を述べる問題です。テーマは、受験者が自らの経験に基づき意見が述べられるような問題で、2つ以上の意見が考えられる内容です。画面にテーマが表示され、音声でも流されます。
設問数	1問
準備時間	15秒
解答時間	60秒

2．採点・評価基準

▶採点項目
「意見を述べる問題」は以下の7点について採点されます。
- 発音
- イントネーション・アクセント
- 文法
- 語彙
- 一貫性
- 内容の妥当性
- 内容の完成度

▶評価基準
Question 11 は 0〜5 の 6 段階で採点されます。

意見を述べる問題	
採点スケール	採点ポイント
5	解答は自分の選択や意見を明確に示しており、その理由づけは容易に理解することができ、また、継続的に話されており、一貫性がある ・理由や詳細、論拠または例を提示することで、自分のとった選択や意見に対する裏づけがなされており、考えのつながりは明確である ・全体的にほどよいペースではっきりと話されている。発音、イントネーションに些細なミスやわずかな問題はあるが、全体の理解を妨げるものではない ・基本的な構文も複雑な構文も (必要に応じて) 自由に使うことができる。些細なミスが時折見受けられるが、意味をわかりにくくするものではない ・語彙・語句の使い方は多少正確でない場合もあるが、効果的に使っている
4	解答は明確に自分の選択や意見を示しており、それらを十分に裏づけまたは展開できている ・自分のとった選択や意見の理由を説明できているが、説明は十分には展開されていない。ところどころで間違いはあるものの、考えのつながりはほぼ明確である ・発音、イントネーション、ペースにわずかに問題があり、聞き手が理解しづらい箇所もある。ただし、全体の理解が大きく妨げられることはない ・比較的自由かつ有効に文法を使いこなせるが、使用する構文がやや限定的である ・語彙・語句をかなり効果的に使えるが、不正確・不明確なものもある
3	自分のとった選択や好み、意見を提示できているが、それらを展開したり裏づけすることに限りがある ・自分の選択、好み、意見を支持する理由を最低 1 つは提示している。しかし、詳細な説明はほとんどなく、同じ内容の繰り返しにすぎない。また、あいまいではっきりしない ・話す内容は基本的にわかるが、発音が不明瞭だったり、イントネーションがぎこちない、またはリズムやペースが不規則なため、ところどころ意味がはっきりせず、聞き手は理解に苦労する ・使える文法に限りがある。うまく流暢に使っているのは基本的な構文がほとんどである ・使用できる語彙・語句は限られている

2	課題に関連する自分の選択や好み、意見を示してはいるが、その理由を提示していない、またはその理由がわかりづらく一貫性がない ・発音、アクセント、イントネーションに終始問題があり、聞き手はかなり理解に苦労する。断片的で途切れがちな話し方、また長い間があいたり、口ごもることがたびたびある ・使用できる文法が非常に限られていて、言いたいことを表現したり、思考の流れを明確に表現することができない ・使用できる語彙・語句はかなり限られており、繰り返しが多い
1	課題や設問文をそのまま読み上げているだけである。課題が要求する自分の意見や選択、好みを示すことができない。単語のみ、またはフレーズのみ、あるいは母国語と英語を混ぜて答えている
0	無解答、もしくは解答の中に英語が含まれていない、またはテストと全く関係ないことを答えている

（国際ビジネスコミュニケーション協会の資料より抜粋）

3．解答時のコツ

1．準備時間に行なうこと
- 質問を正しく理解し、それぞれの立場を支持する理由を考える。
- 説得力のある理由を考えついた立場を自分の意見とする。
- 自分の意見をサポートする理由をできるだけ2つ考える。
- 具体例を理由1つにつき、1つ考える。（理由が1つの場合は、具体例は2つか3つ必要）

2．話す際の注意点
- 焦らない。話し方が速くなりすぎないように同じペースを保つ。
- 完全な文章を話すよう心がける。そのためには文を複雑にせず、1文を短めにする。
- 流暢さを重視し切れ目なく話す。
- 時間配分に注意する。
- 同じ表現、同じ事柄を繰り返さない。

4. サンプル問題と解答例

CD2 7

Directions: In this part of the test, you will give your opinion about a specific topic. Be sure to say as much as you can in the time allowed. You will have 15 seconds to prepare. Then you will have 60 seconds to speak.

ディレクション： ここでは、特定のトピックについて、自分の意見を述べてください。与えられた時間を使ってできるだけ多くのことを解答してください。準備時間は 15 秒、解答時間は 60 秒です。

Some people prefer to live in a city. Others prefer to live in the countryside. In your opinion which do you prefer, living in a city or living in the countryside? Give reasons and specific examples to support your answer.

都市に住むのが好きな人がいる一方、田舎に住むのが好きな人もいます。あなたは都市と田舎のどちらに住みたいですか？ 理由と具体的な例を挙げて答えてください。

Sample Answer

CD2 8

I prefer to live in a big city. There are a couple of reasons for this.

Firstly, I have many opportunities to meet different kinds of people in a big city. For example, I work at a firm where more than three thousand people are employed. I get to meet people with different interests on a daily basis, particularly during my lunch time. Also, my colleagues sometimes introduce me to other people working in different fields from my own. As a result, my social and professional network is pretty broad now.

The second reason is that there are many events going on in a big city. For instance, I went to see an exhibition of French artwork last weekend, and I am going to attend a concert next weekend. There is

so much stuff going on in the city I live in, so I never get bored.
For these reasons, I prefer to live in a big city.

> 私は大都市に住みたいです。理由はいくつかあります。
> 　まず、大都市ではさまざまな人に出会うチャンスがあります。たとえば、私は従業員3000人以上の会社で働いています。毎日、自分とは興味の対象が違う人と知り合いになります。特に昼休みです。また、同僚が別の分野で働いている人を紹介してくれることもあります。その結果、私の社会的なネットワーク、仕事上のネットワークはともに大変広いです。
> 　2つ目の理由は、大都市ではたくさんのイベントが行なわれることです。たとえば、先週末にはフランスアートの展覧会を見に行きましたし、来週末はコンサートに出かけます。私の住む街ではたくさん見るものがありますから、退屈することがありません。
> 　こういった理由から、私は大都市に住みたいです。
>
> 【注】
> □ opportunity　機会　　□ firm　会社　　□ employ　雇用する　　□ particularly　特に
> □ colleague　同僚　　□ broad　広い　　□ exhibition　展覧会　　□ bored　うんざりした

5. ポイント解説

1. 質問タイプ

Question 11 の質問文にはいくつかタイプがあります。

Question Type 1: 提示された意見に対し賛成か反対か答える

• Do you agree or disagree with the following statement?
Children should only use the Internet under parental supervision.
Give specific example and details to support your answer.

> 以下の文に賛成ですか、反対ですか？
> 子どものインターネット使用は、親の管理下に限るべきだ。
> 具体的な例と説明を挙げて答えてください。
>
> 【注】
> □ parental　親の　　□ supervision　監督

Question Type 2: 2つの選択肢から賛同する意見を選ぶ

• Some people prefer to live in a city. Others prefer to live in the countryside. In your opinion which do you prefer, living in a city or living in the countryside?

> 都市に住むのが好きな人がいる一方、田舎に住むのが好きな人もいます。あなたは都市と田舎のどちらに住みたいですか？

Question Type 3: 3つの選択肢のうちどれを選ぶか答える

- Which of the following is the most important factor for you when you choose a hotel?
    A)   Room rates
    B)   Location
    C)   Online reviews

> ホテルを選ぶ際にあなたが最も重視するのは次のうちどれですか？
> A）宿泊料金
> B）場所
> C）インターネット上の評価

Question Type 4: 提示された事柄について自由に意見をまとめる

- What do you think about working from one's home?

> 在宅勤務についてどう思いますか？

- In the future, telecommuting may become common. What do you think about that?

> 将来、在宅勤務が普通になるかもしれません。これについてどう思いますか？
>
> 【注】
> □ telecommuting （情報端末機器を用いた）在宅勤務

2. パラグラフ構成

　Sample Answer のパラグラフ構成を見てみると、1）自分の意見、2）1つ目の理由とその具体例、3）2つ目の理由とその具体例、4）自分の立場を再度明確にする、という4部構成で組み立てられています。

1）自分の意見（5〜10秒）

　I prefer to live in a big city. There are a couple of reasons for this.

2）理由1（具体例を含めて約20〜25秒）

　Firstly, I have many opportunities to meet different kinds of people in a big city.

Speaking / Writing

- 理由 1 を説明する具体例 1

For example, I work at a firm where more than three thousand people are employed. I get to meet people with different interests on a daily basis, particularly during my lunch time.

- 理由 1 を説明する具体例 2（省略可）

Also, my colleagues sometimes introduce me to other people working in different fields from my own. As a result, my social and professional network is pretty broad now.

3）理由 2（具体例を含めて約 20 〜 25 秒）

The second reason is that there are many events going on in a big city.

- 理由 2 を説明する具体例 1

For instance, I went to see an exhibition of French artwork last weekend,

- 理由 2 を説明する具体例 2（省略可）

and I am going to attend a concert next weekend. There is so much stuff going on in the city I live in, so I never get bored.

4）自分の立場を再度明確にする（5 〜 10 秒）（省略可）

For these reasons, I prefer to live in a big city.

　Sample Answer は上級者向けに 160 語程度で構成されていますが、まずは自分の意見、2 つの理由とその具体例を 1 つずつ入れ、100 語程度話すことを目標とします。

　またこの構成は 1 つの例であり、必ずしもこの型にあてはめる必要はありません。理由を 1 つしか思いつかない場合は、それを裏づける具体例を 3 つ程度述べるとよいでしょう。4）の「自分の立場を再度明確にする」文は基本的には必要ありません。理由・具体例を充実させることのほうが大切です。

　自分の主張とその理由を述べたあとで、あえて反対の立場からの例を挙げ、However,（しかしながら）、Having said that,（そうは言ったものの）、All things considered,（総合的に考えてみると）などの表現とともに自分の立場をもう一度明確に示す、というパターンもあります。成功すると説得力のある解答になります

が、解答時間が60秒と短いため、反対の例を述べたところで時間切れになる危険性もあります。こうなると一貫性のない解答になってしまいますから、これは上級者向けの戦略といえます。

3. ブレーンストーミング

　実際の試験では準備時間の15秒間で自分の立場を決め、その理由および具体例を整理します。サンプル問題は、「都市に住みたいか、田舎に住みたいか」の2択問題です。まず両方の利点を見比べ、それぞれの理由とそれを裏づける具体例を考えます。簡単に理由を思いつくほうを自分の主張とし、理由の中でも具体例が思い浮かぶものを使います。60秒で100語以上話しますので、できるだけ理由は2つ以上挙げ、それぞれに裏づけとなる詳細情報や具体例を付け加えることが必要です。サンプル問題を例にとり、どんな理由が考えられるかを思いつくままに書き出してみましょう。

【理由の例】
Living in a big city
- many opportunities to meet new people
- many events / restaurants / shops
- full of cutting-edge information

Living in the countryside
- lots of nature
- quiet
- slow / relaxing

大都市に住むこと
・人と知り合う機会が多い
・イベントやレストランや店が多い
・最新の情報にあふれている

田舎に住むこと
・自然が豊か
・静か
・時間がゆっくり過ぎる・リラックスできる

【注】
☐ cutting-edge　最前線の　　☐ relaxing　くつろがせる

理由は人の共感を呼びやすい一般的な事柄がよいでしょう。Sample Answer では、都会に住むことを選択し、その理由として多くの人に会う機会があること、たくさんのイベントがあることを挙げています。

4. 具体例

具体例は難解なことを話す必要はなく、聞き手が納得できるものを選びます。Sample Answer では職場の内外での交友関係、展覧会やコンサートなどのイベントを具体例としています。自分の経験が話しやすいと思いますが、社会的に話題になっている事柄（たとえば環境問題、地球温暖化など）などもいいでしょう。自分やほかの人の経験をもとにしてある程度脚色した具体例をできるだけ用意しておくと、似たような設問が出題された時に応用できるようになります。

抽象的な語を使うことは極力避けます。採点官は、日本と日本語にあまりなじみがないかもしれないアメリカ人がつとめます。したがって、日本独特の文化的背景を含んだ抽象的な語や表現を、異なる文化や社会背景を持つ採点官に十分に汲み取ってもらえるとは限りません。聞き手がイメージしやすいような、できるだけ日常的で具体的な事柄を具体例とするのがやはり無難だと思います。

1つ目の理由を述べたら直後に具体例を述べます。この点が後述の Writing Test Question 8 と異なる点です。2つの理由を先に述べて、あとから具体例を挙げようとすると、どちらの理由を裏づける具体例なのかがわかりにくくなります。また、それをはっきりさせるために繰り返しが多くなり、余分に時間を使ってしまう可能性があります。Speaking の場合は時間が 60 秒しかありませんので、同じ事柄を繰り返して話さないよう特に注意します。

5. 時間配分

話す時間は 60 秒間ですが、時間配分も大切です。理由が 2 つの場合は、それぞれの理由について話す時間は 25 秒くらいしかありません。あまり踏み込んで多くを話そうとすると、1つ目の理由だけで試験時間が終わってしまいますから注意が必要です。画面に表示されるタイマーが 35 秒を指したあたりで第 2 の理由に移りましょう。

6. 速度

　ネイティブスピーカーは60秒間に150〜180語話しますが、受験者はそこまでの速さは求められません。120〜150点をめざす人は、まずは100語話すことを目標とします。このレベルでは言いよどまない、黙りこまないことが優先です。180点をめざす人はSample Answer（約160語）くらいの長さの内容を話せるように練習します。流暢さとスピードも大切ですが、決して焦らないように話してください。Guided Practice, 練習問題のSample Answerは、上級者向けに長めに構成してあります。

7. よく使われる表現

1）意見を提示するフレーズ

　意見の提示は解答の大切な部分です。自分の考えをはっきり表明するために、よどみなく言えるようにしてください。

i. Agree / Disagree 問題に対して

　　I agree / disagree with the statement that…．
　　I agree / disagree that…．

ii. 2（3）択問題に対して

　　I think / believe A/B is …．
　　I would prefer A to B.
　　In my opinion, A/B is…．
　　I (really) think the best 〜 is A/B.

iii. 選択肢の提示されない問題に対して

　　I think it is very important to 〜 . / I don't think it is very important to 〜 .
　　The most 〜 I've ever 〜 is 〜 .
　　In my opinion, 〜 is 〜 .
　　I strongly think 〜 .

2）理由を提示するフレーズ

i. 理由を説明する前に下記のフレーズを入れることもできます。話す内容が充実している場合は以下のフレーズは省略し、すぐに理由の説明に入ってください。

There are two reasons that make me think so.
I have two points for my idea.
I'll explain my opinion using two points.

> そう考える理由は2つあります。
> この意見には、ポイントが2つあります。
> 私の考えについて、2つのポイントを使って説明します。

ii. 理由・具体例の提示

理由1	The first reason is	理由2	The second reason is
	To begin with,		In addition,
	First of all,		Also,
	Firstly,		Secondly,
			Another reason is

3）まとめを提示するフレーズ

In short,
In conclusion,
As I mentioned before,
Once again,
Therefore,

8. 文章の組み立て方

1）主語と述語

　文章を組み立てる際には、まず何を主語にして話すか考えます。英文を話すことに慣れるまでは、できるだけ人を主語にしたほうが話しやすくなります。話した文章を書いてみたら、ほとんどの文の主語がIだった、という方もあるかと思いますが、Question 11は受験者の意見を聞いているので、Iが主語になるのは自然なことです。一般的な事柄を話す場合はSome people, others, theyなど三人称を主語にし

ます。二人称（you）は、話し手（書き手）が一般の人を指して使っているつもりでも、聞き手（読み手）は自分を指していると受け取る可能性が高いので避けたほうが無難でしょう。また、英語の we は話し手（書き手）と聞き手（読み手）の両方を含むので、自分の考えを述べる場合は使わないようにします。

　人を主語にして文を組み立てるといろいろな動詞が使えます。場合によっては動詞を先に決め、その行為を行なう人または会社や団体などを主語にしてもいいでしょう。日本語で最初に浮かんだ語を主語にして文を話し始めてしまい、最後にはなんだか意味の通じない文章になってしまうことはありませんか。日本語は主語があいまいなまま話しても文章になりますが、英語は主語がいちばん大切です。主語と述語がはっきりしていないと文章になりません。人（または会社、団体など）を主語にすればさまざまな構文が使えます。

　慣れてきたら人以外が主語の文を少し混ぜます。学習者の傾向として、無生物主語（動名詞、名詞節を含む）で文を始めた場合、動詞が be 動詞ばかりになることがあります。文型がみな同じになってしまう（第 2 文型）わけです。日本語は「A は B」の形でかなりいろいろなことが表わせますが、英語で最も多い文の形は主語＋述語＋目的語（第 3 文型）です。無生物主語で文を始めても be 動詞以外の動詞を自信を持って使えない場合は、無生物主語を減らし、人を主語にしたほうが自然な文章を作れるでしょう。

　考えをまとめる時はもちろん日本語で構いませんが、日本語で文章を組み立て、それを英語に訳そうとするとうまく話せません。英語の基本的な構成（5 文型）を頭に置き、それに沿って文を作る練習をしておきます。間違いを気にしすぎるとスピーキング力を伸ばすことができないのは事実ですが、英語の構文を無視してただ単語を並べても相手に意図を伝えることはできません。ブロークンでもいいから英語を話そう！というアドバイスも聞きますが、ただ単語を並べて通じさせて（または通じた気になって）いると、いつまでたっても正しい英文で話すことはできません。まずは英語の文章の構成をしっかり頭に入れて、それに沿って文を作りましょう。

2）語順

　語順も英語では重要です。日本語には格助詞（て、に、を、は、が）があり、どの単語が主語で、どの単語が目的語であるか多少語順が前後してもわかります。そ

Speaking / Writing

れに対し、英語は格助詞がないので、語順が非常に大切な意味を持ちます。基本的な文の構成は

主語　＋　述語（＋　補語／目的語）　＋　場所　＋　時

の順となります。したがって、この順序を崩してしまうと意味が通じなくなるわけです。では、まず英文の構成（5文型）を見直してみましょう。

第1文型　　　主語　＋　述語
I work [at a firm].

第2文型　　　主語　＋　述語　＋　（主格）補語
（この文型の述語の代表格は be 動詞。主語＝補語の関係になっています。補語は形容詞または名詞で主語を説明します。）
[My social and professional] network is [pretty] broad [now].

第3文型　　　主語　＋　述語　＋　目的語　（最も一般的な英文の形）
I have [many] opportunities [to meet different kinds of people in a city].

第4文型　　　主語　＋　述語　＋　目的語（人）　＋　目的語（もの）
（この形をとる動詞は give, teach, bring など決まっています。辞書で確かめられますからその都度確認しましょう。）
[My] coworker sent me [some] photos.

第5文型　　　主語　＋　述語　＋　目的語　＋　目的格補語
（この形をとる動詞も決まっています［make, keep など］。目的語＝目的格補語の関係になって目的語を説明します。）
[These] emails [would] keep me updated [on the matter].

実際に文を組み立てる時に、必ずしも文型を意識する必要はありませんが、自分の書いた文章に自信がない時は、基本に戻って確認することが大切です。

3）品詞と形容詞句による修飾

　次に気を付けたいのが品詞です。英語を話す時に品詞の意識が薄いと、なかなか正しい英語が話せません。たとえば名詞を修飾するのは形容詞であるという知識があっても、それぞれの語の品詞を正確に理解していないために、いざ話し始めると別の品詞の語を使っている人が多いように思います。辞書で簡単にチェックできることですし、語尾から判断できる語も多いので意識を高めてください。

　流暢に話せるようになるには、まず複雑な文章を作らないことです。Question 11 では言いたい事柄が複雑であっても、1 つの文の中に多くの情報を組み込まないようにします。なるべく単純な文（すなわち、主語と述語が 1 つしかない単文）で 1 つひとつ言いたいことを表現していきます。単文の中の名詞を分詞、to 不定詞、前置詞句で修飾し、必要な情報を加えていきます。

　例を見てみましょう。次の文は単文（第 3 文型）ですが、to meet different kinds of people の形容詞句が opportunities を修飾し、そのあとに場所の表現の副詞句（in a city）が続きます。

i) Firstly, I have many opportunities to meet different kinds of people in a big city.

> まず、大都市ではさまざまな人に出会うチャンスがあります。

　次の文は分詞が導く形容詞句（working in different fields from my own）が people を修飾しています。

ii) Also, my colleagues sometimes introduce me to other people working in different fields from my own.

> また、同僚が別の分野で働いている人を紹介してくれることもあります。

　正確に単文が作れるようになったら、接続詞、関係詞を使った複文を混ぜていきますが、その際も文章があまり長くならないように気を付けます。Sample Answer の次の文章では where 以下の形容詞節が firm を修飾しています。

iii) For example, I work at a firm where more than three thousand people are employed.

> たとえば、私は従業員 3000 人以上の会社で働いています。

4）インプットとアウトプット

i. インプット

　もちろん、文の構造や品詞について理解しているからと言って、すぐに思うように話せるわけではありません。まずは日常の生活の中で英語を読む機会を増やしましょう。やさしい英文の記事を、覚えてしまうほど繰り返し聞いたり音読したりする（少なくとも 1 つの記事を 50 回くらい）こともインプットですし、新しいものを毎日聞いたり、読んだりすることもインプットです。この際、古い文学などではなく、現代のメディア（おすすめは、NHK ニュースの英会話［http://cgi2.nhk.or.jp/e-news/］，VOA Special English［http://learningenglish.voanews.com/］，Breaking News English［http://www.breakingnewsenglish.com/］，News English Lessons.com［http://www.newsenglishlessons.com/］など）で使われているものを数多く読み聞きすることが大切です。長くて難解な記事ではなく、短めの読みやすいものを選びます。これを繰り返してはじめて、慣用的に使われている語句、単語と単語の連語関係を身につけることができます。

ii. アウトプット

　記事を 1 つ選び、しっかり内容が把握できたら、次はアウトプットの練習です。読んだり聞いたりしたものの内容を、何も見ずに、人に説明するような気持ちで英語で言ってみます。むずかしいようであれば、まず日本語で言ってみてもいいでしょう。原文そのままを覚えて言うのではなく、自分の使いやすい言葉や、話しやすい短い文章に直します。覚えた文章を話しただけでは、まだアウトプットとは言えません。

　日本語で話す場合を思い浮かべてください。話す相手や状況によって、同じ事柄であっても異なった構成、異なった表現を使って話していると思います。英語で話す場合も同様です。内容を把握したら、自分の文章スタイルや自信を持って使える語彙を駆使して、自分の言葉で読んだ内容を説明してみるようにします。頭の中で話したい内容をはっきりさせてから話してみると、意外といろいろな話し方ができることに気づくでしょう。

新しく覚えた語彙や構文は、自分のものとして使えるようになるまで時間がかかります。読んだり聞いたりして理解できる単語（Passive Vocabulary）と、話したり書いたりする際に自信を持って使える単語（Active Vocabulary）を区別し、それぞれを増やしていくようにします。

5）間違えてはいけない文法のポイント

　ミスなしに英語を話すことはできませんし、間違えることを恐れていては話せるようにはなりません。しかしながら、間違えても意思疎通の障害にあまりならない文法ミスと、間違えると相手に情報が正しく伝わらないミスがあります。気を付けたい文法ポイントの1つは時制です。話し手の文章が現在形であったり過去形になったりしては、読み手（聞き手）は話の流れについていくことがむずかしくなります。また時を表わす語彙（tomorrow, yesterday, two days ago）と文の時制がずれていると、ますます読み手（聞き手）は混乱します。

　もう1つの注意点は人称代名詞の使い方です。日本語では主語をはっきりさせずに話すことが多いですから、代名詞も英語ほどには使われません。英語では主語を省略することはほとんどありませんから、人称代名詞も頻繁に使われます。代名詞という名のとおり、代名詞は前述の名詞を指します（後述の名詞を指す場合もあります）。話し手はこれを意識して人称代名詞を使わなくてはなりません。日本語の「それは」のつもりで it を使うと、聞き手は混乱します。前述の文を受ける場合は this / that を使います。

　当たり前のように聞こえるかもしれませんが、he や she でいきなり文章を始めるのではなく、the man / woman なり具体的な人名なりを話し、それからその人を指す he / she を使います。録音した自分の解答をチェックする際、人称代名詞が正しく使えているか確認してみてください。

6）自己チェック

　話す内容を書き出して、以下のポイントについて自己チェックするようにしてください。

・品詞の間違いはないか
・動詞の使い方（能動態、受動態）と使っている文型は正しいか（動詞は自動詞

Speaking / Writing

か他動詞か、第 4 文型、第 5 文型を使える動詞か、など)

　これらは辞書を使って調べられます。辞書を使って調べにくいのは英語の連語関係です。慣用的にどの動詞と目的語が一緒に使われるか、どの形容詞と名詞が一緒に使われるかを調べるにはインターネットの検索サイトが便利です。たとえば motivation という名詞を修飾するのに real という形容詞が使えるかを知りたい場合は、検索ボックスに "real motivation" と入れて検索してみます。何万件もの使用例が出てくれば、この組み合わせは使えるということになります。

　自分で書いた文章をチェックする時は、できるだけ書いてからある程度時間をおいて行なってください。時間をおくと、自分の文章が客観的に見られるようになります。今まで学んできた文法知識を生かし、できるところまで自分でチェックする習慣をつけましょう。

6. 実践トレーニング

▶▶▶ Guided Practice 1: Work & Career

🔊 CD2 9-10

Some people like to change jobs and companies often while others prefer to stay with the same job and company all of their lives. Which approach to work do you prefer, and why? Use specific reasons and examples to support your answer.
（※解答例は「別冊解答」を参照してください）

▶▶▶ Guided Practice 2: Transportation

🔊 CD2 11-12

Recently the government has been encouraging more people to commute using public transportation rather than using their own vehicles. What is your opinion about this?
（※解答例は「別冊解答」を参照してください）

練習の手順

1. 15秒で質問をよく読み、自分の立場を決め、その意見を裏づける理由、具体例を考えます。

2. 次に60秒間で話してみます。

　ここまでが実際のテストの形式です。

3. 次ページのスペースに自分の意見、理由、具体例を英語で書き込んでみます。時間を計り、2分以内ですべて書き込みます。完全な文章にする必要はありません。話したい要点を単語で羅列してください。

Speaking / Writing

Opinion
___

Support 1

    Reason 1
___

    Example 1
___

Support 2

    Reason 2
___

    Example 2
___

Concluding sentence（省略可）
___

4. 書き込んだメモを見ながら、再度 60 秒間話します。

5. 話す内容を 100 語前後で書いてみます。この際、1 つひとつの文が長くなりすぎないよう気を付けましょう。1 文が長くなると、言いよどんでしまう確率が高くなります。流暢に話せないレベルで長い関係代名詞節を使うと、聞き手は何が主語と述語であったか見失ってしまいます。書き終えたら内容的にまた文法的に正しく書けているか、以下の点を自己チェックします。
   - 質問に的確に答えているか。
   - 2 つの理由は説得力があるか。
   - 具体例はそれぞれの理由の説明になっているか。
   - 主語と述語の関係は正しいか。
   - 人称代名詞は前述の特定の名詞を指しているか。（特に it に注意）
   - 時制は正しいか。

6. 書いたパッセージを声に出して読んで、話しやすい文体になっているか確認します。時間を計りながらパッセージを何度も読み、60 秒間で 100 語（または

自分のめざす長さ）のスピードを体得します。

7. パッセージの中から、内容のキーワードとなる単語を 5 ～ 8 語選び、ほかの紙に書き出します。

8. 単語のリストを見ながら、パッセージを再現するつもりで 60 秒で話します。この際、書いた文章を暗記して話そうとするのではなく、リストを手掛かりに内容を思い出しながら話すようにします。

9. 何回か練習したら、何も見ずに質問に答えます。60 秒間よどみなく話すことが目標です。

10. 録音してチェックします。よどみなく話せているか、特定の口癖はないか（you know, though など）をチェックします。口癖となっているフレーズは意識して使わないように練習します。イントネーション、発音で聞き取りにくい音がないかもチェックします。話している時は音読問題の時よりもイントネーションの高低幅が狭くなる傾向があるので、一本調子にならないよう気を付けましょう。

実際のテストではメモを取ることはできません。しかしながら練習の段階では自分の考えを一度書いて整理してみることをおすすめします。147 ページにある「よく使われる表現」の中からいくつか話しやすいものを選んで覚えておき、それ以外は暗記に頼るのではなく、文の主語と述語をよく考えてシンプルに文を構成します。

また、1 つの質問に答えるために考えた具体例をほかの質問でも使えるのではないか、と常に意識してください。たとえば、Sample Answer で使った表現を Guided Practice 1 の質問に答える際に使えないかどうか、考えてみましょう。

Sample Answer より抜粋

I prefer to live in a big city. There are a couple of reasons for this.

Firstly, I have many opportunities to meet different kinds of people in a big city. For example, I work at a firm where more than three thousand people are employed. I get to meet people with different interests on a daily basis, particularly during my lunch time. Also, my colleagues sometimes introduce me to other people working in different fields from my own. As a result, my social and professional network is pretty broad now.

> 私は大都市に住みたいです。理由はいくつかあります。
> まず、大都市ではさまざまな人に出会うチャンスがあります。たとえば、私は従業員 3000 人以上の会社で働いています。毎日、自分とは興味の対象が違う人と知り合いになります。特に昼休みです。また、同僚が別の分野で働いている人を紹介してくれることもあります。その結果、私の社会的なネットワーク、仕事上のネットワークはともに大変広いです。

Guided Practice 1 の解答例（一部）

I prefer to change jobs and companies often. There are a couple of reasons for this.

Firstly, I have many opportunities to meet different kinds of people when I change jobs. For example, from this spring, I started working at a new company where more than three thousand people are employed. I get to meet people with different interests on a daily basis, particularly during my lunch time. In my previous job, there were only about one hundred workers in total, so this is a big change for me.

> 私は仕事や会社をよく変えるほうを好みます。理由はいくつかあります。
> まず、転職すると、さまざまな人に出会うチャンスがあります。たとえば、私はこの春から従業員 3000 人以上の会社で働いています。毎日、自分とは興味の対象が違う人と知り合いになります。特に昼休みです。以前の職場は、全体で 100 人ほどしかいなかったので、これは私にとって大きな変化です。
>
> 【注】
> □ previous　前の

　赤い網掛けの部分以外は Sample Answer で使った表現そのままです。必ずしも自分の考えや経験に沿った立場を選んでその場で具体例を考える必要はなく、このように事前に準備した具体例を利用して自分の立場を決めれば、15 秒の準備時間でも十分に対応できるはずです。そのためには、できるだけたくさんの質問に対する応答を練習し、具体例のストックを増やしておきましょう。出題される質問をすべて予測することは不可能ですが、事前に準備しておいた理由と具体例を臨機応変に解答にはめ込むことができるようになれば、どんな質問が出ても問題なく話せる

ようになります。

　以下に、さまざまな分野別の予想問題を挙げます。ブレーンストーミングに使用してください。まずどちらの立場を支持するか決め、その理由と具体例をノートに書き出しておきます。受験の前日にアイディアを見直しておき、実際のテストの問題に答える際には、用意した具体例が使えないか考えてみてください。

仕事・職場に関するそのほかの予想問題

1. The age of retirement should be raised to 70. Do you agree or disagree?
2. The number of female managers is increasing. Is this a good thing? Why?
3. Would you like to work overseas longterm? Why? Why not?
4. What is the most important quality to be a successful businessperson?
    A. Good knowledge of business
    B. Good communication skills
    C. Sense of Humor
5. Some people like to do challenging work but others prefer routine work. Which kind of job would you prefer and why?
6. Do you prefer to work in the office or to work from home?

1. 退職年齢を70歳に引き上げるべきです。賛成ですか、反対ですか？
2. 女性管理職の数が増えています。これはよいことですか？ なぜですか？
3. 長期にわたって海外で働きたいですか？ なぜですか？
4. ビジネスパーソンとして成功するために最も大切な資質はなんですか？
    A. ビジネスに関する知識
    B. 高いコミュニケーションスキル
    C. ユーモアのセンス
5. 困難だがやりがいのある仕事を求める人と、日常の決まりきった仕事を好む人がいます。あなたはどちらのタイプですか？ それはなぜですか？
6. オフィスで働くのと、在宅勤務ではどちらがいいですか？

交通に関するそのほかの予想問題

1. Nowadays many people work from home. What do you think about that?
2. Do you agree or disagree with the following statement? There is a plan to ban private cars in your city center.

3. Do you agree or disagree with the following statement? The biggest source of air pollution is cars, not factories.
4. Some people think the legal age for driving a car should be raised. What do you think about this?
5. Your city is planning to ban the riding of bicycles on the sidewalk. Do you think this is a good idea?

1. 最近、在宅勤務の人が増えています。どう思いますか？
2. 以下の文に賛成ですか、反対ですか？ あなたの住む市の中心部で自家用車の乗り入れを禁止にする計画があります。
3. 以下の文に賛成ですか、反対ですか？ 大気汚染の最大の原因は工場でなく自動車です。
4. 法律で車を運転できる年齢を引き上げたほうがよいという意見があります。どう思いますか？
5. あなたの住む市は、自転車の歩道走行を禁止しようとしています。よい考えだと思いますか？

市の建築物に関する予想問題

1. There is a plan to build a large factory in your city. Do you agree or disagree?
2. Would you prefer a large shopping mall to be built in your city or a neighboring city?
3. Your city has been chosen to host an athletics competition. What do you think about it?
4. A company has announced a plan to build a large factory near your community. Do you support or oppose this plan?

1. あなたの住む市に大きな工場を建設しようという計画があります。賛成ですか、反対ですか？
2. 大きなショッピングモールが自分の住む市に建つのと、隣の市に建つのとどちらがいいですか？
3. あなたの住む市がある競技大会の開催地に選ばれました。どう思いますか？
4. ある会社があなたの住む地区の近くに大きな工場を建設する計画を発表しました。これに賛成ですか、反対ですか？

インターネット・パソコンに関する予想問題

1. Do you agree or disagree with the following statement? The Internet has changed the way we live.
2. Do you agree or disagree with the following statement? Internet addiction is a big problem.
3. How have computers changed the way we live?

4. Do you agree or disagree with the following statement? Student can learn about things at a deeper level with the Internet.
5. What are the disadvantages of using the Internet?
6. Do you think the Internet makes our lives easier?

1. 以下の文に賛成ですか、反対ですか？インターネットはわれわれの暮らしを変えました。
2. 以下の文に賛成ですか、反対ですか？インターネット中毒は大きな問題です。
3. コンピュータはわれわれの暮らしをどのように変えましたか？
4. 以下の文に賛成ですか、反対ですか？インターネットを使って、学生は物事を深いところまで学ぶことができます。
5. インターネットを使うことのデメリットは何ですか？
6. インターネットによって生活が楽になると思いますか？

余暇、そのほかに関する予想問題

1. Which do you prefer; attending live performances or watching them on television?
2. Some people prefer to plan activities for their free time very carefully. Others choose not to make any plans at all for their free time. Which do you prefer?
3. Which activities do you prefer for your free time; reading a book or playing some sports?
4. Do you consider first impressions to be important?
5. Do you agree or disagree with the following statement? Smoking should be banned entirely.

1. ライブ・パフォーマンスをその場で見るのと、テレビで見るのではどちらがいいですか？
2. 余暇の過ごし方について慎重に計画をたてる人と、まったく計画をたてない人がいます。あなたはどちらのタイプですか？
3. 余暇の過ごし方として、読書とスポーツをするのとどちらを好みますか？
4. 第一印象は重要だと思いますか？
5. 以下の文に賛成ですか、反対ですか？喫煙は完全に禁止されるべきです。

7. 目標点レベル別アドバイス

【120点目標レベル】

まずは「よく使われる表現」（147ページ参照）の項にある定型のフレーズを覚えましょう。次にSample Answerをよく読み、構成を理解します。Sample Answerの中から使えそうな語句を書き出し、その語句を使って自分の解答を作ってみます。あくまでもシンプルな文章を心がけてください。それを何回も声に出して読む練習をしてから、今度は見ないで話してみましょう。解答が100語に満たないこともあると思いますが、多くの場合は説得力のある理由や効果的な具体例が挙げられていないことに原因があります。英語で話す前に、じっくり構成を考えてみましょう。

【150点目標レベル】

予想問題から質問を選んで、まずは60秒間で答えてください。そのあと自分の選んだ立場、その理由と具体例をノートに書き出します。これをできるだけ多くの質問で繰り返すことによって、理由と具体例のストックを増やしていきましょう。自分の解答は必ず録音して、客観的に聞いてみることが大切です。このレベルの目標は、とにかく話すのを途中で止めないことです。

【180点目標レベル】

実際の試験と同様に、15秒の準備時間で60秒間にどのくらいの内容が話せるのかを確認するために、録音しながら質問に答えてみます。録音した音声を聞いて、全体の構成と流暢さの両面からチェックしてください。それから自分の解答を書き出し、辞書を引いて表現を付け加えるなどして完成度を高めていきます。質問に的確に答えているか、理由と具体例は適切かについても必ず確認しましょう。あとは一定の速度で流暢に話せるまで練習します。

8. 練習問題

練習問題 1

🔊 CD2 13-14

There is a proposal to build a new casino in your city. What do you think about that? Give reasons for your opinion.

練習問題 2

🔊 CD2 15-16

Do you agree or disagree with the following statement? The Internet is a valuable educational tool.   Use specific reasons and examples to support your opinion.

練習問題 3

🔊 CD2 17-18

Describe a favorite leisure activity, and explain why it is important for you. Use specific reasons and examples to support your opinion.

2

Writing Test

Unit 7

Writing Test Questions 1-5
Write a Sentence Based on a Picture

写真描写問題

1. 問題形式の説明

Questions 1-5 は、与えられた 2 つの語（句）を適切に使い、写真を描写する文法的に正しい 5 つの文を書く設定です。複雑な文や長い文を書いても加点されることはありません。このセクションのポイントは、「1 問あたり約 90 秒以内に文を作成していくこと」と「簡潔かつ文法的に正しい文を作成すること」です。

▶問題形式

課題内容	写真に対して与えられた 2 つの語（句）を使い、写真の内容に合う 1 つの英文を書く設定。与えられた語句の形は変えてもよく、語（句）の使用順序も受験者が決めて構いません。
設問数	5 問
解答時間	5 問で 8 分。 ※解答の残り時間が画面に表示されます。なお、解答時間内であれば、前の問題に戻れます。

Speaking / **Writing**

2. 採点・評価基準

▶採点項目
「写真描写問題」は以下の2点について採点されます。
- 文法
- 写真と文章の関連性

▶評価基準
Questions 1-5 は 0 ～ 3 の 4 段階で採点されます。

写真描写問題	
採点スケール	採点ポイント
3	以下の特徴を持つ1文で構成されている ・文法的誤りがない ・与えられた2つの語（句）を適切に使っている ・写真と関連する内容が記述されている
2	以下の特徴を持つ1文もしくは複数以上の文で構成されている ・文の理解を妨げない程度の文法的誤りが1箇所以上ある ・与えられた2つの語（句）を適切に使っている。ただし、1つの文中でなかったり、語形が正確でない ・写真と関連する内容が記述されている
1	以下の特徴のいずれかを示している ・文の理解を妨げる誤りがある ・与えられた2つの語（句）の片方、もしくは両方とも使っていない ・写真と記述内容の関連性がない
0	無解答。英語以外の言語で書かれている。英文で使われることのない記号が使用されている

（国際ビジネスコミュニケーション協会の資料より抜粋）

なお、与えられた2つの語（句）を使用していても、文章が写真の内容に合っていない場合、評価は高くなりません。また2文以上書いた場合は1文のみが採点対

象になり、2つの語（句）が別々の文で使われている場合は、最高点である評価3はもらえません。

3．解答時のコツ

　最初に指示文が60秒間表示され、その後自動的に画面が進み、1枚目の写真が表示されます。写真の下にある2つの語（句）を確認し、文の「主語と動詞」か「それ以外」に使うかを検討します。考えが固まったら入力を開始します。1問あたりの解答時間は90秒以内です。解答時間内であれば前の問題に戻ることもできますので、文の作成が終わったら速やかに次の問題へ進んでください。

　5問すべてに解答したら、解答時間終了まで文の見直しをします。この段階で文の構造を変えるような修正は控えましょう。冠詞の有無、名詞の単数・複数、主語と動詞の一致などの項目を見直し、必要があれば修正します。2つの語（句）が含まれていることも再度確認します。

Speaking / Writing

4. サンプル問題と解答例

Directions: In this part of the test, you will write ONE sentence that is based on a picture. With each picture, you will be given TWO words or phrases that you must use in your sentence. You can change the forms of the words, and you can use the words in any order. Your sentence will be scored on

- the appropriate use of grammar and
- the relevance of the sentence to the picture.

In this part, you can move to the next question by clicking on "Next." If you want to return to a previous question, click on "Back."

You will have 8 minutes to complete this part of the test.

ディレクション： この問題では、写真に基づく1つの文章を作成します。各写真について、文章中に使わなければならない2つの単語または句（熟語）が提示されます。単語の形は変えて構いません。また、これらの単語はどのような順番で使ってもよいものとします。作成した文章は、以下に基づいて採点されます。

・文法
・写真と文章の関連性

Questions1-5 においては画面上の「Next」や「Back」をクリックして、次の問題に進んだり、前の解答を見直すことができます。解答時間は5問で8分間です。

man / computer

> Sample Answer

1. The **man** is using his **computer** in the office.
   (男性がオフィスでコンピューターを使っている)
2. The **man** is sitting in front of the laptop **computer** and doing his work.
   (男性がノートパソコンの前に座って仕事をしている)
3. A **man** wearing a blue shirt is working with his **computer** at the desk by the window.
   (ブルーのシャツを着た男性が窓のそばにある机で、コンピューターを使いながら仕事をしている)

Speaking / Writing

5. ポイント解説

　サンプル問題の3つの解答例で、2つの語がどのように使用されているかを確認しましょう。

　解答例1の語数は9です。2つの語のうち man を主語とし、computer を動詞の目的語として使用しています。現在進行形を用いて、男性の動作を簡潔に描写しています。

　解答例2の語数は14です。解答例1と同じく man を主語とし、computer は男性の位置を表わす副詞句（in front of the laptop computer）の一部として使用しています。現在進行形を用いて、男性の動作を2つの語（sitting, doing）で詳しく描写しています。

　解答例3は最も長い17語で構成されています。解答例1および解答例2と同様に man が主語ですが、wearing a blue shirt という服装の描写を添えています。computer は with his computer という副詞句に含め、男性の動作を詳しく描写しています。1分以内でこの長さの文が書けるライティングスキルがあれば、Questions 1-5 に関して心配することはありません。

6. 実践トレーニング

1. 文法的に正しい文を書く

1）適切な動詞の形を選ぶ

　Questions 1-5 は静止画である写真を描写する問題です。写真からは判断できない事実や予定を表わす文を作成することはできません。現在進行形は人物の動作、また現在形は物の位置や状態を表わすのに適しています。人物写真の場合、その人物の位置は現在形、人物の動作は現在進行形を用いて描写します。物や風景写真の場合、There is/are 構文や be 動詞の現在形を用いた受動態の文も適しています。

▶▶▶ Guided Practice 1: 人物写真

　写真 A を描写する文を指定された語（句）を用いて、①現在進行形、②現在形で作成してください。
（※解答例は「別冊解答」を参照してください）

写真 A

① 現在進行形

1. 語(句): **people**

_____

2. 語(句): **passenger**

_____

② 現在形

1. 語(句): **baggage**

_____

2. 語(句): **line**

_____

▶▶▶ Guided Practice 2:　物・風景写真

　写真 B を描写する文を指定された語(句)を用いて、現在形の①能動態、②受動態で作成してください。

　(※解答例は「別冊解答」を参照してください)

写真 B

① 能動態

1. 語(句)：**table**

___

2. 語(句)：**cushion**

___

② 受動態

1. 語(句)：**vase**

___

2. 語(句)：**armchair**

___

2) 接続詞を適切に使う

　接続詞とは、2つの節（主語と動詞）をつなげる連結器の役割をする言葉です。写真に対する2つの語(句)の1つが because であれば理由、if であれば条件や可能性、while であれば同時進行している動作を含む文を作成します。

【Questions 1-5 頻出の接続詞】 *前置詞としての機能もあるもの

接続詞	意味	使い方
because	…なので	People are standing in line **because** they want to buy a movie ticket. （人々は映画のチケットを買いたくて列に並んでいる）
if	…かどうか、 もし…なら	Women are talking in the store to decide **if** they will buy the item. （女性たちはその商品を買うかどうかを決めるために店内で話している）
*as	…しながら、 …なので	A man and a woman are holding hands **as** they walk on the grass. （男性と女性は手をつないで芝生の上を歩いている）
while	…する間に、 …する一方で	Businessmen are chatting in the office **while** they are having coffee. （ビジネスマンたちはコーヒーを飲みながらオフィスで雑談している）
*after	…したあと	Young people are resting on a bench **after** they finished shopping. （若者たちは買い物をしたあとベンチで休んでいる）
*before	…する前に	People are having a conversation **before** the meeting starts. （人々はミーティングが始まる前に雑談している）

【注】
- stand in line （順番を待って）列に並ぶ、列を作る
- chat 雑談する、世間話をする   □ rest 休む、休息する
- have a conversation 話す、雑談する

Speaking / Writing

▶▶▶ Guided Practice 3: 接続詞を含む節を考える

写真 C を描写する Two women have stopped their bicycles という節に、以下の接続詞を含む節を続けます。
（※解答例は「別冊解答」を参照してください）

写真 C

【例】
Two women have stopped their bicycles so that they can talk about where to go next.

1. Two women have stopped their bicycles **because**_____

2. Two women have stopped their bicycles to see **if** _____

3. Two women have stopped their bicycles **after** _____

▶▶▶ Guided Practice 4:　接続詞を含む文を作成する

2つの語(句)を含む写真Cを描写する文を作成します。
(※解答例は「別冊解答」を参照してください)

1. cyclist / because
   _____ because _____

2. stand / if
   _____ if _____

3. talk / while
   _____ while _____

2．簡潔な英文を書く

　Questions 1-5では写真を見て2つの語(句)を確認し、文の構成を考えて入力する、という作業を90秒以内で行なう必要があります。そのため、作成する文そのものが簡潔であることが前提になります。写真Dを描写する以下の文を比べてください。

写真D

Speaking / Writing

例 1.　There are two chairs under a parasol on a beach. (10 words)

> 海辺のパラソルの下に 2 脚の椅子がある。

例 2.　Two plastic chairs are placed next to each other under a big red parasol on a white sand beach. (19 words)

> 白い砂浜には、2 脚のプラスチック製の椅子が、大きな赤いパラソルの下に並んで置かれている。

　例 2 は例 1 の約 2 倍の語数を使用していますが、例 1 と例 2 が描写している内容に大きな違いはありません。Questions 1-5 で最高点である「採点スケール 3」を得るには、例 1 の文で十分です。文を長くしたい場合は、5 問すべてに解答し終わって見直す時に手を加えるようにしましょう。

▶▶▶ Guided Practice 5: 設定時間内に書き上げる練習

　以下の①～⑤の語（句）を使って、写真 D を描写する 9 ～ 15 語の文を 90 秒以内で作成してください。
　（※解答例は「別冊解答」を参照してください）

① chair / beach
② parasol / under
③ red / on
④ several / umbrella
⑤ rest / while

7. 目標点レベル別アドバイス

【120点目標レベル】

　文法的に正しい英文のパターンを覚えるため、まず解答例をタイプします。その後、本書の演習問題で2つの語（句）を含む文を作成する練習へ進みます。語（句）を使わず、写真を描写する文を自由に作成する練習も取り入れましょう。1つの写真を描写する文を数パターン作成し、表現の幅を広げるよう心がけてください。タイピングの速さも解答にかかる時間を左右しますので、練習を重ねてください。

【150点目標レベル】

　文法的に正しい文を書くためには、主語と動詞を一致させることが1つのポイントです。自分の作成した文を見て、主語に合った動詞になっているか、時制や態の観点から見直す習慣をつけてください。接続詞が語（句）に入っている問題は難易度が高くなります。ここで失点しないよう、練習しておきましょう。また1問に時間をかけすぎることのないよう、練習する際は1問90秒、5問8分の時間制限を設けてください。

【180点目標レベル】

　Questions 1-5で最高点の「採点スケール3」を得る解答を作成するには、文法的なケアレスミスをしないことが不可欠です。冠詞の有無、名詞の単数・複数、主語と動詞の一致、代名詞の使用、接続詞の適切な使用など、あらゆる点から自分の作成した文をチェックしてください。接続詞が語（句）に入っている問題は集中的に練習してください。文の簡潔さが失われないよう配慮しながら、1問90秒以内に書き上げるようにしましょう。

Speaking / **Writing**

8. 練習問題

練習問題 1

Question 1

some / line

Question 2

shopper / store

Question 3

shelf / on

Question 4

bed / next to

Speaking / Writing

Question 5

outdoors / buy

練習問題2

Question 1

decide / if

Question 2

chef / in order to

Question 3

photograph / on

Speaking / Writing

Question 4

walk / because

Question 5

counter / order

Unit 8

Writing Test Questions 6-7
Respond to a Written Request

Eメール作成問題

---

1. 問題形式の説明

　Questions 6-7 は、25 ～ 50 語の E メールを読み、問題の指示に沿った返信を書く設定です。解答時間は各設問 10 分、計 20 分です。E メールには情報や質問など 3 つの要素を含めるよう指示されます。このセクションのポイントは、「課題内容に合った返信であること」と「ビジネス E メールとしてふさわしい文体で書くこと」です。

▶問題形式

課題内容	画面上の E メールを読んで、指示に沿った返信を書く設定。
設問数	2 問
解答時間	各設問 10 分　計 20 分 ※解答の残り時間が画面に表示されます。なお、Question 7 に進むと、Question 6 に戻ることはできません。

185

2．採点・評価基準

▶採点項目
「Eメール作成問題」は以下の3点について採点されます。
- 文章の質と多様性
- 語彙・語句
- 構成

▶評価基準
Questions 6-7 は 0 〜 4 の 5 段階で採点されます。

Eメール作成問題	
採点スケール	採点ポイント
4	すべての課題を的確にこなし、設問で要求された情報、指示、質問を複数の文を使って明確に伝えている ・筋の通った文章にするために一貫した論理構成で文章を構築する、または、適切な接続語を使用する、のうち、片方または両方がなされている ・文体や言葉遣いが返信先にふさわしい ・文法や語法の誤りが 2，3 あるが、言いたいことがわからなくなるほどではない
3	解答内容はよくできているが、設問で要求された課題の 1 つが基準に達していない ・課題のうちの 1 つを抜かしたり、うまく答えていなかったり、解答が完結していない ・少なくとも部分的には論理的な文章構成を試みたり、接続語も適切に使用している ・返信する相手のことが一応念頭にある ・文法や語法に目立った誤りが見られる。誤りがあるために言いたいことがわからなくなる 1 文がある

2	いくつか不十分な点がある ・1つの課題にしか答えていないか、2つまたは3つの課題に対応しているものの、いずれの課題も不十分もしくは完結していない解答である ・考えがうまく関連付けられていない、もしくは関連が明確でない ・返信する相手のことをほとんど意識して書いていない ・文法や語法に誤りがあるため、言いたいことがわからなくなる文が2文以上ある
1	重大な問題があり、設問で要求された情報、指示、設問をほとんど、もしくは全く伝えていない ・設問と関連のある内容を少し含むものの、課題を1つもこなしていない ・考えがうまく関連付けられていない、もしくは関連が明確でない ・文体や言葉遣いが返信する相手に適切でない ・文法や語法の誤りが頻繁にあり、ほとんどの場合、言いたいことが理解できない
0	設問に出てくる言葉をそのまま写している。テーマを無視している、あるいはテーマと関連していない解答である。英語以外の言語で書いている。意味のない記号を使用している、または無解答

（国際ビジネスコミュニケーション協会の資料より抜粋）

3．解答時のコツ

　最初に指示文が画面に表示され、続いて Question 6 の E メールが表示されます。解答時間が始まると同時に、画面右上に残り時間が表示されます。E メールを読んで内容を理解し、返信内容を 2 分以内に考えます。E メール作成に際しては、最初の呼びかけ（例：Dear XX,）、項目の提示のフレーズ（例：First,… Second,… Finally,…）、締めのあいさつ（例：Best regards,）送信者の名前（例：Sara）を先にタイプしておきます。その後、3 つの課題に対応した内容を書きます。各課題の解答は 1 ～ 2 文に抑え、10 分間の解答時間内に 3 つ目の課題まで書き上げます。解答時間が余れば見直しをしますが、この時点では大きな修正を控えましょう。Question 7 でも解答の手順は Question 6 と同じです。なお、Question 7 に進むと、Question 6 に戻ることはできませんので、注意してください。

Speaking / Writing

4. サンプル問題と解答例

Directions: In this part of the test, you will show how well you can write a response to an e-mail. Your response will be scored on

・ the quality and variety of your sentences,
・ vocabulary, and
・ organization.

You will have 10 minutes to read and answer each e-mail.

ディレクション： この問題では、E メールのメッセージに対していかにうまく返信できるかが問われます。作成した解答は、以下に基づいて採点されます。

・文章の質と多様性
・語彙・語句
・構成

解答時間は 10 分間です。

Directions: Read the e-mail below.

From:	James Turner
To:	All employees
Subject:	X-mas party
Sent:	November 17, 10:21 A.M.

All employees,

This year our annual Christmas get-together will be held at the Astona Hotel on December 18 from seven o'clock. Several employees have mentioned that they intend to bring their children to the event. Could you e-mail me back with any entertainment ideas?

ディレクション： 以下の E メールを読みなさい。

差出人：ジェームズ・ターナー
宛先：全社員
件名：クリスマスパーティ
日付：11 月 17 日　午前 10:21

社員各位
毎年恒例のクリスマス懇親会が今年はアストナ・ホテルで12月18日の7時から開催されます。数名の社員が、この会に子供を連れてくる予定であるとのことです。余興に関するアイディアがあればEメールで返信してください。

【注】
☐ get-together （形式ばらない）集まり、親睦会
☐ mention　…のことを言う（書く）、…に言及する
☐ intend　（…する）つもりである、（…しようと）思う

Directions: Respond to the e-mail as if you work at this company. In your e-mail, make TWO suggestions and ask ONE question.

(Type your response here)

ディレクション： この会社の社員になったつもりで返信メールを書きなさい。文中では、提案を2つと質問を1つ挙げること。

Sample Answer

Dear Mr. Turner,

I received an e-mail dated November 17 entitled "X-mas Party." I would like to give two suggestions and ask one question.

Firstly, why don't we hire a children's entertainer? The entertainer could make balloons, tell jokes, and entertain the children. Secondly, how about having a best costume contest? The children could dress in costumes with a prize given to the best. Finally, can you tell me what time the party is scheduled to finish? If children are coming, then it should not finish too late.

If you want to speak to me today about this, please e-mail me at the above address.

Best regards,

Kazuo Shimoyama

Speaking / Writing

ターナー様

11月17日付「クリスマスパーティ」のEメールを拝見しました。ご提案を2点、そして質問を1点させていただきたいと思います。
　まず第一に、子供向けエンターテイナーを雇うのはいかがですか。バルーンアートや面白い話などで子供たちを楽しませることができます。また、仮装コンテストをやってはいかがでしょう。子供たちがコスチュームを着て一番の子供にプレゼントをあげては？　最後に、パーティの終了時刻は何時を予定していますか？　子供が来るのであれば、あまり遅くないほうがよいと思います。
　本件について本日中に話し合ったほうがよければ、上記アドレスにEメールをお送りください。　敬具

シモヤマカズオ

【注】
□ prize　賞、褒美　　□ schedule　（…を）予定する

5．ポイント解説

1．Eメールを読む

　Questions 6-7 で必要なのは、1分前後で50～60語のEメールを正確に読むスキルです。「誰が（From以下の部分）」「誰に（To以下の部分）」「何の目的で（Subject, Re: 以下の部分）」書いたのかを最初に確認します。本文は自分が受信者になったつもりで読みます。送信者からの要望は最後に添えられていますので、内容を正確に理解しましょう。サンプル問題は、毎年恒例のクリスマスパーティで行なう余興のアイディアを求める社内Eメールに返信する設定です。

（例）サンプル問題より

From:	James Turner　← 送信者
To:	All employees　← 受信者
Subject:	X-mas party　← 件名
Sent:	November 17, 10:21 A.M.　← 日付

All employees,
This year our annual Christmas get-together will be held at the Astona Hotel on December 18, from seven o'clock. Several employees have mentioned that they intend to bring their children to the event. **Could you e-mail me back with any entertainment ideas?**

↑ 差出人からの要望

2．3つの課題に対する考えをまとめる

　3つの課題とそれに対する返答方法に決まった型やパターンはありません。発想のコツは「自分がその立場ならどうしたいか、どうしてほしいか」という観点です。

　サンプル問題の解答例では、まず子供向けのエンターテイナーを呼ぶのはどうか（Firstly, why don't we hire a children's entertainer?）、仮装コンテストを開催してはどうか（Secondly, how about having a best costume contest?）と2つの提案をしています。最後にパーティの終了時刻を質問しています（Finally, can you tell me what time the party is scheduled to finish?）。

3．Eメールを作成する

1）100語を目安にする
　10分間の解答時間のうち7〜8分でEメールを作成します。Eメールの長さは100語前後、文の数は8つ前後を目安にします。用件のみが簡潔にまとまっている、読みやすい文面が好まれます。すぐ用件に入り、締めのあいさつは定型表現を使いましょう。サンプル問題に対する解答例は109語、文の数は9でした。

2）テンプレートを活用して効率よく解答する
　定番の表現や構文、それらをまとめたテンプレートをいつでも使えるようにしておきましょう。受信者の名前には注意が必要です。受信者が All employees（全従業員）や All members（全メンバー）のように不特定多数の場合は、返信メールの差出人に自分の名前や架空の名前を使いますが、個人名が記載されている場合は、その人物が返信メールの送信者になります。

　サンプル問題の解答例ではまず、I received an e-mail dated November 17 entitled "X-mas Party" と、どんなEメールに対する返信かを明示し、I would like to give two suggestions and ask one question. と返信内容の概略を伝えています。続いて、Firstly,… Secondly,… Finally,… という「つなぎの言葉（Transition Words）」（222ページ参照）で3つの情報が順序よく提示されています。提案表現の Why don't we…？や How about ~ing…？ を使って2つの提案が示され、質問には can you tell me what time…？ という間接疑問文が使用されています。最後は、締めのあいさつである Best regards と自分の名前が添えられています。相手からのEメールでは受信者が All employees となっており特定の人物ではないの

Speaking / **Writing**

で、返信メールには自分の名前を書き添えればいいでしょう。

▶テンプレート

Dear（相手の名前）,

I received an e-mail dated（Eメールの日付）entitled "（件名）."
I would like to _____ （3項目の課題） _____.

Firstly, _____.
Secondly, _____.
Finally, _____.

Best regards,

（Your name）
（Position / Title）※必要ない場合もあります。

▶テンプレート使用例

Dear Ms. Ayumi Uekawa,

I received an e-mail dated March 14 entitled "Presentation." I would like to ask one question and make two requests.

Firstly, how many people will I be speaking to and what is their English level like? I ask because it helps me to prepare better. Secondly, can you arrange for a projector and screen? I would like to use some slides and photographs during my presentation. Finally, is it possible for me to finish everything by around four o'clock? I have to be back in Tokyo as soon as possible because I have a night flight.

If you would like to speak to me today, I will be at home all day and can be contacted at 555-3654.

Best regards,

Sara

ウエカワアユミ様

　3月14日付「プレゼンテーションについて」のEメールを拝見しました。質問を1点と要望を2点挙げたいと思います。
　まず最初に、プレゼンの聴衆は何名ぐらいに、そして彼らの英語レベルはどの程度になるでしょうか？よりしっかりと準備するため質問させていただきます。次に、プロジェクターとスクリーンを手配していただけますか？　スライドや写真を使ってプレゼンを行ないたいと思います。最後に、4時頃までにすべてを終えることは可能でしょうか？　夜の便に乗るため、できる限り早く東京に戻らなければなりません。
　なにかありましたら、本日は自宅におりますので555-3654までご連絡ください。
　宜しくお願いします。

サラ

【注】
□ What is … like?　(…が) どんなもの (人) か、どんな風か　　□ prepare　準備する

▶フレーズ集

＜最初の呼びかけ＞

- Dear Mr. / Ms. + Family name or Full name,　(最も一般的な呼びかけ)
- Dear + First name,　(親しい間柄の人への呼びかけ)
- To whom it may concern:　(先方の担当者がわからない時の呼びかけ)
- Dear Sir or Madam,　(性別のわからない相手への呼びかけ)

＜項目の提示＞

- First, Firstly, First of all,　(最初の項目提示)
- Second, Secondly, Also, Additionally, In addition,　(2つ目の項目提示)
- Lastly, Finally,　(最後の項目提示)

＜締めのあいさつ＞

※本文から1行空けて入力し、さらに1行空けて差出人の名前を入力する。

- Thank you.
- Sincerely,
- Regards,
- Best regards,

Speaking / Writing

▶構文集

1．提案する（=suggestion）
- Why don't we ...?
- Why don't you ...?
- How about ~ing ...?
- In my opinion, you could ...
- I would like to suggest that S+V
- I recommend that S+V

2．依頼する（=request）
- Can you …?
- Would it be possible for you to do ...?
- I'm wondering if you could do ...

3．問い合わせる（=question）
- Can you tell me ...?
- Is it possible for me to do ...?
- Please tell me about ...
- I'd like to know more about ...

4．問題を説明する（=problem）
- I have a problem. Unfortunately, ...
- I would like to explain my / one problem.

6. 実践トレーニング

▶▶▶ Guided Practice 1: Membership Drive

1) Eメールを読み、3つの課題に対する考えをまとめます。

Directions:	Read the e-mail below.
From:	Billy Williams – Membership Secretary – College English Language Club
To:	All members
Subject:	Membership Drive
Sent:	March 15, 13:05

Dear Members,

Last year the membership of the College English Language Club fell from 300 members to 240 members, a fall of 20%. This year we hope to increase our membership by 100. Do you have any ideas how we can do this?

Directions: Respond to the e-mail as if you are a member of the College English Language Club. In your e-mail, make TWO suggestions for how to improve membership and explain ONE problem.

提案1：＿＿＿＿＿＿＿＿＿＿＿＿＿＿＿＿＿＿＿＿＿＿＿＿＿

提案2：＿＿＿＿＿＿＿＿＿＿＿＿＿＿＿＿＿＿＿＿＿＿＿＿＿

問題1：＿＿＿＿＿＿＿＿＿＿＿＿＿＿＿＿＿＿＿＿＿＿＿＿＿

2) 7分以内で返信メールを作成します。

（※解答例は「別冊解答」を参照してください）

Speaking / **Writing**

▶▶▶ Guided Practice 2: Internet Subscription

1）Eメールを読み、3つの課題に対する考えをまとめます。

Directions:	Read the e-mail below.

From:	Customer Services – AGT Internet Service Provider
To:	Mr. Tony Sands
Subject:	Internet Subscription
Sent:	June 8, 09:15 A.M.

Dear Mr. Sands,

I received an e-mail from you yesterday explaining that you wished to cancel your monthly Internet subscription. It would be useful to us if you could provide us with the reasons why you want to cancel.

Directions: Respond to the e-mail as if you are Tony Sands. In your e-mail, describe TWO problems that you have been having with your Internet service and give ONE piece of advice.

問題1：＿＿＿＿＿＿＿＿＿＿＿＿＿＿＿＿＿＿＿＿＿＿＿＿＿＿＿＿

問題2：＿＿＿＿＿＿＿＿＿＿＿＿＿＿＿＿＿＿＿＿＿＿＿＿＿＿＿＿

助言1：＿＿＿＿＿＿＿＿＿＿＿＿＿＿＿＿＿＿＿＿＿＿＿＿＿＿＿＿

2）7分以内で返信メールを作成します。

(※解答例は「別冊解答」を参照してください)

▶▶▶ Guided Practice 3: Summer Performance

1) Eメールを読み、3つの課題に対する考えをまとめます。

Directions:	Read the e-mail below.

From:	Ashberg Amateur Operatic Society
To:	All members
Subject:	Summer Performance
Sent:	July 18, 13:54

Dear Members,

This summer, we are performing the musical "Oscar Darling" at the Ashberg Civic Center, from August 14–17. As you know tickets for our events are very popular. Book now to avoid disappointment!

Directions: Respond to the e-mail as if you want to see this performance. In your e-mail, ask TWO questions and give ONE offer of help.

質問1：＿＿＿＿＿＿＿＿＿＿＿＿＿＿＿＿＿＿＿＿＿＿＿＿＿＿＿＿＿＿＿

質問2：＿＿＿＿＿＿＿＿＿＿＿＿＿＿＿＿＿＿＿＿＿＿＿＿＿＿＿＿＿＿＿

協力の申し出1：＿＿＿＿＿＿＿＿＿＿＿＿＿＿＿＿＿＿＿＿＿＿＿＿＿＿

2) 7分以内で返信メールを作成します。

(※解答例は「別冊解答」を参照してください)

7. 目標点レベル別アドバイス

【120点目標レベル】

Eメールを1分以内で読むことを目標にします。また3つの課題に対する発想のトレーニングは日本語でもできます。本書の解答例以外にもアイディアを練る練習をしましょう。Eメール作成に関しては、まず本書の解答例やテンプレートを覚えます。型どおりのEメールが5分前後でタイプできるよう練習してください。

【150点目標レベル】

Eメールを読み、3つの課題に対するアイディアをまとめるところまで2分以内でできることを目標にします。Eメール作成では、冗長な表現は避け、簡潔にまとめるよう配慮してください。1文を短くすることを心がけましょう。解答時間内に書きたいことをすべて書けるよう、タイピング練習も重ねてください。

【180点目標レベル】

ケアレスミスをせず、無難にまとめることが重要です。解答に際しては、3つの課題に対するアイディアを1文ずつタイプしてから、残り時間を見て2文、3文と付け加えていくのも有効です。日頃からよく使われるビジネスEメール表現をリサーチし、表現の幅を広げるよう心がけてください。

8. 練習問題

練習問題 1

Question 6

Directions:	Read the e-mail below.

From:	Jay Peters
To:	Kaldonia Customer Service Department
Subject:	My order
Sent:	December 17, 14:45

To whom it may concern:

One week ago I ordered a product from your Web site as a Christmas gift. Despite the money already having been debited from my account and delivery expected within five days, I have yet to receive anything. Can you tell me what has happened with my order?

Directions: Respond to the e-mail as if you work at the customer service department. In your e-mail, make TWO requests for information and explain ONE problem.

Question 7

Directions: Read the e-mail below.
From: Skippy Entertainment Services To: Emily Matthews Subject: Birthday Party Sent: September 13, 11:43 A.M. Dear Mrs. Matthews, Thank you for choosing Skippy Entertainment Services to organize your son's seventh birthday party to be held on September 23. In addition to clowns, we also have magicians, balloon artists, and more. We also provide a full catering service.
Directions: Respond to the e-mail as if you are Emily Matthews. In your e-mail, make TWO requests and explain ONE problem.

練習問題2

Question 6

Directions:	Read the e-mail below.

From:	Sharon Taylor – Company President – Astoria Entertainment Services
To:	Emily Addams – Marketing Director – Astoria Entertainment Services
Subject:	Female Membership Drive
Sent:	April 5, 14:05

Dear Emily,

As you are aware, we recently launched our online video on-demand system, which has been a great success so far among men. However, we are failing to attract females, both single and married, between the ages of (18-30). What ideas do you have about how we can succeed with customers in this age group?

Directions: Respond to the e-mail as if you are Emily Addams, the marketing director at Astoria Entertainment Services. In your e-mail, explain ONE problem and make TWO suggestions.

Question 7

Directions: Read the e-mail below.

From:	Mandy Phillips – Career Consultant – ABC Job Search
To:	Tony Davies
Subject:	Welcome
Sent:	January 7, 14:03

Dear Mr. Davies,

Thank you for signing up with ABC Job Search. We will do our best to help you find suitable employment during this difficult time. So that we can match you with suitable employment quickly, can I ask you to send me some information about your education, career, and other skills?

Directions: Respond to the e-mail as if you are Tony Davies. In your e-mail, give TWO pieces of information and ask ONE question.

Unit 9

Writing Test Question 8
Write an Opinion Essay
意見を記述する問題

---

1. 問題形式の説明

　Question 8 では提示されたテーマに対し、自分の意見を 300 語以上を目安に論述します。自分の意見を述べる Personal Opinion Essay といっても、自由な作文ではなく、英語のパラグラフ構成のルールに沿って論理的に展開します。解答時間は 30 分で、準備と見直しの時間も含まれます。解答はパソコン画面にタイプしますので、ミスなく速く打てるようタイピングも練習しておきましょう。

　提示されるテーマは Speaking Test Question 11 よりも状況設定が細かく、仕事・職場関連と身近な社会問題などが中心です。自分の主張を 1 つ選び、その理由を詳細情報や具体例などを交えて書きます。エッセイ全体で意見にぶれがないことが重要です。設問の種類は Speaking Test Question 11 と同様、提示された意見に同意するかしないかを選ぶ 2 択問題、2 つか 3 つの選択肢から自分が一番いいと思う選択肢を選ぶ問題、自由に自分の立場を選んで論じる問題などですが、1 つの事柄の長所や短所を論じる問題もあります。

　中・高等学校で英文エッセイの書き方を学ぶ機会のなかった学習者も多いと思います。英語のパラグラフ展開は日本語の起承転結と異なり、初めに自分の意見を表明し、続くパラグラフで論拠を明らかにする形です。Speaking Test Question 11

と考え方の基本は同じです。エッセイを書く基礎的スキルがあるかどうかが採点されますから、基本的な英語ライティングの型をこのセクションで学び、論理を展開する方法を身につけてください。ビジネスの交渉の場においてもこのスキルは役立つでしょう。

▶問題形式

課題内容	提示されたテーマについて、自分の意見を説得力のある理由、具体例を交えて論述する設定。ビジネスシーンのテーマについて同意するかどうか尋ねられる場合が多いですが、2つか3つの選択肢から自分がよいと思うものを選び、その論拠を具体例を交えて説明する問題もあります。
設問数	1問
執筆語数（目安）	300語
解答時間	30分

2. 採点・評価基準

▶採点項目
「意見を記述する問題」は以下の4点について採点されます。
- 理由や例を挙げて意見を述べているか。
- 文法
- 語彙・語句
- 構成

▶評価基準
Question 8 は 0〜5 の6段階で採点されます。

意見を記述する問題	
採点スケール	採点ポイント
5	テーマと課題に正確に取り組んでいる ・適切な説明、例、詳細を明確に示し、よく構成され、展開されている ・全体がよくまとまり、論理の発展性、一貫性がある ・一貫して言語運用能力がある。語彙・語句や文法の些細なミスはあるものの、多様な構文、適切な語彙・語句、慣用的な語法を使っている
4	十分に説明されていない点は多少あるが、テーマと課題に正確に取り組んでいる ・適切な説明、例、詳細を十分に示し、構成も展開も概ねよい ・同じ内容が繰り返されたり、話が脱線したり、つながりがあいまいな箇所がいくつかあるが、全体がよくまとまり、論理の発展性、一貫性がある ・言語運用能力があり、多様な構文を使い、幅広い語彙・語句もある。しかし、文の組み立てや語形変化、慣用的な語法に、理解を妨げない程度の些細な誤りが時折見られる
3	ある程度は効果的に、説明、例、詳細を示し、テーマと課題に取り組んでいる ・話の関連性が不明瞭な箇所があるが、内容にまとまり、発展性、一貫性がある ・正しい文を作成したり語彙・語句を使う力が一定しておらず、その結果、意味が不明瞭になる箇所がある ・構文、語彙・語句は正解だが、使えるものに限りがある
2	テーマや課題を十分に発展させていない ・全体の構成も話の関連性も十分ではない ・課題に対する結論の根拠や説明に必要な例、説明、詳細の示し方が適切でない、かつ不十分である ・語彙・語句の選び方、語形が適切でない ・構文、語法の誤りも非常に多い
1	詳細な説明が全く、もしくはほとんどなく、あったとしても的外れであり、課題に関係があるかどうか判断しかねる対応をしている ・全体のまとまり、話の展開とも全くない ・構文や語法の重大な誤りが頻繁にある

| 0 | 設問からそのまま言葉を写している。テーマを無視している、あるいはテーマと関連していない解答である。英語以外の言語で書いている。記号を使用している、または、無解答 |

(国際ビジネスコミュニケーション協会の資料より抜粋)

3．解答時のコツ

1．ブレーンストーミング

　初めの3, 4分で全体の構成を考えます。設問をしっかり理解し、自分の主張する立場を選び、それを裏づける理由と具体例をできるだけたくさん考えます。いったん論点がずれてしまうと制限時間内に修正することはなかなかできませんし、的確に質問に答えていないエッセイでは、良い評価はもらえません。焦る気持ちを抑えて、方向性を決めましょう。メモ用紙はありませんが、論点を画面に箇条書きにタイプしてみるのがいいでしょう。

2．ライティング

　ブレーンストーミングが終わったら、最初に自分の意見（Thesis Statement）、各パラグラフの1文目（Topic Sentence）、Conclusion（この段階ではThesis Statementと同じ文章で構わない）を1文ずつ書きます（書き方は後述）。
　それから各パラグラフを充実させます。

3．チェック

　最後の3分間を見直しにあて、下記の3点をチェックします。
- 質問に的確に答えているか。
- 致命的な文法の誤りはないか。（時制 / 人称代名詞 / 主語・動詞の一致）
- スペルミスはないか。

4. サンプル問題と解答例

Directions: In this part of the test, you will write an essay in response to a question that asks you to state, explain, and support your opinion on an issue. Typically an effective essay will contain a minimum of 300 words. Your response will be scored on

- whether your opinion is supported with reasons and/or examples,
- grammar,
- vocabulary, and
- organization.

You will have 30 minutes to plan, write, and revise your essay.

ディレクション： この問題では、質問に対して自分の意見を記述します。自分の意見を述べ、説明し、根拠を挙げてください。効果的な解答を作成するには少なくとも300語以上必要でしょう。作成した解答は、以下に基づいて採点されます。

・理由や例を挙げて意見を述べているか
・文法
・語彙・語句
・構成

構成を考え、書き、見直すための解答時間は30分間です。

Directions: Read the question below. You have 30 minutes to plan, write, and revise your essay. Typically, an effective response will contain a minimum of 300 words.

People have different ways of gathering information. What do you think is the best way of getting information?

A) From newspapers
B) From television
C) From the Internet

Use specific details and examples to support your opinion.

ディレクション： 以下の質問を読みなさい。構成を考え、書き、見直すための時間は30分です。効果的に意見を述べるには通常300語以上が必要でしょう。

人はさまざまな方法で情報を収集します。次に挙げるもので、あなたが最適と思う情報源はどれですか。

A）新聞
B）テレビ
C）インターネット
具体的で詳細な説明と例を示して自分の意見を述べなさい。

Sample Essay

In my opinion, the best way to gather information is from the Internet. There are several reasons for this. It is easily accessible, it is vast, and it is constantly updated.

The first reason is that it is easily accessible. Nowadays, the Internet can be accessed via computer, smartphone, or on a tablet. As a result, it is possible for people to get information from almost any place. For example, last week I was sitting on the beach, and I wanted to know Tokyo's weather for the following week. I was quickly able to access the Internet on my phone and get the information I wanted within minutes.

The second reason is that it is vast. There are millions of Web sites that can be accessed quickly. This means that I can get almost any information I want however strange or random it might be. For example, by using the Internet, I can find out the population of Afghanistan, the birth date of Napoleon, and the average size of a cobra all within a few minutes. This wealth of information can then be double-checked on other Web sites to check its accuracy.

The final reason is that it is constantly updated. As information changes, books quickly become outdated. Television shows made years ago also become outdated. Newspapers that were printed weeks ago also become outdated. The Internet is alive and can be updated instantaneously. Let me tell you a good example. A friend of mine has a Web site that is a tribute to his favorite music group. He is able to add new pictures, add new information about dates, and correct any mistakes very quickly. This means that his Web site has reliable information and is a good source of information.

In conclusion, I think that the Internet is the best way for a person to get information. It is accessible, it is vast, and it is constantly updated. （320 words）

> 　私の考えでは情報収集にはインターネットを活用するのが最適だ。その理由は、簡単に使え、情報の量が膨大で、常に最新情報に更新されているからだ。
> 　私が情報収集にインターネット利用が一番いいと考える1つ目の理由は、インターネットは気軽に利用できることだ。最近ではコンピューター、スマートフォン、タブレット型端末などでインターネットが使用でき、ほとんどどこからでも情報収集が可能になった。たとえば、私が先週ビーチにすわっていた時のことだ。東京の翌週の天気を知りたいと思ったので、すぐ携帯からインターネットに接続し、知りたい情報を数分で手に入れることができた。
> 　2つ目の理由は情報量の多さだ。インターネット上には即座に接続できるウェブサイトが何百万とある。すなわちどんなに突飛で思いつきの情報であっても、知りたい情報はほぼ何でも手に入るわけだ。たとえば、インターネットを使えばアフガニスタンの人口も、ナポレオンの誕生日も、コブラの平均的な大きさも数分でわかる。情報量が豊富なので情報の正確さはほかのサイトを使って確認することもできる。
> 　最後の理由はインターネット上の情報は常に更新されている点だ。情報が変われば本の情報はすぐ古くなる。数年前のテレビ番組も古臭い。数週間前の新聞も情報が古くなっている。インターネットは存続しているので即座に更新できる。ちょうどよい例を挙げよう。私の友人がお気に入りの音楽グループのためのサイトを持っているが、彼は新しい写真をアップしたり、公演の日程を付け加えたり、間違いの訂正を瞬時に行なえる。ということは、彼のウェブサイトは信頼でき、よい情報源だといえる。
> 　以上のことから、私は情報を得る方法としてインターネット活用が一番よいと考える。簡単に利用でき、情報量が膨大で、常に更新されているからだ。(320 語)
>
> 【注】
> □ accessible　入手しやすい、理解しやすい　　□ vast　膨大な、非常に大きい
> □ nowadays　このごろは、現今では　　□ however　どんなに…でも
> □ random　手当たりしだいの、無作為の　　□ population　人口
> □ wealth　豊富、多数　　□ accuracy　正確さ、精密さ
> □ outdated　時代遅れの　　□ instantaneously　即座に、たちどころに
> □ tribute　（称賛・尊敬のしるしとしての）賛辞、ささげ物
> □ reliable　信頼できる、確かな　　□ source　（情報などの）出所、典拠

5．ポイント解説

1．パラグラフ構成

　この項ではまず Opinion Essay 問題で求められている、英語の一般的なパラグラフ構成について学びます。よく構成されていることは、論理の一貫性と説得力のある展開に欠かせません。

Speaking / Writing

1st Paragraph [Introduction]

Thesis Statement（自分の考え）
Bodyへのつなぎ
（意見をサポートする理由①②③）

2nd Paragraph [Body 1]

Topic Sentence（理由①）
詳細情報
具体例

3rd Paragraph [Body 2]

Topic Sentence（理由②）
詳細情報
具体例

4th Paragraph [Body 3]

Topic Sentence（理由③）　短く反対の立場をサポート
詳細情報
具体例

5th Paragraph [Conclusion]

Conclusion（結論）　Thesis Statement の言い換え
理由の言い換え

　サンプル問題では、あなたがどのような方法で情報を集めることが一番いいと思うか、意見を求められています。新聞を読む、テレビのニュースを見る、インターネットで調べる、の3つの選択肢からあなたにとって最良の方法を選びます。まず Sample Essay のパラグラフ構成を見てみます。

1) Introduction（1st Paragraph）の役割

　初めのパラグラフは導入（Introduction）です。Introduction の役割は、自分の意見（Thesis Statement）を表明し、このエッセイ全体でどのような論理展開をしていくか、内容の方向づけを読者に示すことにあります。英語の論理展開では結論を初めに持ってくることが鉄則です。そして初めに示した結論がぶれずに最後まで貫かれなくてはなりません。

　Question 8 は受験者の意見を聞く Personal Essay ですから、Sample Essay では1文目に書き手の意見が書かれています（In my opinion, the best way to gather information is from the Internet.）。その次の文で、自分の主張を裏づける理由を述べます。ここで簡潔に理由を述べることにより、このあとのパラグラフの展開を読者に示します。Sample Essay では後続のパラグラフで述べられる3つの理由が示されています（There are several reasons for this. It is easily accessible, it is vast, and it is constantly updated.）。

2) Body（2nd, 3rd, 4th Paragraph）の役割

　Sample Essay の Introduction に続く 2nd, 3rd, 4th Paragraph を Body と呼び、ここでは具体的な例を挙げて説得力のある論を展開します。英語のパラグラフ構成では必ず1つのパラグラフに1つのアイディアだけを論ずるという決まりがありますから、理由の数だけ Body Paragraph が存在することになります。

Introduction で簡潔に述べた理由を Body で順に展開する形です。

　各 Body Paragraph の1文目は Topic Sentence と呼ばれ、パラグラフ全体のまとめを示す最も重要な文です。エッセイ全体の構成と同じくパラグラフ単位でも結論が先に来るわけです。Thesis Statement と Topic Sentence だけ読めば読者がエッセイ全体の内容をある程度把握できるように書きます。また、「つなぎの言葉（Transition Words）」（222 ページ参照）を的確に使い、前後のパラグラフとつながりを示すことも大切です。

　例として Sample Essay の第2パラグラフを見てみましょう。このパラグラフでは、理由①について論じています。

The first reason is that it is easily accessible. Nowadays, the Internet can be accessed via computer, smartphone, or on a tablet. As a result, it is possible for people to get information from almost any place. For example,（後略）

　赤い網掛けになっている初めの文章が Topic Sentence です。Introduction で述べた初めの理由（情報に簡単にアクセスできる）です。その次の文章で、いかに情報が身近になってきたか論じています。抽象的にではなく、具体的に論じることが大切ですが、2文目ですでに computer, smartphone, tablet など具体的な物を挙げています。

　For example から続く文は具体例です。Sample Essay では自分の経験談を例として示しています。例は先に述べた理由を具体的に説明するものであれば何でも構いません。

3) Conclusion（5th Paragraph）の役割

　最後のパラグラフは結論（Conclusion）です。このパラグラフでは必ず Introduction で述べた自分の意見をもう一度述べます。簡潔にわかりやすい文で書くことが大切です。この時なるべく Introduction で使った言いまわしを避け、Paraphrase（言い換え）して書きます。Introduction と Conclusion の意見は、必ず一致していなければいけません。その文に続けて、自分の意見の裏づけとなる理由をもう一度（できれば言い換えて）述べます。このパラグラフを省略することはできません。

4）補足

　このセクションで取り上げているパラグラフ構成は Five-Paragraph Essay と呼ばれる基本の型です。これは英語のライティング構成の1つの基本的な型であり、トピックの展開の仕方はほかにもいろいろあります。しかしながら、基本の型をマスターすることでこのセクション（Writing Test Question 8）には十分対処できますので、まずはこの構成を習得することを考えましょう。Five-Paragraph Essay は 120〜140 点を目標とする受験者にも取り組みやすく、また 180 点をめざす受験者でもこの型で高得点を狙うことができます。

2. 各パラグラフの書き方

　このセクションでは、実際にどのように Introduction, Body, Conclusion を書くか、実践しながら学びます。初めのうちは時間制限を設けずに、下記の点に留意して書く練習をしましょう。

1）ブレーンストーミングとアウトライン

　「3. 解答時のコツ」（204 ページ参照）の項でも述べましたが、制限時間 30 分のうち、最初の 3, 4 分はアウトライン（Outline：全体構成）を考える時間にあてます。Essay Writing は考えをまとめ、アウトラインを書くことが 50%、実際のエッセイを書くことが 50% といえるほど、事前に書く内容と展開をはっきり決めておくことが大切です。練習の段階でいろいろな設問に対しブレーンストーミングを行ない、ノートやカードに考え付く理由、それを裏づける具体例を記録しておきます。テスト受験の前にその資料を見返し、テストの時は事前に用意した理由、具体例があてはめられないかをまず考えます。

　エッセイでは質問に的確に答えることが一番重要です。質問を何度か読み、しっかり理解し、自分の立場を選び、それに対する理由と具体例を 2 つか 3 つ考えます。アウトラインの段階で文章を書こうとすると時間をとられるので、単語の羅列にとどめておきます。アウトラインを書いた時点で、使えそうな単語のリストができます。慣れるまでは日本語でアウトラインを書いてみてもよいでしょう。論理の展開にぶれがないかを確認しやすく、書き始めたあとでも論点がずれていないか容易に確かめられます。慣れてきたら英語でリストを作りましょう。

　ここでは、サンプル問題のほかの 2 つの選択肢（新聞もしくはテレビから情報を

得る）のどちらかを選択した設定で、理由と具体例を書き出してみましょう。

From newspapers
Reason 1　＿＿＿＿＿＿＿＿＿＿＿＿＿＿＿＿＿＿＿＿＿＿＿＿＿
　　Example 1　＿＿＿＿＿＿＿＿＿＿＿＿＿＿＿＿＿＿＿＿＿＿＿＿＿
Reason 2　＿＿＿＿＿＿＿＿＿＿＿＿＿＿＿＿＿＿＿＿＿＿＿＿＿
　　Example 2　＿＿＿＿＿＿＿＿＿＿＿＿＿＿＿＿＿＿＿＿＿＿＿＿＿
Reason 3　＿＿＿＿＿＿＿＿＿＿＿＿＿＿＿＿＿＿＿＿＿＿＿＿＿
　　Example 3　＿＿＿＿＿＿＿＿＿＿＿＿＿＿＿＿＿＿＿＿＿＿＿＿＿

　なかなかアイディアが浮かばない場合は、mind map と呼ばれる次ページにあるような図を使って自分の考えを整理する方法もあります。まず中心に選択肢を1つ書きます（Newspaper）。次に、それを中心に、理由となりそうな語句を書きます（share information with others, daily, reliable）。さらに具体的な特徴やメリットを思いつくまま書いていきます。アイディアが出尽くしたと思ったところで整理してみます。くだらないと思えるようなことも書き足していくのがコツです。日本語で書いたほうがアイディアが出やすいようであれば、日本語で構いません。

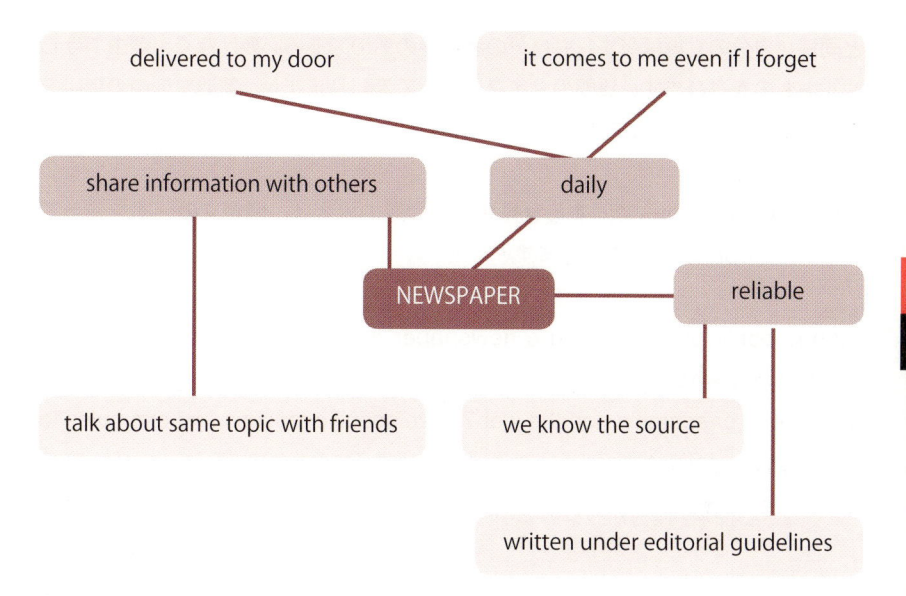

```
            delivered to my door           it comes to me even if I forget

    share information with others          daily

                     NEWSPAPER                       reliable

    talk about same topic with friends     we know the source

                                           written under editorial guidelines
```

テレビから情報を得ることを選択する場合のアイディアを出してみましょう。

From television

　　Reason 1　　　　_____
　　　Example 1　　_____
　　Reason 2　　　　_____
　　　Example 2　　_____
　　Reason 3　　　　_____
　　　Example 3　　_____

２） Introduction の書き方
i． 設問の種類と書き出しの文章

　アイディアが整理できたら Introduction で自分の立場をはっきり表明します。凝った表現を避け、時間をかけずに簡潔に書きます。Speaking Test Question 11

Speaking / **Writing**

と同様、自分の立場は必ずしも自分の考えそのものである必要はなく、理由づけしやすいものを選びます。質問のタイプによって変わりますが、質問文の中の単語を使ったりして書くとよいでしょう。

- 2つの選択肢から賛同する意見を選ぶ問題の場合は、問題文の一部を使ってThesis Statement を書きます。

Some people prefer to read a newspaper and others prefer to search on the Internet when gathering information. Which do you prefer, reading a newspaper or searching on the web? Give specific reasons and examples to support your opinion.

> 情報を集める時に新聞を読む人とインターネットで検索する人がいますが、あなたはどちらを選びますか？理由と具体例を示して自分の意見を述べなさい。

⇒ I prefer to **read a newspaper when gathering information**.

> 情報収集の際には新聞が読みたい。

- 提示された意見に対し賛成か反対か答える問題の場合は、その意見（statement）の文言を利用して書きます。

Do you agree or disagree with the following statement? "The Internet is the best tool to gather information." Give reasons and examples to support your opinion.

> あなたは次の内容に賛成ですか、反対ですか？「インターネットは情報収集に最も適している。」理由と具体例を示して自分の意見を述べなさい。

⇒ I disagree with the statement that **the Internet is the best tool to gather information**.

> インターネットは情報収集に最も適しているという意見には反対である。

- ある事柄の長所や短所を自由に論ずることを求める設問もあります。この場合はエッセイで論じる advantage と disadvantage を最初の文章でまず提示す

るといいでしょう。

Some people prefer to gather information through the Internet. Discuss the advantages and disadvantages of this. Use specific reasons and examples to support your answer.

> インターネットを使って情報を集める人がいます。この場合の長所と短所について、理由と具体例を示して自分の意見を述べなさい。

⇒ Gathering information via the Internet is becoming the norm nowadays. We can get the latest information quickly. However, we may take things at face value and thus lose the ability to analyze or examine the information deeply.

> インターネットを使っての情報収集は、現在では当たり前のことであり、最新の情報を迅速に得ることができる。しかし情報をそのまま受け止めることにより、情報を踏み込んで分析し検討する能力を失ってしまうかもしれない。
>
> 【注】
> □ norm　標準　　□ at face value　額面どおりに、表面どおりの意味で

いずれの場合も質問の意味を取り違えていないかよく考え、Thesis Statement が質問の答えになるように書きます。I think so. や I agree with the statement. だけでは短すぎます。質問文の文言をうまく利用しましょう。

ⅱ．エッセイ全体の展開を示す

　自分の意見を明らかにしたあとは、その立場を裏づける理由を列挙します。

There are three reasons for this. The information source is reliable, it is delivered to my door, and the articles can easily be shared with others.

> これには3つの理由がある。情報源が信頼でき、毎日配達され、ほかの人と一緒に読むことができるからだ。

この際、3つの理由を表わす表現は同じ形になるよう（句と句、節と節、名詞と名詞、形容詞と形容詞など）気を付けます。正しい並列関係になっているかチェックしてください。

3） Bodyの書き方
i. Topic Sentence と 詳細情報

　Introductionの後半で述べた理由を（できれば）言葉を言い換えてTopic Sentenceにします。その次の文で、Topic Sentenceを補強するためのより詳しい情報を入れます。理由はなるべく簡単で説明しやすいものを選びます。抽象的で包括的な理由を選ぶと、300語では説明しきれません。また抽象的な説明のみでは説得力の弱いエッセイになってしまいます。

First of all, we can usually trust the newspaper to print information from reliable sources. The articles are often written under strict editorial guidelines, so we do not usually have to be concerned about the credibility of the news contained within.

> １つ目の理由は、新聞記事の情報源は確実だと信頼できるからである。記事は厳格な編集指針に従って書かれているので、ニュースの信ぴょう性について普通は疑う必要がない。
>
> 【注】
> ☐ strict　厳格な、厳しい　　☐ editorial　編集の、編集上の　　☐ guideline　指針、指標
> ☐ be concerned about　…について心配している　　☐ credibility　信ぴょう性
> ☐ contain　（内容・構成部分として）含む、包含する

ii. 具体例の書き方

　次は具体例です。つなぎの言葉（Transition Words; 赤字で表示）を入れ、論理の方向性を明確にします。効果的なつなぎの言葉の使い方については221ページを参照してください。

For example, the other day I was trying to get some details about an explosion that had happened in my town from the Internet. I browsed a lot of Web sites that explained the cause, **but** the information seemed to vary depending on which Web site I looked at. **Furthermore**, none of the pages listed the sources of their information, **so** I was not able to get reliable information despite hours of searching. **Finally**, I bought a copy of the evening newspaper and found the reliable information I had been seeking.

たとえば、先日私たちの町で起きた爆発事故についてインターネットで情報を集めようとした時のことだ。インターネットで調べてみると原因を説明するサイトは数多くあったが、サイトによって情報がかなり異なっているようで、それに加えてどのサイトも情報源を明らかにしておらず、何時間検索しても信頼のおける情報に行き当たらなかった。結局、夕刊を買って信頼のおける情報を手に入れた。

【注】
□ explosion 爆発　　□ browse （インターネットなど）を閲覧する　　□ cause 原因
□ seem …のように見える、…らしい　　□ vary （多くのものが）互いに異なる、さまざまである
□ depend …次第である、…による　　□ despite …にもかかわらず

　具体例は理由をサポートする重要な部分です。学習者のエッセイの多くは抽象的な言葉で説明を終わらせてしまい、理由の裏づけとなる詳細情報や具体例が少ない傾向があります。具体的であれば、一般的なことであっても自分の体験談であっても構いませんが、Sample Essay のように自分の経験談を脚色したものを含めると書きやすいでしょう。この際に気を付けたいのが時制の使い方です。一般的な事柄を説明する時は現在形で、自分の経験談を交える場合は過去形を使います。

　また、具体例を出して説得力を持たせることは、英語を使う上での重要な要素の1つです。今や英語は英語圏の人との意思疎通の道具のみならず、世界のほかの言語を話す人との意思疎通のツールです。具体例を入れることで読み手が書き手の考え方を視覚化し、また身近に感じ、文化の違いを超えて理解する助けになります。反対に具体例のない文章では、書き手は一貫性のある文章を書いているつもりでも読み手には言わんとする真意が伝わらず、現実には説得力のない文章になってしまいます。ある程度英語力がある学習者で得点が伸び悩んでいる場合は、具体例をチェックし、読み手が視覚化できる情報を盛り込んでいるか見直してみましょう。

　このエッセイの読み手（採点官）がアメリカ在住のアメリカ人である点にも注意が必要です。世界各国の受験者のエッセイを毎日採点していますが、各国の事情に通じているわけではありませんので、具体例に日本固有の事象を用いるのはなるべく避けたほうがよいでしょう。用いる場合は必ず説明を付けます。

iii. 補足

　さらに、4th Paragraph で自分が支持しているのと異なる選択肢の利点を挙げることもできます。たとえば、新聞を好ましい情報源に選択した場合、インターネットを使う利点について簡潔に書きます。ただし、あくまでも自分の意見を強調するためですから、However, Having said that, All things considered などの表現に

Speaking / Writing

続けて、「…にもかかわらず、やはり新聞のほうがよい」と結論づけてください。

On the other hand, getting information from the Internet can be good sometimes. Nowadays, the Internet is often accessible via computer, smartphone, or on a tablet. As a result, it is possible for people to get information from almost any place. Having said that, the reliability of the information that is published on the Net is sometimes difficult to validate. In comparison, news in the newspaper is more reliable most of the time.

> 一方で、インターネットから情報を得ることがよい場合もある。最近ではコンピューター、スマートフォン、タブレット型端末などでインターネットが使えるので、どこにいても情報収集が可能になった。その反面、サイトの情報の正当性を立証するのはむずかしいこともある。それに比べて新聞記事はほとんどの場合信頼がおける。
>
> 【注】
> □ validate　…の正当性を立証する、…を正当と認める
> □ in comparison　（前述のものと）比較すると、それと比べると

　また、advantage と disadvantage を論ずることを要求している質問の場合は、パラグラフごとにテーマを決め、各パラグラフの中で advantage と disadvantage を論ずる形にすることもできます。

The Internet is easily accessible and there are millions of sites that can all be accessed quickly. This means that I can get almost any information I want. However, just as we can get this information at the click of a mouse, this perhaps makes the search too easy. Before the advent of the Internet, we had to gather information from a variety of sources, e.g. libraries, newspapers; this made our quest for information perhaps more meaningful.

> インターネットは簡単に利用でき、何百万ものサイトにすぐアクセスできる。要するに知りたい情報は何でも手に入る。しかしながら、情報がマウスをクリックすればすぐ手に入るので検索がやさしくなりすぎている。インターネットの出現前は図書館、新聞などいろいろなところから情報を収集していた。情報収集はもう少し意味のあることだったかもしれない。
>
> 【注】
> □ advent　出現、到来　　□ e.g.　たとえば　　□ quest　追求、探究
> □ meaningful　有意義な、意味のある

4）Conclusion の書き方

　Conclusion では Introduction で明確にした主張を再提示するにとどめます。決して新しいアイディアを加えないようにしてください。新しいアイディアを加える場合は Introduction でもそれを表明し、Body Paragraph を増やさなくてはいけません。Conclusion では Introduction と違う表現を使うことが理想ですが、時間的に厳しい場合は、同じ表現でもいいので自分の主張を繰り返してください。

　「3．解答時のコツ」（206 ページ参照）でも述べましたが、エッセイを書き始める段階で仮の Conclusion を書いておきましょう。エッセイを書いている途中で解答時間が終わってしまっても、Conclusion なしのエッセイになることは避けられます。

3. つなぎの言葉とその使い方

　話の流れをよくするために「つなぎの言葉」は不可欠です。特に Body ではつなぎの言葉を効果的に使い、まとまりのある議論を展開します。222 ページによく使われる「つなぎの言葉」をリストにしてあります。議論の方向性に合わせて適切な語を選び、用法に気を付けて正しく使ってください。

- （前）は前置詞で、うしろに名詞（名詞句）がきます。
- （接）は従属接続詞で、主語と述語のある節が続きます。その節の前かあとに主節がきます。

We（主語）had to wait（述語）in the bus when it（主語）started（述語）raining.
　　　　　　　　主節　　　　　　　　　　　　　　　　　　従属節

When it（主語）started（述語）raining, we（主語）had to wait（述語）in the bus.
　　　　　従属節　　　　　　　　　　　　　　　　　　主節

雨が降り出した時、私たちはバスの中で待っていなくてはならなかった。

　従属接続詞には、when, while, since, after など「時」を表わすもの、if , although など「条件」や「譲歩」を表わすもの、because, as など「理由」を表わすものがあります。because はほかの従属接続詞と同様、従属節を作り主節をともないますが、Because I am late. のように、主節をともなわない独立した 1

Speaking / Writing

文として書いてしまう学習者が多く見られますので注意が必要です。

- （副）は副詞です。カンマの付いているものは文頭で使います。接続詞のような意味を持つもの（however など）もありますが、接続詞ではないので独立節と独立節を結びつけることができませんから、次の（誤）の文章のように接続詞の代わりには使えません。独立節と独立節を結びつける場合はセミコロン（;）を使います。

正 I browsed a lot of Web sites that explained the cause**, but** the information seemed to vary depending on which Web site I looked at.

> 原因を説明するサイトは数多くあったが、サイトによって情報がかなり異なっているようだった。

誤 I browsed a lot of Web sites that explained the cause**, however,** the information seemed to vary depending on which Web site I looked at.

正 I browsed a lot of Web sites that explained the cause**; however,** the information seemed to vary depending on which Web site I looked at.

> 原因を説明するサイトは数多くあった。ところがサイトによって情報がかなり異なっているようだった。

▶つなぎの言葉（Transition Words）

※前→前置詞、接→接続詞、副→副詞

i. 時を表わすつなぎの言葉

before（前、接）…の前に	during（前）…のあいだに、…中に
after（前、接）…のあとに	at the same time, それと同時に
since（前、接）…以来	finally,（副）最後に、ついに
next,（副）次に	

ii. 順序 / 程度を表わすつなぎの言葉

firstly, （副） 第1に、最初に	the second reason is 第2の理由は
secondly, （副） 第2に、次に	to begin with, まず
finally, （副） 最後に、ついに	most importantly, 最も大事なことは
lastly, （副） 最後に	basically, （副） 基本的に
one reason is primarily, まず、第一の理由は	
the first reason is essentially, 基本的に最初の理由は	
another reason is principally, おもに別の理由として	

iii. 比較 / 対象を表わすつなぎの言葉

similar to A, Aと同じように	even though （接） …にもかかわらず
similarly, （副） 同じように	unlike （前） …とは違って
also, （副） …もまた	otherwise, （副） さもないと
at the same time, 同時に	in contrast to …と対照的に
in the same way, 同じように	on the other hand, 一方
likewise, （副） 同じく、同様に	

iv. 原因 / 結果を表わすつなぎの言葉

for this reason, この理由により	because （接） なぜなら
since （接） …なので	because of （前） …のために
as a result, 結果として	therefore, （副） それゆえ
due to （前） …のために	owing to （前） …のために

Speaking / Writing

consequently,（副）その結果、それゆえに	so that（接）そのため、…だから

v. 説明を加えるつなぎの言葉

in other words, 言い換えれば	for instance, たとえば
to illustrate, 例を挙げれば	such as …のような（※文頭には来ないので注意）
to explain, 説明すると	to clarify, 明確にしておきたいのは
that is すなわち	

vi. 追加を表わすつなぎの言葉

in addition,（副）さらに、それに加えて	furthermore,（副）さらに
moreover,（副）その上、しかも	what's more, さらに、もっと
besides,（副）…に加えて	additionally,（副）それに加えて
similarly,（副）同じように	in fact, 実際のところ

vii. 要約/結論を表わすつなぎの言葉

all in all, 概していえば	to conclude, 最後に、結論としては
lastly,（副）最後に	in conclusion, 終わりに、結論として
as a result, 結果として	finally,（副）最後に、ついに
in summary, 要約すると	for these reasons, こうした理由により

4. 練習方法

　和文英訳以外に、英語で文章を書いたことがない方も多いと思います。英文を書き慣れていないうちは300語書くこと自体大変です。その上、アウトラインを考え

る時間や見直しを含めて 30 分間で自分の意見を理論的に展開しなくてはいけませんから、実践的な練習が必要です。しかしながら、構成を理解して何回か練習を重ねると、今まで取り組んでいなかった分野だけに、多くの学習者が急激な上達を感じるようです。以下の手順で練習を重ねてください。

- 質問の意図するところをつかみ、3 分間でアウトラインを書く練習を行なう。
- 時間をかけずにアイディアが出せるようになったら、各パラグラフを単独で書く。語数は、Introduction が 30 〜 40 語、各 Body Paragraph が 80 〜 100 語、Conclusion が 25 〜 35 語を目標にする。

日本語で頭に浮かんだ言葉にぴったり合う英語の表現が思いつかない場合は、そこですぐ和英辞書を引くのではなく、以下の方法で英語の表現を考えます。

① 「外国人に説明するような気持ち」で、日本語そのものを噛み砕いた表現に変える。
例）　転勤する　　→　　違う支店で働く
② その日本語表現を英語で説明する。
例）　違う支店で働く　→　work at a different branch

このように考えれば、transfer という言葉を思いつかなくても、とりあえず説明できます。1 つの日本語の単語に 1 つの英語の訳語と堅苦しく考えずに、柔軟に表現しましょう。

5.　多彩な種類の文章の使い方

　Writing Test Question 8 の採点基準の中に、多様な構文が使えていることとあります。Speaking Test の時には文章はなるべく単純に短くし、流暢さに重きを置きますが、Writing Test ではいろいろな種類の文章を混ぜて書きます。ただし、1 文に含める新しい情報は必ず 1 つにとどめます。

　Speaking Test Question 11 の 8.「文章の組み立て方」(148 ページ参照) では文型の復習をしました。このセクションではそれを土台に、どのように文章を長くしていくか考えます。

Speaking / Writing

i. 単文 / 複文 / 重文 を組み合わせて書く

単文 単文とは文章の中に主語と述語が１つずつある文のことです。単文は力がありますので、要所要所ではっきり自分の意見を主張したい場合などに使うと効果的です。

In my opinion, **the best way to gather information**（主語）**is**（述語）from the Internet.

複文 主節と従属節（従属接続詞節、関係代名詞節）からなる文で、名詞節、形容詞節、副詞節を含みます。詳しくは ii の「名詞節、形容詞節、副詞節」を参照してください。

As information changes（従属接続詞 as の導く従属節）, books quickly become outdated.

I was quickly able to access the Internet on my phone and get the information **(that) I wanted**（関係代名詞節）within minutes.

重文 and, but, or, so（等位接続詞）が２つ以上の独立節（主語と動詞を含む言葉の集まり）を結合している文章です。接続詞の前に必ずカンマを入れます。

For example, **last week I was sitting on the beach**, and **I wanted to know Tokyo's weather for the following week**.

ii. 名詞節、形容詞節、副詞節

　英語の文章は古い情報（前述の情報）を述べ、それから新しい情報を足して文がつながっていきます。節を含んだ文章を書くことで、１つの文章に両方の情報を入れることができます。以下の例をご覧ください。古い情報のあとに新しい情報が付け加えられています。

However, just as we can get this information at the click of a mouse（前述の情報）, this perhaps makes the search too easy（新しい情報）.

　節は文中での働きによって名詞節、形容詞節、副詞節に分けられます。

名詞節　主語と述語を含む言葉の集まりで、文の中で名詞の位置に入り、名詞と同じように主語、補語、目的語としての働きをします。具体的には接続詞（that, whether）、疑問詞（Who, which, how など）、先行詞を取らない関係詞（what, whatever など）に導かれた節で、名詞のうしろで同格節になる時もあります。
The first reason（主語）is（述語）**that it is easily accessible**（補語として働く名詞節）.

形容詞節　名詞（先行詞）のあとに入り、名詞を修飾します。先行詞を取る関係代名詞や関係副詞（who, which, where など）に導かれた節です。
I was quickly able to access the Internet on my phone and get the information（**that**）**I wanted**（先行詞 the information を説明する形容詞節）within minutes.

副詞節　副詞的な意味（時、理由、条件、譲歩、様態など）を持つ節で、従属接続詞（when, because, if, although, as など）に導かれた節です。
As information changes（様態を表わす副詞節）, books quickly become outdated.

6. 自己チェック

エッセイを書き上げたら、時間をおいて以下のポイントをチェックします。
- 質問に的確に答えているか。
- 理由は説得力があるか。
- 具体例はそれぞれの理由の説明になっているか。
- Conclusion は Thesis Statement と論点がずれていないか。
- つなぎの言葉を使って論旨の展開が読者にわかりやすく書けているか。
- スペリングに間違いはないか。
- 主語と述語の関係、人称代名詞、時制は正しく使えているか。
- 多彩な構文を使っているか。

Speaking / **Writing**

6. 実践トレーニング

▶▶▶ Guided Practice 1

Some people prefer to take a job that requires a lot of traveling either domestically or internationally. What is your opinion about taking a job that requires a lot of traveling? Give reasons and examples to support your opinion.

（※解答例は「別冊解答」を参照してください）

1. アウトラインを考えます。自分の意見、その理由、具体例を整理しましょう。この段階では単語のリストで構いません。

Thesis statement : _____
Reason 1: _____
  Example 1: _____
Reason 2: _____
  Example 2: _____
Reason 3: _____
  Example 3: _____

2. Introduction、各 Body Paragraph の最初の文章（Topic Sentence）、そして Conclusion をタイプします。
3. 理由と具体例を交えて、それぞれのパラグラフを充実させます。
4. 自己チェック。

▶▶▶ Guided Practice 2

Do you agree or disagree with the following statement. "All restaurants should adopt a non-smoking policy." Give reasons and examples to support your opinion.

（※解答例は「別冊解答」を参照してください）

Thesis statement : _____
Reason 1: _____
　Example 1: _____
Reason 2: _____
　Example 2: _____
Reason 3: _____
　Example 3: _____

7.　目標点レベル別アドバイス

【120点目標レベル】
i.　英文を書く練習

　英文を書くことに慣れていない人は、英語で日記をつけるなど、まずは英文を書く機会を増やしましょう。初めは小学生の日記のような内容で構いません。朝起きてから今まで何をしていたかなど、英語で考えて書ける文章を書いてみます。一日経ったところで、文法チェックをします。主語と述語の関係は正しいか、時制は正しいかなどの点だけでもいいので、自分の力でよりよい文章を書く方法を考えます。

　日本語で書いて英語に訳すことは決してせずに、短くてもいいですから、初めから英語で書ける文章をたくさん書く練習をしましょう。機会があれば、自分の文章を人にチェックしてもらうとよいですが、書いた文章をそのまま直してもらうと、直してもらったことがなかなか身につきません。辞書などを使って自分で直せるところまで直し、それからアドバイスをもらうのがいいと思います。

　まずは各パラグラフを単独で書くことから始め、慣れたらエッセイを書きます。300語に達しない場合の多くは、ライティング力不足というよりアウトラインをしっかり考えていないことが原因です。語数を増やすために関係ない情報を付け加えたり、同じことを繰り返してしまうのは、評価にとってマイナスでしかありません。書く前の準備に時間をかけてください。

ii.　タイピング力をつける

　パソコンの普及でキーボードを打つことには慣れていると思いますが、2本の指

でタイピングをすませているようでしたら、これを機会にキーを見ずに10本の指を使って打つ「タッチタイピング」を覚えましょう。ウェブ上にタッチタイピング練習用の無料サイト（日本語ではなく英語のタイピングを練習するサイトを選びます。たとえば http://miler.technion.ac.il/blindtype/NetKeyboard.html など）がいろいろありますので利用してください。実際のテストの時にはスペルチェッカーはありません。ミスタイプの数が多いと、スペルミスと判断され減点されますので、英語のタイピングスキルも大切です。ワープロソフトのスペルチェック機能をオフにして打ってみて、自分のミスの傾向を知ることも大切です。

iii. 使える表現を増やす

　使える表現を増やすことは短時間でできることではありません。日頃から、やさしいニュースを読んだり聞いたりするインプットが大切です。また、エッセイを書く前に使いたい表現を辞書などで調べてリストにしておき、それを使って書く練習をするのも効果があるでしょう。その際、今まで使ったことのない単語や表現ではなく、実際のテストでもむりなく使えるようなものを選ぶことがポイントです。さらに、本書の Sample Essay から自分が使いたい表現を抜き出し、それを使ってエッセイを書く練習をしてみてください。書き上がった自分のエッセイと Sample Essay を比べてみましょう。

【150点目標レベル】

　300語のエッセイが書けるようになったら、今度は時間を意識した練習をします。時間配分、自分に適したアウトラインの書き方を考えてください。いろいろなトピックについて、理由を3つ、具体例を3つ考える練習も本番で役に立ちます。書いたエッセイは少し時間をおいて自己チェックします。辞書を使って形容詞や副詞などを付け加えてよりよい文章にします。

【180点目標レベル】

　このレベルをめざすには、より長いエッセイ（400語くらい）を30分で書けるよう練習してください。多彩な語彙を使えるようになるために、書いたあとで辞書を使ってよりよい表現を付け足します。実際のテストの時は、語彙の使い方を間違えると減点されるリスクが高いので、自信の持てない表現を使うことは避けたほう

がいいでしょう。文の構成も見直し、単文、複文、重文を使っているか、名詞節、形容詞節、副詞節を織ぜているかチェックしてください。英語力があっても点数の伸び悩みを感じる時は、質問とエッセイの主張がずれていないか、具体例が適切か、Topic Sentence が Body Paragraph の要約になっているか、の3点を自己チェックしましょう。

8. 練習問題

練習問題1

What do you consider to be important qualities of a good supervisor? Give specific reasons and examples to support your opinion.

練習問題2

Should governments spend more money on welfare for the elderly or on supporting newly launched businesses? Why? Use specific reasons and details to develop your essay.

練習問題3

Do you agree with the following statement? "More can be achieved by working alone rather than working as a team." Use specific reasons and examples to support your answer.

スピーキングテストのサンプル解答は、Test 1, Test 2 とも、それぞれの問題のあとにまとめて流されます。

Test 1 の解答は CD2 のトラック 35 から 45 に、Test 2 の解答は CD2 のトラック 62 から 72 に収録してあります。

Test 1, Test 2 とも、音声 CD には解答時間を特に取ってありません。ストップウォッチを準備して、制限時間内に答えるようにしましょう。

模擬テスト

1

Speaking Test 1

CD2 19

Question 1: Read a Text Aloud

Directions: In this part of the test, you will read aloud the text on the screen. You will have 45 seconds to prepare. Then you will have 45 seconds to read the text aloud.

Thank you for calling Seldon Bank. If you are calling to request an account balance, press one. If you are calling to report the loss of your ATM card, press two. For all other inquiries, please stay on the line and one of our customer service representatives will be with you as soon as possible. Thank you.

RESPONSE TIME
00:00:45

Speaking Test 1

CD2 20

Question 2: Read a Text Aloud

Directions: In this part of the test, you will read aloud the text on the screen. You will have 45 seconds to prepare. Then you will have 45 seconds to read the text aloud.

Good evening! Today has been hot and sunny across most of the county. However, I'm sorry to say that by tomorrow morning, light showers and overcast skies will be widespread, so don't go planning any picnics. Average daytime temperatures tomorrow should be around sixty-four degrees Fahrenheit, that's around eighteen degrees Celsius.

RESPONSE TIME
00:00:45

CD2 21

Question 3: Describe a Picture

Directions: In this part of the test, you will describe the picture on your screen in as much detail as you can. You will have 30 seconds to prepare your response. Then you will have 45 seconds to speak about the picture.

RESPONSE TIME
00:00:45

Speaking Test 1

CD2 22

Questions 4-6: Respond to Questions

Directions: In this part of the test, you will answer three questions. For each question, begin responding immediately after you hear a beep. No preparation time is provided. You will have 15 seconds to respond to Questions 4 and 5 and 30 seconds to respond to Question 6.

CD2 23

Question 4

Imagine that a British marketing firm is doing research in your country. You have agreed to participate in a telephone interview about computers and the Internet.

. . .

When did you first use the Internet?

RESPONSE TIME
00:00:15

模擬テスト1 | 237

CD2 24

Question 5

What kinds of things do you like to do on the Internet?

RESPONSE TIME
00:00:15

CD2 25

Question 6

Describe your favorite Web site.

RESPONSE TIME
00:00:30

Speaking Test 1

CD2 26-27

Questions 7-9:
Respond to Questions Using Information Provided

Directions: In this part of the test, you will answer three questions based on the information provided. You will have 30 seconds to read the information before the questions begin. For each question, begin responding immediately after you hear a beep. No additional preparation time is provided. You will have 15 seconds to respond to Questions 7 and 8 and 30 seconds to respond to Question 9.

Abbey Town Historical Society is pleased to announce that a renowned local historian, Mary Wilson, will give a series of lecture talks next month.

Date	Time	Title
Saturday, May 5	5 P.M. – 7 P.M.	Famous People in 1860s
Monday, May 7	5 P.M. – 7 P.M.	Popular Vacation Spots in 1870s
Saturday, May 12	6 P.M. – 8 P.M.	Food and Drink in 1880s
Thursday, May 17	5 P.M. – 7 P.M.	Fashion and Style in 1890s

To buy tickets call the box-office at **555-4322**

Prices per lecture:
Members: Adults $5, Seniors $3
Non-members: Adults $7, Seniors $5

Tickets will be sold on a first-come-first-served basis.
Book early to avoid disappointment!

Speaking Test 1

CD2 28

Question 7

RESPONSE TIME
00:00:15

CD2 29

Question 8

RESPONSE TIME
00:00:15

CD2 30

Question 9

RESPONSE TIME
00:00:30

模擬テスト1 | **241**

CD2 31-32

Question 10: Propose a Solution

Directions: In this part of the test, you will be presented with a problem and asked to propose a solution. You will have 30 seconds to prepare. Then you will have 60 seconds to speak.

In your response, be sure to
• show that you recognize the problem, and
• propose a way of dealing with the problem.

Respond as if you are a company vice-president.

In your response, be sure to
• show that you recognize the problem, and
• propose a way of dealing with the problem.

RESPONSE TIME
00:00:60

Question 11: Express an Opinion

Directions: In this part of the test, you will give your opinion about a specific topic. Be sure to say as much as you can in the time allowed. You will have 15 seconds to prepare. Then you will have 60 seconds to speak.

Which of the following would you choose for relieving stress?
- A) Exercising outside
- B) Listening to your favorite music
- C) Playing a video game

Give specific reasons and examples to support your answer.

RESPONSE TIME
00:00:60

Writing Test 1

Questions 1-5: Write a Sentence Based on a Picture

Directions: In this part of the test, you will write ONE sentence that is based on a picture. With each picture, you will be given TWO words or phrases that you must use in your sentence. You can change the forms of the words, and you can use the words in any order. Your sentence will be scored on

- the appropriate use of grammar and
- the relevance of the sentence to the picture.

In this part, you can move to the next question by clicking on "Next." If you want to return to a previous question, click on "Back."

You will have 8 minutes to complete this part of the test.

Writing Test 1

Question 1   HIDE TIME   00:08:00

Directions: Write ONE sentence based on the picture. Use the TWO words or phrases under the picture. You may change the forms of the words and you may use them in any order.

woman / picture

Question 2 HIDE TIME 00:08:00

Directions: Write ONE sentence based on the picture. Use the TWO words or phrases under the picture. You may change the forms of the words and you may use them in any order.

some / museum

Question 3

Directions: Write ONE sentence based on the picture. Use the TWO words or phrases under the picture. You may change the forms of the words and you may use them in any order.

sofa / between

Question 4 HIDE TIME 00:08:00

Directions: Write ONE sentence based on the picture. Use the TWO words or phrases under the picture. You may change the forms of the words and you may use them in any order.

talk / because

Writing Test 1

Question 5 HIDE TIME 00:08:00

Directions: Write ONE sentence based on the picture. Use the TWO words or phrases under the picture. You may change the forms of the words and you may use them in any order.

escalator / in order to

Questions 6-7: Respond to a Written Request

Directions: In this part of the test, you will show how well you can write a response to an e-mail. Your response will be scored on

- the quality and variety of your sentences,
- vocabulary, and
- organization.

You will have 10 minutes to read and answer each e-mail.

Question 6

Directions: Read the e-mail below.

From: ABC Sports
To: Local Residents
Subject: Working in your community
Sent: March 3, 14:05

Dear Resident,

ABC Sports is planning to build our newest sports center in your neighborhood. We would really value your input into what kind of clubs or activities you would like to see offered in your community.

Directions: Respond to the e-mail as if you are a local resident. In your e-mail, ask ONE question and make TWO suggestions.

Question 7

Directions: Read the e-mail below.

From: Mike Sampson
To: All employees
Subject: Maintenance
Sent: July 25, 13:05

All Employees,

From August 4 through August 6, the air conditioning system throughout the second and third floors of the building will be out-of-service while routine maintenance takes place. Please refrain from using the system during this time. The first and fourth floors will be unaffected by the maintenance.

Directions: Respond to the e-mail as if you are an employee. In your e-mail, ask TWO questions and make ONE suggestion.

Question 8: Write an Opinion Essay

HIDE TIME 00:30:00

Directions: In this part of the test, you will write an essay in response to a question that asks you to state, explain, and support your opinion on an issue. Typically an effective essay will contain a minimum of 300 words. Your response will be scored on

- whether your opinion is supported with reasons and/or examples,
- grammar,
- vocabulary, and
- organization.

You will have 30 minutes to plan, write, and revise your essay.

Directions: Read the question below. You have 30 minutes to plan, write, and revise your essay.

Some people prefer to be self-employed and work for themselves. Others prefer to follow a career path with an established company. Which approach to work would you prefer? Use specific reasons and details to support your answer.

模擬テスト

2

Speaking Test 2

CD2 46

Question 1: Read a Text Aloud

Directions: In this part of the test, you will read aloud the text on the screen. You will have 45 seconds to prepare. Then you will have 45 seconds to read the text aloud.

The first part of the agenda this morning will consist of an overview of the firm, our present condition, and our future goals. After a short break, we will return to discuss company policies and regulations. So let's begin by learning about the organization itself, and it is my pleasure to introduce Geoffrey Baxter, President of PCB Bank.

RESPONSE TIME
00:00:45

Question 2: Read a Text Aloud

Directions: In this part of the test, you will read aloud the text on the screen. You will have 45 seconds to prepare. Then you will have 45 seconds to read the text aloud.

Good evening ladies and gentlemen, we have now arrived at the Port of Dover where the local time is five fifty-five. On behalf of the Captain, his officers, and the crew of the Bell of Bristol, we would like to thank you for traveling with Wave-Line Ferries today. We hope that you had a pleasant crossing and wish you a safe onward journey.

RESPONSE TIME
00:00:45

CD2 48

Question 3: Describe a Picture

Directions: In this part of the test, you will describe the picture on your screen in as much detail as you can. You will have 30 seconds to prepare your response. Then you will have 45 seconds to speak about the picture.

RESPONSE TIME
00:00:45

Speaking Test 2

CD2 49

Questions 4-6: Respond to Questions

Directions: In this part of the test, you will answer three questions. For each question, begin responding immediately after you hear a beep. No preparation time is provided. You will have 15 seconds to respond to Questions 4 and 5 and 30 seconds to respond to Question 6.

CD2 50

Question 4

Imagine that a British marketing firm is doing research in your country. You have agreed to participate in a telephone interview about health and fitness.

・・・

What do you do to stay fit?

RESPONSE TIME
00:00:15

CD2 51

Question 5

What kind of food is good for people who want to lose weight?

RESPONSE TIME
00:00:15

CD2 52

Question 6

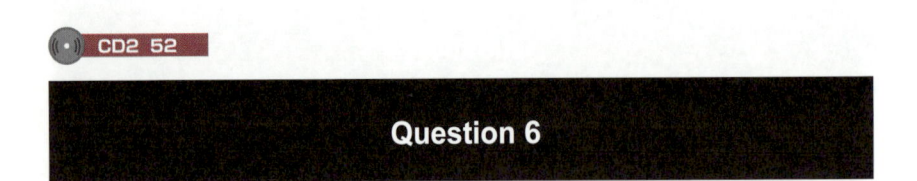

Describe a healthy food in your country.

RESPONSE TIME
00:00:30

CD2 53-54

Questions 7-9:
Respond to Questions Using Information Provided

Directions: In this part of the test, you will answer three questions based on the information provided. You will have 30 seconds to read the information before the questions begin. For each question, begin responding immediately after you hear a beep. No additional preparation time is provided. You will have 15 seconds to respond to Questions 7 and 8 and 30 seconds to respond to Question 9.

Kelwood Shopping – Customer Database – March 4th

Customer Name: Mr. Ken Masters
Customer ID: #754-4365
Customer Home Address: 54 Elms Vale Road, Maidstone, New Jersey

Order Date	Summary of Items	Delivery Status
March 1	Trident 42″ Widescreen T.V.	**To be delivered:** March 6 (1 P.M. – 4 P.M.) Deliver to: Home Address
March 1	Trident MP3 player – blue	**Out-of-Stock:** Awaiting delivery (3 days)
March 1	Blue wash jeans – 1 pair	**To be delivered:** March 5 (10 A.M. – 12 P.M.) Deliver to: Home Address
March 2	The Creeps – Season Four DVD	**To be delivered:** March 6 (1 P.M. – 4 P.M.) Deliver to: Home Address
March 3	Michael Reynolds – Greatest Hits Album	**To be delivered:** March 7 (10 A.M. – 12 P.M.) Deliver to: John Stevens 15 Lasley Way, Canterbury, Iowa

Speaking Test 2

CD2 55

Question 7

RESPONSE TIME
00:00:15

CD2 56

Question 8

RESPONSE TIME
00:00:15

CD2 57

Question 9

RESPONSE TIME
00:00:30

CD2 58-59

Question 10: Propose a Solution

Directions: In this part of the test, you will be presented with a problem and asked to propose a solution. You will have 30 seconds to prepare. Then you will have 60 seconds to speak.

In your response, be sure to
- show that you recognize the problem, and
- propose a way of dealing with the problem.

Respond as if you are an employment officer.

In your response, be sure to
- show that you recognize the problem, and
- propose a way of dealing with the problem.

RESPONSE TIME
00:00:60

Question 11: Express an Opinion

Directions: In this part of the test, you will give your opinion about a specific topic. Be sure to say as much as you can in the time allowed. You will have 15 seconds to prepare. Then you will have 60 seconds to speak.

You have just won a competition. For your prize, you can either choose a first-class domestic airline ticket or an economy-class international flight. Which would you choose and why?

RESPONSE TIME
00:00:60

Writing Test 2

Questions 1-5: Write a Sentence Based on a Picture

Directions: In this part of the test, you will write ONE sentence that is based on a picture. With each picture, you will be given TWO words or phrases that you must use in your sentence. You can change the forms of the words, and you can use the words in any order. Your sentence will be scored on

- the appropriate use of grammar and
- the relevance of the sentence to the picture.

In this part, you can move to the next question by clicking on "Next." If you want to return to a previous question, click on "Back."

You will have 8 minutes to complete this part of the test.

Writing Test 2

Question 1   HIDE TIME 00:08:00

Directions: Write ONE sentence based on the picture. Use the TWO words or phrases under the picture. You may change the forms of the words and you may use them in any order.

man / stand

Question 2 HIDE TIME 00:08:00

Directions: Write ONE sentence based on the picture. Use the TWO words or phrases under the picture. You may change the forms of the words and you may use them in any order.

carry / luggage

Writing Test 2

Question 3

HIDE TIME 00:08:00

Directions: Write ONE sentence based on the picture. Use the TWO words or phrases under the picture. You may change the forms of the words and you may use them in any order.

some / around

Question 4   HIDE TIME 00:08:00

Directions: Write ONE sentence based on the picture. Use the TWO words or phrases under the picture. You may change the forms of the words and you may use them in any order.

play / in

Writing Test 2

Question 5 | HIDE TIME | 00:08:00

Directions: Write ONE sentence based on the picture. Use the TWO words or phrases under the picture. You may change the forms of the words and you may use them in any order.

sit / while

Questions 6-7: Respond to a Written Request

Directions: In this part of the test, you will show how well you can write a response to an e-mail. Your response will be scored on

- the quality and variety of your sentences,
- vocabulary, and
- organization.

You will have 10 minutes to read and answer each e-mail.

Question 6

HIDE TIME 00:10:00

Directions: Read the e-mail below.

From: Peter Levitt – Arkansas Countryside Volunteer Group
To: All Members
Subject: Annual Cleanup
Sent: June 14, 08:45 A.M.

Dear Member,

Next month, the municipal council plan to clean up the local river. We have been asked to assist them in cleaning up the stretch of the Little Red River, from the Middle Fork to the South Fork. If you have time, we would really appreciate your help!

Directions: Respond to the e-mail as if you are a member of Arkansas Countryside Volunteer Group. In your e-mail, give ONE time that you are free and give TWO pieces of advice.

Question 7

Directions: Read the e-mail below.

From: Simon Clayson – Kelshire Historical Society
To: All Members
Subject: One hundred years of coal mining
Sent: April 13, 15:32

Dear Member,

This year marks one hundred years of coal mining in Kelshire. Local historian, Ian Taylor, has written a book detailing the ups and downs of the industry, and the society has made a DVD. To purchase either of these items, please contact me directly.

Directions: Respond to the e-mail as if you are a member of the Kelshire Historical Society. In your e-mail, place ONE order and make TWO suggestions.

/ Writing Test 2

Question 8: Write an Opinion Essay

HIDE TIME 00:30:00

Directions: In this part of the test, you will write an essay in response to a question that asks you to state, explain, and support your opinion on an issue. Typically an effective essay will contain a minimum of 300 words. Your response will be scored on

- whether your opinion is supported with reasons and/or examples,
- grammar,
- vocabulary, and
- organization.

You will have 30 minutes to plan, write, and revise your essay.

Directions: Read the question below. You have 30 minutes to plan, write, and revise your essay.

Recently, online shopping has become increasingly popular. Do you think that the growth of online business has had a negative impact on local businesses? Give reasons and examples for your opinion.

あとがき
Afterword

　昨今のビジネス環境においては、海外の企業やビジネスパートナーとの交渉だけでなく、国内業務においても高度な英語発信力が求められる場面が急増しています。TOEIC スピーキングテスト / ライティングテスト（SW テスト）は、こうした時代の変化が求める英語力を判定する試験です。

　スピーキングテストでは、相手の要望を正確に聴き取り、それに的確に対応する技術や、自分の考えを 1 分間で論理的に説明する能力などが問われます。ライティングテストでは、10 分間の制限時間内に相手の E メールを理解し、指示に沿って返信するスキルや、300 語程度のエッセーを 30 分で書き上げる能力などが試されます。まさしく現代の国際社会における実用的な発信力・応答力を、あらゆる角度から判定するテストといえるでしょう。受験の際には、スピーチやプレゼンテーションのように原稿を用意したり、英文書類を十分に時間をかけて推敲するといった事前準備はできません。相手の立場を考え、それにふさわしい表現で即座に対応する能力が求められます。この能力を高めるためには、日常英会話レベルを超えた高度なトレーニングが必要となります。

　本書『頂上制覇　TOEIC® テスト スピーキング／ライティング　究極の技術（テクニック）』は、こうした TOEIC スピーキングテスト／ライティングテストの特色を徹底的に分析し、その対策に必要な学習方法をページが許す限り貪欲に盛り込みました。高得点をめざす読者のみならず、はじめて SW テストを受ける方や、まずは 120 点を目標とする方にも有益な情報を提供するよう心掛けました。

　本書の執筆、編集にあたり、1 年半にわたりほぼ毎回 SW テストを受験しテストを徹底分析しました。研究社編集部の金子靖さんも熱心に受験者としての視点を提供してくださり、何度も話し合いの機会を持ちました。原稿の執筆にあたっては、実際の指導経験をもとにトニー・クックが問題と解答例を執筆し、上原がスピーキングの Questions 1-2, Question 3, Questions 4-6, Question 11, ライティングの Question 8 の解説を、横川がスピーキングの

Questions 7-9, Question 10, ライティングの Questions 1-5, Questions 6-7 の解説を執筆しました。そしてロバート・ヒルキが最後に綿密な校正作業を行ないました。

　ここまで来るのは長い道のりでしたが、多くの方々のご尽力で本書の刊行に至ることができました。何よりもまず企画からデータ収集、そして困難を極めた編集作業ほか、長期間におよびあらゆる局面でお世話になった研究社の金子さんには、この場を借りて心より御礼申し上げます。また金子さんとともに編集実務を担当していただいた菅田晶子さんと高見沢紀子さん、SWテストのイメージを十分に反映したレイアウトを手掛けてくださった AtoZ の古正佳緒里さん、多くの示唆を与えてくれた受講生のみなさんにも御礼申し上げます。

　現代社会が英語ユーザーに求める発信型試験 TOEIC SW テストがさらに普及し、英語学習者のみなさんの発信力の向上の一助となることを願っています。その訓練の一環として本書を活用していただければ、著者としてこれほど幸せなことはありません。

2013 年 2 月 14 日
上原雅子
横川綾子
トニー・クック

著者紹介
PROFILE

ロバート・ヒルキ（Robert Hilke）

　企業研修トレーナー。元国際基督教大学専任講師。University of California 大学院修了（言語学）。異文化研修および TOEIC, TOEFL, GRE など、テスト対策のエキスパート。各試験対策講座を国際的な大企業向けに年間約 250 日行なう。TOEIC 関連セミナーでの教授歴は 20 数年間におよぶ。「TOEIC 200 点アップ請負人」としてメディアにも頻繁に登場、TOEIC 対策の第一人者として、多くの受験者の信頼を集めている。TOEIC 関係の著作は 70 冊以上。TOEIC テストは、旧バージョンから何度も受験し、その傾向・特徴を日々、分析している。ただ満点を連発するのではなく、毎回目標得点を決めて、それに限りなく近い点を狙いつつ、日本人の視点で TOEIC テストを全方向から研究している。『新 TOEIC® テスト 直前の技術』『新 TOEIC® テスト「直前」模試 3 回分』（アルク）は、TOEIC 受験者のバイブルとなっている。

　研究社より、2013 年、「頂上制覇　TOEIC® テスト　究極の技術（テクニック）」シリーズ全 6 巻、2016 年、『TOEIC® テスト　完全教本　新形式問題対応』刊行。

●著者写真撮影●
スタジオ☆ディーバ
撮影　山口直也／メイクアップ　輿石公美

上原雅子（うえはらまさこ）

神田外語大学語学専任講師(TOEFL プログラム担当)、早稲田大学非常勤講師。King's College London (University of London) English Language Teaching and Applied Linguistic 修士課程修了。応用言語学修士。University of Connecticut 卒業。The New School University TEFL (Teaching English as a Foreign Language) Certificate 取得。大学、専門学校、TOEFL テスト対策校などの教育機関、および企業のセミナー講師として学生・社会人の英語指導全般に携わる。(株)ホープス認定講師。著書に『頂上制覇 TOEIC テスト Part 1 & 2 究極の技術』(研究社)、『最強の TOEFL iBT 入門』(コスモピア)がある。TOEIC 990 点、TOEIC スピーキングテスト／ライティングテスト 200 点／200 点、英検 1 級。

横川綾子（よこがわあやこ）

東京海洋大学特任准教授。教育学修士（英語教授法・テンプル大学ジャパンキャンパス）。上智大学法学部国際関係法学科卒業。2014 年より ETS 公認 TOEFL iBT® Propell Facilitator として活動。(株)アルク主催 TOEIC スコアアップ指導者養成講座第 7, 8 回卒業生。第 7 回講座で「ベストアイテムライター賞」を受賞。2011 年、2013 年には「900 点よりさらに上を目指すひとのための TOEIC テスト 3 日間で完全マスター」講師をロバート・ヒルキ氏、ヒロ前田氏とともに務める。共著に『アメリカ人なら小学校で学ぶ 英文ライティング入門』(アルク)など。TOEIC テスト 990 点、TOEIC スピーキングテスト／ライティングテスト 200 点／200 点、TOEFL ITP テスト 660 点、英検 1 級、通訳案内士（英語）。

トニー・クック（Tony Cook）

静岡インターナショナル・エア・リゾート専門学校で、TOEIC テストおよび TOEIC スピーキングテスト／ライティングテストを指導。University of Exeter 卒業。Cambridge CELTA を取得。TOEIC テスト、TOEIC スピーキングテスト／ライティングテストを定期的に受けて、問題を分析している。(株)アルク主催 TOEIC スコアアップ指導者養成講座第 7 回卒業生。「頂上制覇　TOEIC® テスト　究極の技術」シリーズ全 6 巻を共同執筆。TOEIC テスト 990 点、TOEIC スピーキングテスト／ライティングテスト 200 点／200 点。

● 英文翻訳 ●
吉田章子・大島資生・上原尚子・有馬さとこ

● CD 編集 ●
佐藤京子（東京録音）

● 表紙イメージ写真 ●
Greg Epperson/ アフロ

頂上制覇
TOEIC® テスト スピーキング／ライティング
究極の技術

Aiming for the Top — Ultimate Techniques for Getting a Perfect Score on the TOEIC® Test Speaking and Writing

● 2013 年 4 月 1 日　初版発行 ●
● 2019 年 7 月 19 日　6 刷発行 ●

●著者●

ロバート・ヒルキ（Robert Hilke）
上原雅子／横川綾子／トニー・クック（Tony Cook）

Copyright © 2013 by Robert Hilke, Masako Uehara, Ayako Yokogawa and Tony Cook

発行者　●　吉田尚志
発行所　●　株式会社　研究社
〒102-8152　東京都千代田区富士見 2-11-3
電話　営業 03-3288-7777（代）　編集 03-3288-7711（代）
振替　00150-9-26710
http://www.kenkyusha.co.jp/

KENKYUSHA
＜検印省略＞

装丁　●　久保和正
組版・レイアウト　●　古正佳緒里（AtoZ）
CD 編集・製作　●　東京録音
印刷所　●　研究社印刷株式会社
ISBN 978-4-327-29106-8 C1082　Printed in Japan

本書および同梱 CD のコピー、スキャン、デジタル化等の無断複製は、著作権法上での例外を除き、禁じられています。また、私的使用以外のいかなる電子的複製行為も一切認められていません。落丁本、乱丁本はお取り替え致します。ただし、古書店で購入したものについてはお取り替えできません。

目次

スピーキング問題解答　2

Questions 1-2	2
Question 3	4
Questions 4-6	8
Questions 7-9	13
Question 10	21
Question 11	27

ライティング問題解答　31

Questions 1-5	31
Questions 6-7	39
Question 8	50

模擬テスト解答　57

模擬テスト 1	58
模擬テスト 2	77

スピーキング問題解答

Questions 1-2

練習問題 1 Guided Tour
CD1 7

Welcome to the National Botanic Gardens. As you walk through the gardens, be sure to visit our newest facility, a greenhouse with over two hundred exotic plants from the Amazon rainforest. For a map, foreign language assistance, or any other question, please visit the information center. It is conveniently located to the left of the main entrance.

【園内の案内】
ナショナル・ボタニック・ガーデンズ（国立植物園）にようこそ。園内を散策される際には、私どもの最新施設である温室にぜひお立ち寄りください。温室には、アマゾンの熱帯雨林の200種類以上の珍しい植物があります。地図や外国語サポートについてなど、何かご質問がありましたらインフォメーション・センターまでお越しください。正面入り口の左側の、便利な場所にございます。

【注】□ botanic garden　植物園　　□ facility　施設　　□ visit　訪れる、見物する
□ exotic　珍しい、外国の　　□ assistance　支援、サポート　　□ conveniently　便利な

練習問題 2 News Bulletin
CD1 8

Welcome to KJCM News. Today in Manton City, over two hundred students protested against cuts in education, health, and welfare spending. Although the Mayor has expressed his sympathy, he stated that it will be next year before any substantial changes to the budget can be implemented by the city government. More after the weather report.

【ニュース】
こんばんは、KJCMニュースです。今日マントン市で、200人以上の学生が教育、厚生、福祉の削減に対し、抗議を行ないました。市長は理解を示していますが、市が予算を大きく変更できるのは、来年になってからだと述べました。天気予報のあとでさらにニュースをお伝えします。

【注】□ protest 抗議する　　□ cut in … spending …費を削減する
　　　□ sympathy 共感、理解　□ substantial 相当な、実質的な　□ budget 予算

練習問題3　Phone Message

CD1 9

Hello, is this Fred Smith? My name is Kelly Jones and I am calling about the job advertisement I saw in the evening newspaper. I want to let you know that I can work on Monday, Tuesday, and Wednesday afternoons. Furthermore, I live locally, so I am available for an interview at any time convenient to you.

【留守番電話】
こんにちは。フレッド・スミスさんですか？　ケリー・ジョーンズと申します。夕刊で見た求人広告の件でお電話しています。私は月、火、水曜日それぞれの午後、勤務することができます。また、地元に住んでいますので、いつでもご都合のよい時間に面接を受けることができます。

【注】□ job advertisement 求人広告　□ furthermore さらに、また　□ locally 地元で
　　　□ available 求めに応じられる　□ at any time どんな時にも

Speaking / Writing

Question 3

▶▶▶ **Guided Practice 1**

【解答例】 CD1 12

This is a picture of the inside of a building. In the foreground, there are two ladies talking. One lady wearing a hat is standing behind an information counter. She is wearing what seems like a uniform. Another lady seems to be asking for directions. She is wearing a blue shirt and carrying an orange paper bag on her left arm. The lady with the hat is raising her hand, showing the way. Behind them, there are some stairs which lead to a shopping area. I can see some shops and some people walking around the area. I think this is an entrance to a department store. It seems a little busy.

これはビルの中の写真です。手前では、2人の女性が話しています。帽子をかぶっている女性はインフォメーションカウンターの中に立っています。彼女は制服のようなものを着ています。もう1人の女性は行き方を尋ねているようです。彼女は青いシャツを着て、オレンジの紙袋を左手に持っています。帽子をかぶっている女性は手を上げて、方向を示しています。2人の背後には数段の階段があって、ショッピングエリアに通じています。店舗がいくつかあり、何人かがその周辺を歩いています。これはデパートの入り口だと思います。少し混んでいるようです。

【注】□ paper bag　紙袋　　□ show the way　…の方向を示す　　□ lead to　…に通じる
　　　□ walk around　歩き回る　　□ busy　人通りが多い、賑やかな

▶▶▶ **Guided Practice 2**

【解答例】　CD1　13

This is a picture of the inside of a restaurant or café. On the left, a lady is sitting, and on the right, a lady is standing. There is a table between them. The lady on the left is probably a customer and the lady on the right is a staff member. The lady on the right is wearing a black apron and is writing in a notepad. I guess she is taking an order. The customer has her finger on her chin, so I guess she is thinking about what to order. On the table I can see some drinks.

これはレストランかカフェの中の写真です。左側には1人の女性が座っていて、右側には1人の女性が立っています。2人の間にはテーブルがあります。左の女性はおそらく客で、右の女性は店のスタッフです。右の女性は黒いエプロンを着けていて、メモ帳に記入しています。彼女は注文を取っているのだと思います。客は指をあごにあてていて、何を注文するか考えているようです。テーブルの上には飲み物がいくつかあります。

【注】□ on the left　左に　　□ on the right　右に　　□ probably　おそらく
　　　□ think about　…について考える

練習問題 1

【解答例】　CD1　14

This is a picture of some kind of street scene. I can see three street musicians, playing different musical instruments on a sidewalk. One of them is playing the base, another is playing the guitar, and the other is playing drums. Behind the drummer, I can see a wall, a railing, and some trees. I can also see some buildings and a blue van. The van is parked just around the corner alongside the pavement. Three people are standing beside the van and listening to the music. In the bottom right, I can see an instrument case with coins on it. I guess they have been performing for a few hours.

この写真はどこかの通りの風景です。3人のストリートミュージシャンが、それぞれ異なる楽器を歩道で演奏しています。1人はベースを、1人はギターを弾き、もう1人はドラムを叩いています。ドラマーのうしろには壁と柵、それに数本の木があります。いくつかの建物と青いバンも1台写っています。このバンは角を曲がってすぐの、歩道沿いに停まっています。3人の人がバンの脇に立って、音楽を聴いています。右下には楽器ケースがあり、その上にコインが載っています。ミュージシャンはすでに何時間か演奏を続けているようです。

【注】□ some kind of　どこかの　　□ musical instrument　楽器　　□ sidewalk　歩道
　　　□ wall　壁　　□ railing　柵　　□ just around the corner　すぐそこの角

| □ alongside　平行して | □ pavement　歩道 |

練習問題2

【解答例】　CD1-15

This is a picture of some kind of meeting. There are several people in this room. One lady is making a presentation at the rear of this picture. She is giving an explanation about some kind of chart. Four people are listening to her presentation. Each of them has a notepad in front of them, but they are not taking any notes. Probably, one of the two businessmen sitting in front of the presenter is trying to ask a question. On the left side of the photo, a lady with a red apron is serving two bottles of water to two young business people. I guess they have been at the meeting for quite a while and are getting tired.

この写真はどこかの会議の写真です。この部屋には何人かの人がいます。この写真の後方では、1人の女性がプレゼンテーションを行なっています。何かのグラフについて説明しています。4人が彼女のプレゼンテーションを聞いています。彼らの前にメモ帳が置かれていますが、メモは取ってはいません。おそらく彼女のすぐ前に座っている2人の男性のうち、1人が質問しようとしているのでしょう。写真の左側では、赤いエプロンの女性が水の瓶を2本、2人の若手ビジネスパーソンに出しています。彼らはもうずいぶん長い時間会議していて、疲れているようです。

【注】□ rear　後方　　□ make a presentation　プレゼンテーションを行なう　　□ chart　グラフ
□ give an explanation　説明する　　□ notepad　メモ帳　　□ in front of　…の前に
□ serve　出す、給仕する　　□ for quite a while　かなり長い時間
□ get tired　疲れる、飽きが来る

練習問題3

【解答例】 CD1 16

This is a picture of the inside of some kind of building. I guess it is a shopping mall or a train station. Several people are riding an escalator. Some are moving up and some are moving down. The two people in the middle are heading down I guess. They are both wearing hats. One of them is wearing glasses. They are having a chat. They are both dressed quite fashionably. The man on the right is wearing a red sweater and jeans. The man on the left is wearing a gray cardigan and black pants. I guess they are about twenty years old.

> この写真はどこかのビルの中です。ショッピングモールか駅のようです。数人がエスカレーターに乗っています。上がっていく人もいれば下がっていく人もいます。中央の2人は下がっているようです。2人とも帽子をかぶっています。彼らのうち1人は眼鏡をかけています。彼らは会話しています。2人ともとてもしゃれた服装です。右の男性は赤いセーターとジーンズを着ています。左の男性はグレーのカーディガンと黒のパンツを着ています。彼らはおそらく20歳ぐらいだと思います。
>
> 【注】□ train station　駅　　□ move up　上がる　　□ move down　下がる
> 　　　□ head down　下りる　　□ glasses　眼鏡

Speaking / Writing

Questions 4-6

▶▶▶ Guided Practice 1 : Vacation & Travel（休暇と旅行）
CD1 24-29

Imagine that a Canadian marketing firm is doing research in your country. You have agreed to participate in a telephone interview about vacation and travel.

Question 4:	(15s)	Where do you want to go for your next vacation?
Question 5:	(15s)	When is your favorite time to take a vacation?
Question 6:	(30s)	Describe your best ever vacation.

> カナダのマーケティング会社があなたの国で調査を行なっており、あなたは休暇と旅行についての電話によるインタビューを受けることを承諾したとします。
> 　質問4　（解答時間15秒）　次の休みにはどこへ行きたいですか。
> 　質問5　（解答時間15秒）　休みを取るならいつがいいですか。
> 　質問6　（解答時間30秒）　今まで過ごしたうちで、最高の休暇について説明してください。

【解答例】

Question 4　**CD1 25**

Let me see. I would like to go somewhere in Europe because I want to see lots of nice historical sites.

> そうですね、ヨーロッパのどこかに行きたいです。史跡をたくさん見たいので。
>
> 【注】□ historical site　史跡

Question 5　**CD1 27**

Well, I prefer to take a vacation in the spring because the weather is better.

> そうですね、春に旅行したいです。天気がいいので。

Question 6　**CD1 29**

Well, the best vacation I ever had was a family vacation in Hawaii. I went there with my parents when I was 15 years old. While we were there, we went sightseeing and took a lot of photographs. It was really good because the hotel was nice and the weather was great. If I have another chance to visit there, I'd like to try the local food.

> いままでの休暇の中で一番よかったのは、家族でハワイへ行った時です。両親と一緒で、私が15歳の時でした。ハワイではいろいろなところを見て、写真をたくさん撮りました。本当にすばらしい旅行でした。ホテルもよかったし、天気も最高でした。もう一度ハワイへ行く機会があったら、地元の料理を食べてみたいと思います。
>
> 【注】□ sightseeing　観光　　□ take a photograph　写真を撮る　　□ try　（料理を）食べてみる

▶▶▶ Guided Practice 2 : Reading & Literature (読書と文学)

CD1 30-35

Imagine that a U.S. marketing firm is doing research in your country. You have agreed to participate in a telephone interview about reading and literature.

Question 4:	(15s)	What is your favorite book?
Question 5:	(15s)	Where do you like to read books?
Question 6:	(30s)	Describe your favorite book.

アメリカのマーケティング会社があなたの国で調査を行なっており、あなたは読書と文学についての電話によるインタビューを受けることを承諾したとします。
　　質問 4　(解答時間 15 秒)　お気に入りの本は何ですか。
　　質問 5　(解答時間 15 秒)　どこで本を読むのが好きですか。
　　質問 6　(解答時間 30 秒)　一番好きな本について説明してください。

【注】□ favorite　お気に入りの、一番好きな

【解答例】

Question 4　CD1 31

Let me see. My favorite book is *Harry Potter*. I like it because it's interesting.

そうですね。一番好きな本は『ハリー・ポッター』です。なぜなら、面白いからです。

Question 5　CD1 33

Nice question! I like to read books in my room because it is quiet.

いい質問です！　私は自分の部屋で本を読みたいです。そこは静かですから。

Question 6　CD1 35

Well, the title is *My Way*. It is a true story set in the past. The story is about a man who traveled through ten African nations and spent some time with local villagers. It has a very surprising and sad ending. It was published twenty years ago and written by a famous politician. I like to read it from time to time.

そうですね、本の題名は『マイ・ウェイ』です。過去に本当にあった話です。主人公は男の人で、アフリカの 10 ヶ国を旅して、地元の村人としばらく一緒に過ごした人です。びっくりするような、悲しい終わり方をします。20 年前に出版され、有名な政治家が書いた本です。ときどき読み返しています。

【注】□ from time to time　ときどき

練習問題 1　CD1 36-41

Imagine that a British marketing firm is doing research in your country. You have agreed to participate in a telephone interview about transportation and commuting.

Speaking / Writing

Question 4:	(15s)	How do you usually travel to school or work?
Question 5:	(15s)	How long does it take you to travel to school or work?
Question 6:	(30s)	What do you like to do when traveling to school or work?

イギリスのマーケティング会社があなたの国で調査を行なっており、あなたは交通と通勤・通学についての電話によるインタビューを受けることを承諾したとします。
　　質問4　（解答時間15秒）　ふだん学校や職場へはどうやって通っていますか。
　　質問5　（解答時間15秒）　学校や職場まで行くのに時間はどれぐらいかかりますか。
　　質問6　（解答時間30秒）　学校や職場まで行くあいだ、どんなことをするのが好きですか。

【注】□ travel to school / work　通学／通勤する

【解答例】

Question 4 CD1 37

I usually travel to work by train. It takes me about 20 minutes. I have a monthly train pass. It is quite convenient for me.

ふだんは電車で通勤しています。職場まで20分くらいです。1ヶ月の定期券があるので、とても便利です。

【注】□ monthly　1ヶ月の　　□ quite　とても　　□ convenient　便利な

Question 5 CD1 39

It takes me about 20 minutes. However, it sometimes takes longer if the weather is bad, or if there has been some kind of accident.

だいたい20分ぐらいですが、天気が悪かったり、何か事故があったりすると、もう少し余計にかかることもあります。

Question 6 CD1 41

When I get to work, I usually check the morning paper and decide on my schedule for the day. On my way back, I listen to music or play video games as I need to relax my nerves after work. Usually, I listen to my favorite jazz music or play games on my smartphone. It's nice to think about something other than work.

通勤のあいだは、いつも朝刊に目を通したり、その日にどんなことをするか決めたりします。家に帰る時は、音楽を聴くかゲームをするかのどちらかです。仕事のあとは気持ちを休めなければいけないからです。ふだんは大好きなジャズを聴いたり、スマートフォンでゲームをしたりします。仕事以外のことを考えるのがいいんです。

【注】□ check　調べる　　□ decide on　…のことを決める　　□ on one's way back　帰宅途中に
□ nerve　神経

練習問題 2 CD1 42-47

Imagine that a Canadian marketing firm is doing research in your country. You have agreed to participate in a telephone interview about friends and family.

Question 4:	(15s)	Who is your best friend?
Question 5:	(15s)	How did you first become friends?
Question 6:	(30s)	Describe your best friend.

> カナダのマーケティング会社があなたの国で調査を行なっており、あなたは友人と家族についての電話によるインタビューを受けることを承諾したとします。
> 質問4 (解答時間15秒) 一番の親友は誰ですか。
> 質問5 (解答時間15秒) 親友とはどのようにして友だちになりましたか。
> 質問6 (解答時間30秒) あなたの一番の親友について説明してください。

【解答例】

Question 4 CD1 43

My best friend is Naoko. We've been good friends ever since we were at elementary school.

> 私の親友はナオコさんです。小学校以来の親友です。
>
> 【注】□ at elementary school 「学校で」という時は、in school でもよい。アメリカ英語では in school がよく使われる

Question 5 CD1 45

We used to live very close, so we went out to play together quite often.

> 家がとても近かったので、しょっちゅう一緒に遊びに出かけました。

Question 6 CD1 47

Naoko is a patient and hardworking girl. She is also good at playing tennis and used to be the captain of our high school tennis team. She is such an attractive person that she gained popularity not just among boys but among girls. Now she works at an IT company and is in charge of creating Web sites for private companies and local government agencies.

> ナオコさんは我慢強くて働き者です。テニスも上手で、高校時代はテニス部の部長でした。とても魅力的な人なので、男子だけではなく女子の間でも人気がありました。ナオコさんは今、IT関連企業で働いています。会社や役所のホームページ制作を担当しています。
>
> 【注】□ patient 我慢強い □ hardworking 働き者の □ attractive 魅力的な
> □ gain 得る □ popularity 人気 □ among …の間で □ in charge of …の担当
> □ private company 私企業 □ local government agency 地方官庁

練習問題3 CD1 48-53

Imagine that a U.S. marketing firm is doing research in your country. You have agreed to participate in a telephone interview about television viewing.

Question 4:	(15s)	How often do you usually watch television?
Question 5:	(15s)	Where do you usually watch television?

Speaking / Writing

Question 6: (30s) Describe your favorite television show.

アメリカのマーケティング会社があなたの国で調査を行なっており、あなたはテレビについての電話によるインタビューを受けることを承諾したとします。
質問 4 （解答時間 15 秒）　ふだんどれぐらいの頻度でテレビを見ますか。
質問 5 （解答時間 15 秒）　ふだんどこでテレビを見ますか。
質問 6 （解答時間 30 秒）　一番好きなテレビ番組について説明してください。

【注】□ often　しばしば　　□ television show　テレビ番組

【解答例】

Question 4　CD1 49

I watch television every day before I go to work. Also, I often watch television shows in the evening.

毎日出勤前にテレビを見ます。それから夜の番組もよく見ます。

Question 5　CD1 51

I usually watch television in the living room, but in the morning, I watch news in the dining room while having breakfast.

テレビはふだんリビングで見ますが、朝は朝食を取りながら、ニュースをダイニングで見ます。

Question 6　CD1 53

I like to watch a music program. It broadcasts on Monday from 8:00 P.M. and features Japanese pop singers and groups. I don't watch the program every week, but when my favorite pop group is on, I watch the program and record it onto DVD. I especially like this program because the singers talk about their life and their interests as well.

音楽番組を見るのが好きです。月曜日の夜 8 時からやっていて、J ポップの歌手やグループが出ています。毎週見るわけではないんですが、大好きなグループが出る時は見ながら DVD にも録画します。特にこの番組が好きなのは、歌手が自分の生活についてだけでなく、自分が興味を持っていることについても話をしてくれるからです。

【注】□ broadcast　放送する　　□ on　出演して

Questions 7-9

▶▶▶ **Guided Practice 1 : Personal Schedule** （個人の予定）

Itinerary for Mr. Peter Sheringham
– 100m Gold Medalist

5:00 P.M.	Arrive at Forster College (Main Entrance)
5:30 P.M.	Welcome Speech - College Vice Chancellor
6:00 P.M.	Address "Making dreams come true" – Peter Sheringham
7:00 P.M.	Q&A Session – submit questions at door
8:00 P.M.	Closing Statement – Student Union President
8:10 P.M.	Car to Green Hotel (Washington Hotel – Fully booked)
9:00 P.M.	Dinner with invited guests at the Green Hotel Restaurant

*Unfortunately, the Washington Hotel that Mr. Sheringham initially requested was fully booked at this time of year.

CD1 62

(Narrator)
Hello. I'm calling about the itinerary for the gold medalist, Mr. Peter Sheringham, who is visiting our College again. I was hoping to get some information.

CD1 63-65

Question 7: Can you tell me what time Mr. Sheringham will arrive at the College?

Question 8: Last year, I remember Mr. Sheringham stayed at the Washington Hotel. Is he staying there again this year, too?

Question 9: I'm really looking forward to listening to Mr. Sheringham's talk. Can you tell me what will happen after he has spoken?

100メートル金メダリスト　ピーター・シェリンガム氏のご予定

17:00　フォースター・カレッジ到着（表玄関）
17:30　開会の辞　副学長
18:00　講演「夢を叶える」－ピーター・シェリンガム氏

Speaking / Writing

```
19:00   質疑応答　入口にて質問票を受け付け
20:00   閉会の辞　学友会会長
20:10   車にてグリーン・ホテルへ（ワシントン・ホテル満室のため）
21:00   グリーン・ホテル・レストランにて招待客と夕食
```

＊残念ながら、シェリンガム氏が当初ご希望だったワシントン・ホテルはこの時期満室でした。

【注】□ itinerary 旅程　□ vice 副…　□ chancellor 総長　□ come true 叶う
□ submit 提出する　□ fully 完全に　□ booked 予約された
□ unfortunately 残念ながら　□ initially 初めに　□ request 要請する

【メッセージ】
もしもし、金メダリストのピーター・シェリンガムさんが今年もうちの大学にいらっしゃるとうかがって、その日の予定のことでお電話しました。ちょっと教えていただきたいことがあるのですが。
質問7　シェリンガム氏は何時に大学に着くか、教えてください。
質問8　たしか去年シェリンガム氏はワシントン・ホテルにご滞在だったと思いますが、今年も同じところにお泊りですか。
質問9　シェリンガム氏の講演をとても楽しみにしているのですけれど、講演のあとはどういう予定か教えてください。

【注】□ look forward to 　…するのを楽しみにしている

【解答例】

Question 7　CD1 66

He will arrive at Forster College at 5 o'clock.

フォースター・カレッジには5時に到着の予定です。

Question 8　CD1 67

This year, the Washington Hotel is fully booked. He will stay at the Green Hotel instead.

今年はワシントン・ホテルが満室だったため、グリーン・ホテルにお泊りになります。

【注】□ instead　その代わりに

Question 9　CD1 68

Sure. Firstly, people can ask him questions during the Q&A session starting at seven o'clock. Then, the Student Union President will speak for ten minutes from eight o'clock. After that, he will return to the Green Hotel by car and finally have dinner with guests from nine o'clock.

かしこまりました。19時からの質疑応答では客席からいろいろ質問をすることができます。そのあと、学友会会長が20時から10分ほどスピーチをします。そして、シェリンガム氏は車で宿泊予定のグリーン・ホテルに戻って、締めくくりとして21時から招待客と一緒に夕食をとることになっています。

【注】□ finally　終わりに当たって

▶▶▶ Guided Practice 2 : A Job Résumé (就職活動用履歴書)

> Mr. Hugh Roberts
> 27 Almeada Street, Westview, Montreal, Canada
> Tel: 555-2234
>
> Objective: I am seeking employment as a Marketing Advisor.
>
> Education: 1978 – 1981   Acorn University (B.A. History)
>   1972 – 1978   Astor Court High School
>
> Employment: 1997 - present Aldion Group
>   1985 – 1997   Rider Corporation
>   1981 – 1985   Hayes Electronics
>
> Skills: Bilingual (English & French)
> Hobbies: Painting (oil / water), Church member, Art Museum volunteer
>
> *References are available upon request.

CD1 69

(Narrator)
Hi, I'm Ruth Wagner, the marketing manager. I'd like to know more about our interview candidate, Mr. Hugh Roberts. I was wondering if you could give me some information about him.

CD1 70-72

Question 7:   Can you tell me which high school Mr. Roberts attended?
Question 8:   Am I right in thinking that Mr. Roberts speaks three languages?
Question 9:   Can you tell me more about Mr. Roberts' work experience?

> ヒュー・ロバーツ（男性）
> カナダ　モントリオール　ウエストビュー　アルミーダ通り 27 番
> 電話：555-2234
>
> 希望職種：　市場アドバイザーの仕事を探しています。
>
> 学歴：　1972 年～1978 年　アスターコート高等学校
>   1978 年～1981 年　エイコーン大学（歴史学士）
>
> 職歴：　1981 年～1985 年　ヘイズ・エレクトロニクス
>   1985 年～1997 年　ライダー・コーポレーション
>   1997 年～現在　　アルディオン・グループ
>
> 特技：　2ヶ国語話者（英語とフランス語）
> 趣味：　絵画（油彩／水彩）、教会会員、美術館ボランティア

Speaking / Writing

＊推薦状は、ご請求があればただちに用意いたします。

【注】□ bilingual　2ヶ国語を自由に使える　　□ reference　推薦状　　□ upon　…があり次第

【メッセージ】
もしもし、マーケティング・マネージャーのルース・ワグナーです。弊社で面接をする志願者について、もう少し詳しく知りたいのですが。ヒュー・ロバーツさんという人です。この方について、そちら様で情報をお持ちかと思いまして。

【注】□ candidate　志願者　　□ wonder　…だろうかと思う

質問7　ロバーツさんはどこの高校に通っていたか教えてください。
質問8　ロバーツさんは3ヶ国語を話せますか。
質問9　ロバーツさんの職歴についてもっと詳しく教えてください。

【注】□ attend　（学校に）通う

【解答例】

Question 7　CD1 73

One moment, please… He attended Astor Court High School from 1972 to 1978.

少々お待ちください…。1972年にアスターコート高校に入学、78年に卒業しています。

Question 8　CD1 74

No, that is not correct. He speaks two languages, English and French.

いえ、違います。英語とフランス語の2ヶ国語です。

Question 9　CD1 75

Sure. From 1981 to 1985 he worked for Hayes Electronics. Then, from 1985 to 1997 he worked for Rider Corporation. Finally, from 1997 until now, he has been working for Aldion Group.

かしこまりました。まず1981年から85年までヘイズ・エレクトロニクス、85年から97年まではライダー・コーポレーション、そして97年から現在まではアルディオン・グループに勤めています。

練習問題 1

Redic Corporation – Management Training Seminar

Venue: Head Office, 24 Main Street, Galtonville
Time/Date: 09:00, June 4

09:00	Welcome – The history of our company Jane Williams (CEO)
09:15	Presentation – Rising to the Challenge Tim Jones (Human Resources)
10:00	Break
10:30	Presentation – Time & Task Management Kelly Reynolds (CFO)
12:00	Lunch*
13:00	Training A – Conflict Resolution – Room 14 Tim Jones (Human Resources) or Training B – Giving Feedback – Room 24 Line managers
15:00	Wrap up

*A buffet lunch will be provided for attendees (Conference Room - 2nd floor).

CD1 76-82

(Narrator)

Good afternoon, this is Harry Moors. I am calling about the upcoming Management Training Seminar. I have a couple of questions about it.

Question 7: Could you tell me where the seminar will be held and what time it will begin?

Question 8: Last year, attendees had lunch at a local restaurant. Is the same thing happening this year, too?

Question 9: Can you give me more information about what will be happening in the morning before lunch?

レディック・コーポレーション主催 「マネジメント研修セミナー」
日時：6月4日午前9時より
会場：レディック・コーポレーション本社 （ギャルトンヴィル メインストリート24番）

09:00	開会の辞「わが社の歩み」 ジェーン・ウィリアムズ （CEO）
09:15	講演「難局を乗り切る」 ティム・ジョーンズ （人事部）
10:00	休憩
10:30	講演「時間と業務を管理する」 ケリー・レイノルズ （CFO）
12:00	昼食*
13:00	（2つの研修のいずれかを受講） 研修A 「対立を解消する」14号室 ティム・ジョーンズ （人事部）

Speaking / Writing

```
            研修B「フィードバックの仕方」24号室  当社ライン管理者
15:00   終了

*セルフサービスの昼食をご用意します(2階会議室にて)

【注】□ rise to the challenge  難局にうまく対処する    □ conflict  対立      □ resolution  解決
      □ buffet  セルフサービスの      □ provide  提供する      □ attendee  参加者

【メッセージ】
こんにちは。ハリー・モースといいます。今度のマネジメント研修セミナーのことでお電話しました。い
くつかうかがいたいのですが。

【注】□ upcoming  今度の

質問7  セミナーの会場と始まる時間を教えていただけますか。
質問8  去年、昼食は近くのレストランで取りましたが、今年も同じですか。
質問9  午前中、昼食前の予定についてもう少し教えていただけますか。

【注】□ hold (会を)開く
```

【解答例】

Question 7 CD1 78

Certainly. The seminar will be held at the Head Office at 24 Main Street, and it will begin at nine o'clock.

> わかりました。セミナーの会場はメイン・ストリート24番の本社で、9時からです。
>
> 【注】□ certainly 承知しました

Question 8 CD1 80

This year a buffet lunch will be provided for the attendees. It will be in the conference room on the 2nd floor.

> 今年はセルフサービスの昼食をご用意します。昼食会場は2階の会議室です。

Question 9 CD1 82

At nine o'clock, the CEO Jane Williams will speak about the history of our company. After that, Tim Jones from Human Resources will give a presentation. And then, at ten o'clock there will be a thirty minute break. After the break, there will be a presentation given by Kelly Reynolds, the CFO. She will talk about time and task management. Finally, we will stop for lunch at twelve o'clock.

> 9時からCEOのジェーン・ウィリアムズがわが社の歩みについて話します。そのあと、人事部のティム・ジョーンズの講演があり、10時から30分間休憩です。休憩のあと、CFOのケリー・レイノルズによる講演があります。時間と業務の管理についての話です。12時から昼食です。

練習問題2

Bertie's Food Shack
224-226 Ocean Way San Francisco 555-5434

X-Mas Party Menu

Appetizers
Shrimp Cocktail   Melon Boat   Garden Salad

Option A: $5.99
Roast Turkey with Roast Potatoes, Vegetables & Gravy

Option B: $6.99
Vegetable Lasagna with YOUR choice of Bread or Rice

Option C: $8.99
Salmon Fillet with Hollandaise Sauce and Baby Carrots

*Reservations are preferred but not required. The minimum group is 10 people. Maximum group size is 25. A 15% service charge will be added to all bills.

CD1 83-89

(Narrator)

Hello, I'm Chris South. Our tennis club is thinking of having our Christmas party at your restaurant. I have a couple of questions before I make a reservation.

Question 7:   How many appetizers do you offer and what are they?
Question 8:   Last year you offered a roast beef option. Are you offering that again this year, too?
Question 9:   Can you tell me more about group sizes and any extra charges?

バーティーズ・フード・シャック
サンフランシスコ　オーシャンウェイ　224-226　電話 555-5434

クリスマス・パーティ・メニュー
オードブル
エビのカクテル　　メロン・ボート　　　ガーデン・サラダ
メインA（5ドル99セント）
七面鳥とジャガイモのロースト　野菜とグレービーソース添え

Speaking / Writing

> メインB（6ドル99セント）
> 野菜のラザニア（パンまたはライスが選べます）
> メインC（8ドル99セント）
> サーモンのフィレ　オランデーズソースとベビーキャロット添え
>
> ＊ご予約いただければ幸いですが、当日のご用命も承ります。団体予約は10名様から25名様まで承ります。別途15％のサービス料をいただきます。
>
> 【注】□ appetizer　オードブル、前菜　　□ gravy　肉汁、グレービーソース
> □ prefer　…してもらったほうがよい　　□ require　要求する　　□ minimum　最小の
> □ maximum　最大の　　□ group size　グループの人数　　□ service charge　サービス料
> □ bill　請求額
>
> 【メッセージ】
> もしもし、クリス・サウスといいます。そちらで、私たちのテニスクラブのクリスマス・パーティをしたいと考えていまして、いくつかお尋ねしてから予約しようと思うのですが。
>
> 質問7　オードブルは何種類ですか。内容も教えてください。
> 質問8　去年はメインのメニューにローストビーフがありましたが、今年もありますか。
> 質問9　団体で利用できる人数と、サービス料について教えてください。
>
> 【注】□ extra charge　（代金以外に）追加で払う料金

【解答例】

Question 7　CD1 85

We offer three different appetizers. They are shrimp cocktail, melon boat, and a garden salad.

> 3種類です。エビのカクテル、メロン・ボート、それにガーデン・サラダです。

Question 8　CD1 87

This year, we are offering three options, such as roast turkey, vegetable lasagna, and salmon fillet.

> 今年のメイン・メニューは3種類です。七面鳥のロースト、野菜のラザニア、それにサーモンのフィレをご用意しております。

Question 9　CD1 89

Sure. The minimum group size is ten people and the maximum group size is twenty five people. We prefer it if you make a reservation in advance. In addition, a fifteen percent service charge will be added to all bills.

> かしこまりました。団体予約は10名様から25名様まで承ります。ご予約いただければ幸いです。それから、別途15％のサービス料をいただきます。

Question 10

▶▶▶ Guided Practice 1 : Asking for Volunteers （ボランティアを探す）

CD1 93

Good afternoon, my name is Jenny Taylor calling from Park Valley School. I was wondering if you or anyone at the tourist office could give me some help. You see, next month we have a group of fifteen Korean teenagers visiting our city on a school exchange, and they will stay here for a few days. I know that your Web site states that the local tourist board only has guides in English, French, and German. Do you, by any chance, happen to have or know of a Korean speaking guide who could help out for a few hours? We just want the teenagers to enjoy our city as much as possible. This is Jenny Taylor from Park Valley School and you can reach me at 555-3123.

> こんにちは。パークヴァレー・スクールのジェニー・テイラーと申します。観光案内所のどなたかのお力を貸していただけないかと思い、ご連絡しております。来月、韓国から15人の学生が交換留学のために当地を訪れ、数日間滞在する予定です。ホームページによると、そちらでは英語、フランス語、ドイツ語のガイドのみ可能とのことですね。どなたか、韓国語を話す方をご存知でしたら、その方に数時間お手伝いいただきたいのですが、いかがでしょうか。学生さんたちに当地をできるだけ楽しんでもらいたいのです。パークヴァレー・スクールのジェニー・テイラーです。555-3123 にご連絡お願いいたします。
>
> 【注】 □ by any chance　ひょっとして　　□ happen to do　たまたま…する

【解答例】 **CD1 94**

This is a message for Jenny Taylor. This is (your name [ex. Ken Okada]) at the tourist office. Thank you for your call. Your message said that you need a Korean speaking guide. However, we only have guides in English, French, and German. If you like, I will call the local university and see if there are any Korean speaking students who might be interested in getting some work experience as a guide. Also, I have a friend who lived in Korea for two years. He might be able to help. If you want to speak to me, please call me at 555-1234. Thanks.

> ジェニー・テイラーさんへの伝言です。こちらは観光案内所の（名前［例、岡田健］）です。お電話ありがとうございました。韓国語を話すガイドがご入用ということですね。残念ながら、当方には英語、フランス語、ドイツ語のガイドしかおりません。よろしければ、地元の大学に電話して、韓国語を話し、ガイドの経験をしてみたいと思っている学生がいないか聞いてみます。また、韓国に2年住んでいた友人もいます。彼がやってくれるかもしれません。この件についてお話がありましたら、555-1234 までお電話ください。ありがとうございました。

▶▶▶ Guided Practice 2 : Poor Customer Service （サービスへの不満）

CD1 95

Good morning. I was hoping to speak to the manager, but I guess leaving a message is fine. This is Keith Jackson. For over two years I have been a regular customer at your restaurant. Last night, my family and I celebrated a birthday at your restaurant.

Speaking / Writing

However, the service and food were really disappointing. The reason I am calling you is because I know that this is not how your restaurant usually operates. Can you call me back and let me know why this happened and what you propose to do about it? My name is Keith Jackson. Call me at 555-3434. Thanks.

> おはようございます。支配人とお話ししたかったのですが、伝言でけっこうです。キース・ジャクソンと申します。もう2年以上、そちらのレストランの常連です。昨晩、私たち家族はお宅で誕生日のお祝いをしたのですが、サービス、食事の両方ともに、がっかりしました。こうしてお電話しているのは、これはお宅のふだんのサービスではないと思うからです。折り返しご連絡いただき、その理由と、それについてのお考えをお聞かせくださいますか。キース・ジャクソンです。555-3434にお電話お待ちしております。
>
> 【注】□ regular customer　常連客　　□ disappointing　がっかりするような
> 　　　□ propose　提案する

【解答例】　 ▶ CD1 96

This is a message for Keith Jackson. This is (your name [ex. Masako Sato]), the restaurant manager. Thank you for your call. Your message said that you were dissatisfied with the service you had received. I am very sorry about that. It seems that the staff member ignored our strict customer service guidelines. If you like, I will give you a full refund or a free meal. I will also speak to the staff member to make sure that this never happens again. If you want to speak to me today, please call me at 555-1234. Thanks.

> キース・ジャクソンさんへの伝言です。レストランの支配人の（名前［例、佐藤正子］）と申します。お電話ありがとうございました。私どものサービスにがっかりされたということですね。大変申し訳ございませんでした。当レストランは顧客サービスに関する厳しいガイドラインを持っているのですが、スタッフがこれを守らなかったようです。よろしければ全額ご返金するか、無料でお食事をご提供いたします。そして、スタッフには2度とこのようなことがないよう、申しつけます。この件で今日お話がありましたら、555-1234までお電話ください。ありがとうございました。
>
> 【注】□ be dissatisfied with　…にがっかりする　　□ strict　厳しい　　□ refund　返金

▶▶▶ Guided Practice 3 : How to Promote Our Business
　　　　　　　　　　　　　（いかにビジネス促進を試みるか）

▶ CD1 97

Hi, this is Paul Simpson with a message for the head of sales (and) marketing. As the south-east regional director for Belway Supermarkets, it is my responsibility to make sure that the newly built supermarkets in this region open next month successfully. I am calling to ask you to tell me how you plan to promote our new supermarkets in the south-east in the run-up to the grand opening on July 1st. Can you tell me what ideas you already have? Television advertising is very expensive in the south-east, more so than in other regions. Obviously we have a budget for advertising, but if we can get maximum publicity for minimum cost, then that will be much better. Call me, and tell me your suggestions. You can reach me, Paul Simpson, at extension 13.

> こんにちは、ポール・シンプソンから営業・マーケティング部長への伝言です。ベルウェイ・スーパーマーケットの南東地域担当者として、来月この地域に開店する新規店舗を成功させなければなりません。お電話しているのは、7月1日のグランドオープン前の準備期間に、南東地域でどういう宣伝をお考えかをおうかがいするためです。どのような方法をお考えでしょうか。この南東地域ではテレビ広告は他地域よりずっと高くつきます。もちろん広告の予算はあるわけですが、安いコストで最大の広告効果を得られれば、そのほうがいいですね。電話でお考えをお聞かせください。内線13番のポール・シンプソンまでお願いします。
>
> 【注】□ promote　宣伝する　　□ run-up　準備段階　　□ budget　予算
> □ publicity　注目、評判

【解答例】　**CD1　98**

Hello, this is a message for Paul Simpson. This is (your name [ex. Ken Okada]), the head of sales and marketing. Thank you for your call. Your message said that you wanted to hear my ideas for advertising the new stores. To be honest, I have been thinking about the same thing. It seems that local television advertising is very expensive in this area. Why don't we advertise in the local newspapers and on the radio? That would be cheaper. Also, we could sponsor a local event, for example, the city marathon or the city music festival. That would show that we care about the city and its people. If you want to speak to me today, give me a call at extension 8. Thanks.

> もしもし、ポール・シンプソンさんに伝言です。営業・マーケティング部長の（名前［例、岡田健］）です。お電話ありがとうございました。新規店舗の宣伝について意見を聞きたいということですね。実は私も同じことを考えていました。この地域の地元テレビ局で宣伝するのはとてもお金がかかります。地元の新聞とラジオで宣伝しませんか？　そのほうが安いと思います。また、市民マラソンや市の音楽祭などの地元のイベントのスポンサーになることもできます。そうすれば私たちが地元とその住民を大切にしていることをわかってもらえます。この件で今日お話がありましたら、内線8番にお電話ください。ありがとうございました。
>
> 【注】□ sponsor　後援する、スポンサーになる　　□ care about　大事に思う

練習問題 1

Respond as if you are the head of personnel.
In your response, be sure to
・show that you recognize the problem, and
・propose a way of dealing with the problem.

CD2　1

Now listen to the voice message.

> 人事部長になったつもりで解答してください。
> 解答にあたっては、必ず
> ・メッセージの相手の問題を理解していることを示してください
> ・問題への対処方法を提案してください
>
> では、留守番電話のメッセージをお聴きください。

Speaking / Writing

🔊 **CD2 2**

Hello, this is Linda Taylor. I am leaving this message for the head of personnel. As the new company president, I am interested in our employee training and development programs. I notice that employees receive initial orientation, three day on-the-job-training, a follow-up session two weeks later, and then a final evaluation after six months with us. After this, there is no further training provided. Although our initial training seems fine, I am concerned about follow-up training for experienced workers. Please tell me how you intend to develop the skills of our more experienced workers and to motivate them to take up this exciting challenge to learn new skills. Call me, this is Linda Taylor and my number is 555-3432. Thank you.

> もしもし、リンダ・テイラーです。人事部長へ伝言です。新任の社長として、当社の社員教育プログラムについて興味を持っております。私が理解しているのは、社員はまずオリエンテーションを受け、3日間のOJTを経て、2週間後にフォローアップセッション、6ヶ月後に最終評価を受けるということです。これ以降は研修がありません。導入研修はいいとして、経験を積んだ社員のフォローアップ研修について懸念しています。ベテランの社員のスキルを向上させるためのどんなアイディアを持っているか、聞かせてもらえませんか。また、新たなスキルを学んでさらに上を目指すという挑戦への動機づけをどうするかについてもお考えをうかがいたいと思います。555-3432のリンダ・テイラーまでお電話ください。ありがとう。
>
> 【注】□ experienced 経験豊富な、ベテランの　□ initial 最初の　□ evaluation 評価
> 　　　□ motivate 動機づけをする　□ propose 提案する

【解答例】 🔊 **CD2 3**

This is a message for Linda Taylor. This is (your name [ex. Ken Okada]), the head of personnel. Thank you for your call. Your message said that you wanted me to think about how to train and motivate experienced staff. To be honest, I have been thinking about the same thing recently. It seems that we have been too focused on getting everyone to a minimum standard. Why don't we carry out performance evaluations every two years? We could introduce performance pay. We could also decide promotions based on these evaluations. Another idea might be for experienced staff to join the initial orientations and on-the-job training to help the new employees. This would encourage them to reflect on their own performance and gain motivation from helping others. If you want to speak to me today, give me a call at 555-0974. Thanks.

> リンダ・テイラーさんに伝言です。人事部長の（名前［例、岡田健］）です。お電話ありがとうございました。ベテランのスタッフへの研修と動機づけについて意見をお聞きになりたいということですね。正直に言って、私も最近同じことを考えておりました。スタッフ全員のレベルを最低基準に届かせることを優先しすぎていたようです。1年おきの実績評価を取り入れてみませんか。実績ベースの給与を導入してもいいと思います。また、評価をもとに昇進を決定することもできます。あるいは、ベテランスタッフをオリエンテーションとOJTに参加させて、新入社員の研修を手伝ってもらうのもいいでしょう。自分の仕事ぶりを振り返ってもらうのに役立つし、手助けをすることでモチベーションを高めることもできるでしょう。この件について今日お話があるようでしたら、555-0974にお電話ください。ありがとうございました。
>
> 【注】□ carry out 実行する

練習問題2

Respond as if you are the head of marketing.
In your response, be sure to
・show that you recognize the problem, and
・propose a way of dealing with the problem.

CD2 4

Now listen to the voice message.

> マーケティング部長になったつもりで解答してください。
> 解答にあたっては、必ず
> ・メッセージの相手の問題を理解していることを示してください
> ・問題への対処方法を提案してください
>
> では、留守番電話のメッセージをお聴きください。

CD2 5

Hello, is this the head of marketing? This is Lorrie Jamieson, the head of Information Technology. As you are aware, we are soon going to be completely redesigning our company Web site. The company president is keen that our Web site looks inviting and encourages people to buy things from the new online store. It should also be easy to find and navigate. However, I'm just the person who makes the site, so I'd like to hear some good ideas from you as the head of marketing. What are the things that you think we should put on our new Web site? What kind of design are you thinking of, something eye-catching or something simple? Do you want sounds, animations, or pictures? Right now, I have a blank canvas to work from. Almost anything is possible. So, give me a call and tell me your thoughts, and then I can get started this week. Call me, Lorrie Jamieson, at extension 25.

> もしもし、マーケティング部長でしょうか？ IT部長のロリー・ジェイミソンです。ご承知のとおり、当社はもうすぐホームページのデザインを大きく変更する予定です。ホームページについての社長の希望は、魅力的で、お客様が新しいオンラインショップで物を買いたくなるような、探しやすく操作しやすいものにするということです。しかしながら、私はサイトを作る人間にすぎませんので、マーケティングの責任者のご意見をうかがいたく思います。新しいサイトには何を載せたらいいでしょうか。デザインについてはどうお考えでしょう？ ぱっと目をひくもの、あるいはシンプルなものがいいでしょうか。サウンドやアニメーションや画像が必要ですか？ 今はまだ白紙の状態ですので、ほぼ何でも入れることができます。お電話でお考えを聞かせていただければ、今週から取り掛かることができます。内線25番のロリー・ジェイミソンまでお願いします。
>
> 【注】□ redesign デザインを改める　□ inviting 魅力的な
> □ eye-catching 人目を引く、目立つ

【解答例】　**CD2 6**

Hi, this is a message for Lorrie Jamieson. This is (your name [ex. Ken Okada]), the head of marketing. Thank you for your call. Your message said that you wanted to know my ideas for our new Web site. Actually, I have some ideas that I wanted to share with you. It seems that our old Web site was too difficult for people to use.

Speaking / Writing

Why don't we keep it simple? Let's avoid music, sounds, and loud colors. I think we should also have less text and let the photographs do the talking. We should also show our store locations using nice clear maps and the opening and closing times of our stores. If you want to speak to me today, give me a call at extension 77. Thanks.

> こんにちは。ロリー・ジェイミソンさんに伝言です。マーケティング部長の（名前［例、岡田健］）です。お電話ありがとうございました。新しいホームページについての意見を聞きたいということですね。実は、お聞かせしたいアイディアがいくつかあります。今までのサイトはひどく使いにくいものだったと思います。シンプルなものにしませんか。音楽やサウンドや派手な色使いをやめましょう。また、文字を少なくして、写真に語らせるべきだと思います。そして、わかりやすい地図で店舗の場所と営業時間を知らせることも必要です。この件で今日お話がありましたら、内線77番にお電話ください。ありがとうございました。
>
> 【注】□ avoid　避ける

Question 11

▶▶▶ **Guided Practice 1 : Work & Career**（仕事とキャリア）

CD2 9

Some people like to change jobs and companies often while others prefer to stay with the same job and company all of their lives. Which approach to work do you prefer and why? Use specific reasons and examples to support your answer.

> 仕事や会社をよく変えるのが好きな人と、同じ仕事をし、あるいは同じ会社に一生いるのを好む人がいます。あなたはどちらのタイプですか？ その理由は？ 具体的な理由と例を挙げて説明してください。

【解答例】 **CD2 10**

I prefer to work for the same company. One reason is that I think it is disloyal to the company if I leave and change jobs often. For example, one of my colleagues left our company last month to join a competitor. We had been working on the same project, but now I feel that he has somehow shared our achievement with a rival firm. Another reason is that it takes me a long time to get to know people. For example, when I transferred to my current department from my old department, it initially took me a while to get to know my coworkers. A final reason is that having only worked at one company, I am fully aware of company policies and rules. If I change my employer, I will have to learn a new set of rules and policies, and there will be many new things that I must get used to. Therefore, I would like to work for the same company all my life.

> 私は同じ会社で働くのを好みます。まず、しょっちゅう会社を辞めて仕事を変えるのは、会社にとって不誠実だと思うからです。たとえば、先月、私の同僚が会社を辞めて競合他社に移りました。私たちは同じプロジェクトについてしたのですが、そこで達成したことを彼がいまやライバル企業で共有しているように感じます。また、私は人と仲良くなるのに時間がかかることも理由の一つです。たとえば、前の部署から今の部署に移った時、同僚のことをよく知るようになるまで時間がかかりました。最後に、一つの会社で働くことで、会社の方針や規則をよく理解することができます。雇用主が変われば、新しい規則や方針を一から学ばなくてはならないし、たくさんの新しいことに慣れなければなりません。したがって、一生同じ会社で働くほうを選びます。
>
> 【注】□ disloyal 不誠実な　□ competitor 競争相手　□ somehow なんとなく
> □ transfer 移る　□ current 現在の　□ initially 当初は　□ coworker 同僚、協力者
> □ be aware of …に気づいて

▶▶▶ **Guided Practice 2 : Transportation**（交通機関）

CD2 11

Recently the government has been encouraging more people to commute using public transportation rather than using their own vehicles. What is your opinion about this?

> 最近、政府は通勤に自家用車でなく公共交通機関を使うよう推奨しています。あなたはどう思いますか？

Speaking / Writing

【解答例】 CD2 12

I feel that it is a good idea and there are several reasons why. The first reason is that it is good for the environment. Cars produce a lot of noise and exhaust gases. In a city there might be thousands, even millions of cars all on the road at the same time. The combination of noise and exhaust gases is very bad. A train or bus will also cause some pollution, but not as much, and can carry more people at one time. The second reason is that it is cheaper. The price of gas has increased a lot, and we have to pay for car insurance and service. Finally, I think it creates a sense of community. In a private car, we are by ourselves or with our family. We never see, talk, or meet people outside our own network. However, on a train or bus, we can sometimes meet new people. It is for these reasons that I feel commuting by public transportation to be a good thing.

いい考えだと思います。いくつかの理由があります。まず、環境のためによいということがあります。自動車は騒音と排気ガスをまき散らします。市内では何千台、何百万台もの車が同時に道路を走行します。騒音と排気ガスの組み合わせは最悪です。電車やバスも汚染のもととなりえますが、自動車ほどではないし、より多くの人を一度に運ぶことができます。次に、料金が安いことです。ガソリンは大幅に値上げされていますし、車は保険や点検などにもお金がかかります。最後に、地域に一体感が生まれると思います。自家用車の中では、私たちは自分一人か家族と一緒にいます。自分のネットワークの外にいる人たちに会ったり話したりすることはありません。けれども電車やバスでは、人と知り合いになることができます。こういう理由で、私は公共交通機関で通勤するのはよいことだと思います。

【注】 □ produce 出す　□ exhaust 排出する　□ pollution 汚染　□ insurance 保険

練習問題 1

CD2 13

There is a proposal to build a new casino in your city. What do you think about that? Give reasons for your opinion.

あなたの住む市にカジノを新築しようという計画があります。それについてどう思いますか？ 理由とともに意見を述べてください。

【解答例】 CD2 14

I think that the plan to build a new casino in my city is a bad thing. Firstly, I think building a casino sends a bad message to children. It tells them that gambling is an acceptable thing and that it is supported by our city. If children grow up near a casino, they might be tempted to enter it. Secondly, I worry that crime might rise. A lot of people who visit casinos are people who have money troubles and need to get money quickly. If someone loses at the casino, there might be some fights or violence. Also, if someone wins a lot of money, they might be mugged as they leave the casino.

私の市にカジノを新築する計画は間違っていると思います。まず、カジノを作ることは子供たちによくないメッセージを送ると考えます。ギャンブルが許容され、自分の住む市がそれを支持しているということを伝えるのです。カジノの近くで育った子供たちは、中に入ってみたいと思うかもしれません。次に、犯

罪が増えるのではないかと心配です。カジノに来る人の多くは金銭的なトラブルを抱えていて、手っ取り早くお金を手にしたいのだと思います。人がカジノで負けるとけんかになったり暴力沙汰になりかねません。また、大勝ちした人がカジノを出る時に襲われてお金を奪われるかもしれません。

【注】 □ gambling 賭け事　□ acceptable 容認できる　□ temptation 誘惑
□ crime 犯罪　□ violence 暴力　□ mug （人から）ものを奪う

練習問題2
CD2 15

Do you agree or disagree with the following statement? The Internet is a valuable educational tool. Use specific reasons and examples to support your opinion.

以下の文に賛成ですか、反対ですか？　インターネットは有益な教育ツールである。具体的な理由と例とともに意見を述べてください。

【解答例】 CD2 16

I agree that it is a valuable educational tool. Firstly, the Internet is very easy to learn how to use. It takes only a few hours to get fairly confident in using it. This means that it can be used by everyone, from kids to adults. Secondly, it has a lot of information. There are Web sites that cover all topics, and a very simple search brings up millions of hits. Last week, I wanted to know the meaning of an English word. It was quicker to search it online than to look it up in a dictionary. Finally, it is interactive. Many Web sites have games, videos, and quizzes. These allow people to learn by doing. I think people learn more when they do it rather than just read or listen. There are forums where people can ask questions, too.

インターネットは役に立つ教育ツールだと思います。まず、使い方を覚えるのがとても簡単です。ほんの数時間あれば、自信を持って使えるようになります。つまり子供から大人まで誰でも使えるということです。次に、インターネットには大量の情報があります。あらゆるテーマをカバーしたサイトもあるし、簡単な検索で何百万もヒットします。先週、ある英単語の意味を知りたかったのですが、辞書をひくよりインターネットで探すほうが早く見つかりました。最後に、インターネットは双方向だということがあります。多くのサイトにはゲームやビデオやクイズがあります。こういうものを実際にやって学ぶことができるのです。ただ読んだり聞いたりするより、実際にやってみたほうがよりよく学べると思います。質問をすることができるフォーラムもあります。

【注】 □ valuable 価値のある　□ fairly かなり　□ confident 自信のある
□ interactive 双方向の　□ forum フォーラム

練習問題3　CD2 17

Describe a favorite leisure activity and explain why it is important for you. Use specific reasons and examples to support your opinion.

余暇にする活動で好きなものについて、あなたにとってそれが重要な理由とともに説明してください。具体的な理由と例も挙げてください。

Speaking / Writing

【解答例】 CD2_18

I like hiking. One reason is that it is pleasant to spend time around nature. I especially like taking riverside walks, and there are several places that I like to go. I love the feeling of the wind and the fresh air. Depending on the season, I enjoy different views. In spring, sprouts of new leaves appear on the mountainside, and in the fall, I especially enjoy the changing colors of the leaves. Another reason is that hiking is good exercise for me. Usually, I am stuck behind my desk at work, and I definitely suffer from a lack of exercise. So, hiking is a good opportunity for me to move my body. Hiking is more pleasurable for me than doing a workout at the gym. On top of that, mountain hiking is mentally relaxing for me. So I think that hiking is my favorite leisure activity.

> 私はハイキングが好きです。自然の中で過ごすのは楽しいからです。特に川沿いの道を歩くのが好きで、お気に入りの場所がいくつかあります。風や新鮮な空気に触れるのが大好きです。季節によって違う景色を楽しむことができます。春には山肌に新芽が見えますし、秋の紅葉は特に楽しみです。また、ハイキングはいい運動にもなります。ふだんはデスクワークをしているので、いつも運動不足です。ですからハイキングは体を動かすいい機会です。私にとって、ジムで運動するよりハイキングのほうが楽しいです。このような理由で、ハイキングは一番好きな余暇の楽しみです。
>
> 【注】 □ pleasant 気持ちのよい　□ sprout 新芽　□ stuck 動かない
> □ suffer 苦しむ　□ pleasurable 愉快な　□ mentally 精神的に

ライティング問題解答

Questions 1-5

▶▶▶ **Guided Practice 1**

①現在進行形

1. **People** are standing in line at the boarding gate.

人々が搭乗口で列に並んでいる。

2. **Passenger**s are waiting to board the airplane.

乗客たちが飛行機の搭乗を待っている。

【注】□ board （旅客機・船・列車・車に）乗り込む

②現在形

1. Travelers have their own **baggage**.

旅行者たちはそれぞれ自分の手荷物を持っている。

2. There is a long **line** of passengers at the gate.

搭乗口には乗客たちの長い列がある。

【注】□ gate （空港の）搭乗口

Speaking / Writing

▶▶▶ Guided Practice 2

①能動態
1. There are two chairs behind the **table**.

2脚の椅子がテーブルの向こう側にある。

2. **Cushion**s are on the armchairs.

クッションは肘かけ椅子の上にある。

②受動態
1. Flowers are arranged in a **vase**.

花が花瓶に生けられている。

【注】□ arrange　整える、そろえる

2. Two **armchair**s are placed side by side.

2脚の肘かけ椅子が並んで置かれている。

【注】□ place　置く、据える　　□ side by side　並んで、並行して

▶▶▶ Guided Practice 3

1. Two women have stopped their bicycles because they need to know where they are.

2人の女性が、いま自分たちがどこにいるのか知りたくて、自転車を止めたところだ。

2. Two women have stopped their bicycles to see if they are going in the right direction.

2人の女性が、正しい方向に向かっているかどうか確かめるために、自転車を止めたところだ。

3. Two women have stopped their bicycles after they enjoyed cycling in the park.

2人の女性が、公園でサイクリングを楽しんだあと、自転車を止めたところだ。

▶▶▶ Guided Practice 4

1. Two **cyclist**s are looking at a map **because** they need to know where they are.

自転車乗りの2人が、いま自分たちがどこにいるのか知りたくて地図を見ている。

2. Two people are **stand**ing by their bicycles to see **if** they are going in the right direction.

2人の人が、道を間違っていないかどうか知りたくて自転車のそばに立っている。

3. Two women are **talk**ing beside their bicycles **while** they are having a rest.

2人の女性が、休憩を取りながら自転車のそばで話している。

▶▶▶ Guided Practice 5

① There are two **chair**s under a big **beach** umbrella. (9 words)

2脚の椅子が大きなビーチパラソルの下にある。(9語)

Speaking / Writing

【注】□ beach umbrella　ビーチパラソル

② Two plastic chairs are placed next to each other **under** a big red **parasol**. (14 words)

2脚のプラスチック製の椅子が、大きくて赤いパラソルの下に並んで置かれている。(14語)

【注】□ next to each other　隣同士に、並んで

③ A big **red** parasol is sheltering two chairs **on** the beach. (11 words)

海辺では大きくて赤いパラソルが2脚の椅子を日差しから守っている。(11語)

【注】□ shelter　保護する、覆う

④ **Several umbrella**s are casting shade on the white sand beach. (10 words)

パラソルが白い砂浜に影を落としている。(10語)

【注】□ cast　（光・影などを）投げかける、落とす

⑤ A man is **rest**ing under the parasol **while** some people are bathing in the sea. (15 words)

人々が海で水浴びしている一方で、1人の男性がパラソルの下で休んでいる。(15語)

【注】□ bathe　水に入る、水を浴びる

練習問題 1

Question 1

some / line

【解答例】
Some travelers are waiting in **line** to go through customs. (10 words)

旅行者たちは税関を通過するため、列に並んで待っている。(10語)

Question 2

shopper / store

【解答例】
Two **shopper**s are choosing clothes to buy in the **store**. (10 words)

> 店の中で2人の買い物客が買う服を選んでいる。(10語)

Question 3

shelf / on

【解答例】
Shoes in different colors are displayed **on** the **shelves**. (9 words)

> さまざまな色の靴が棚に並べられている。(9語)
> 【注】□ display 陳列する、展示する

Question 4

bed / next to

Speaking / Writing

【解答例】
Two **bed**s are placed **next to** each other in the hotel room. (12 words)

ホテルの部屋には2台のベッドが並んで置かれている。(12語)

Question 5

outdoors / buy

【解答例】
People are **buy**ing some baked food items sold **outdoors**. (9 words)

人々は店の外で売られているその場で焼いた食べ物を買っている。(9語)

【注】□ bake （パン・菓子などを）焼く

練習問題2

Question 1

decide / if

【解答例】
A shopper is looking at the items to **decide if** she buys one. (13 words)

買い物客は買うかどうかを決めるために商品を見ている。(13語)

Question 2

chef / in order to

【解答例】
A **chef** is adding some salt **in order to** make the food tastier. (13 words)

シェフは食べ物をもっとおいしくするために塩を加えている。(13 語)

Question 3

photograph / on

【解答例】
Some **photograph**s are attached **on** the wall in a coffee shop. (11 words)

何枚かの写真がコーヒーショップの壁に貼られている。(11 語)

【注】□ attach （小さな物を大きな物に）貼り付ける、取り付ける

Question 4

walk / because

【解答例】
Several boys are **walk**ing the dog **because** their parents told them to do so. (14 words)

> 少年たちは両親に言われたので犬を散歩させている。(14 語)
>
> 【注】□ walk a dog　犬を散歩させる

Question 5

counter / order

【解答例】
A customer is **order**ing something to drink over the **counter**. (10 words)

> 客がカウンター越しに飲み物を注文している。(10 語)

Questions 6-7

▶▶▶ Guided Practice 1: Membership Drive（会員獲得）

Directions:	Read the e-mail below.

ディレクション：以下のEメールを読みなさい。

From:	Billy Williams – Membership Secretary – College English Language Club
To:	All members
Subject:	Membership Drive
Sent:	March 15, 13:05

Dear Members,
Last year the membership of the College English Language Club fell from 300 members to 240 members, a fall of 20%. This year we hope to increase our membership by 100. Do you have any ideas how we can do this?

差出人：ビリー・ウィリアムズ　カレッジ英語クラブ　会員事務局
宛先：全会員
件名：会員獲得について
日付：3月15日　13:05

会員各位
昨年、カレッジ英語クラブの会員が300名から240名へ2割減少しました。今年は会員を100名増やしたいと思っています。そのための何かよいアイディアはありますか？

Directions: Respond to the e-mail as if you are a member of the College English Language Club. In your e-mail, make TWO suggestions for how to improve membership and explain ONE problem.

ディレクション：カレッジ英語クラブの会員になったつもりで返信メールを書きなさい。文中では、会員数を増やすための提案を2つ伝え、課題となることを1つ挙げて説明すること。

【注】□ drive　（ある目的のための）努力、運動　　□ fall　（温度・数量・値段などが）下がる、減る

【解答例】
Dear Billy Williams,

I received an e-mail dated March 15 entitled "Membership Drive." I would like to make two suggestions and explain one problem.

To start with, why don't we consider reducing the cost of club membership? The reason for the declining membership might be related to the high cost of joining. In addition, have you considered holding more events? If you ask me, the two

Speaking / Writing

events held last year were quite boring. Why don't you hold some speech contests, debates, or similar events? One more thing, I do not have a lot of time next year to justify being a paid member. As a result, I will not be renewing my membership when it expires.

Should you wish to discuss any aspect of this e-mail, do get in touch with me.

Regards,

(YOUR NAME)

ビリー・ウィリアムズ様

3月15日付「会員獲得について」のEメールを拝見しました。2点ご提案させていただき、1点お知らせしたいと思います。
　まず、会費の値下げを検討したらどうでしょうか。会員数の減少は、会費が高いことと関連があるかもしれません。さらに、イベント数を増やすことを考えたことはありますか。私の考えを言わせてもらえば、昨年開催された2つのイベントはとても退屈でした。スピーチ・コンテストやディベート大会などを開いてはどうでしょう。最後に、来年は会費に見合うだけの活動をする時間がとれません。そこで、次の更新時には会員資格を延長しないことにします。
　本メールについて何かありましたら、ご連絡ください。

敬具

（あなたの名前）

【注】□ if you ask me　私の考えを言わせてもらえば、私の意見では　　□ justify　正当化する
□ renew　更新する　　□ expire　（期限が）切れる、尽きる　　□ get in touch with　…に連絡する

▶▶▶ Guided Practice 2: Internet Subscription（インターネット契約）

Directions:　Read the e-mail below.
ディレクション：以下のEメールを読みなさい。

From:	Customer Services – AGT Internet Service Provider
To:	Mr. Tony Sands
Subject:	Internet Subscription
Sent:	June 8, 09:15 A.M.

Dear Mr. Sands,
I received an e-mail from you yesterday explaining that you wished to cancel your monthly Internet subscription. It would be useful to us if you could provide us with the reasons why you want to cancel.

差出人：AGT インターネットサービス・プロバイダー　カスタマーサービス
宛先：トニー・サンズ様
件名：インターネット契約について
日付：6月8日　午前09:15

サンズ様
昨日貴殿からのEメールを拝受しました。毎月のインターネット契約を解約したいとのこと、今後の参考にしますので、その理由を教えていただければ幸いです。

Directions: Respond to the e-mail as if you are Tony Sands. In your e-mail, describe TWO problems that you have been having with your internet service and give ONE piece of advice.

ディレクション： トニー・サンズになったつもりで返信メールを書きなさい。文中では、インターネットサービス使用中に起きている問題を2つ説明し、助言を1つ伝えること。

【注】□ subscription （電話・有線テレビなどの）加入
□ cancel （約束・決定・注文などを）取り消す、解消する

【解答例】
Dear Sir or Madam,

On June 8, I received an e-mail entitled "Internet Subscription" from you. I would like to take this opportunity to describe two problems and give one piece of advice.

To begin with, when accessing video streaming sites, the speed is really slow. It takes a long time for videos to load and start playing. Furthermore, my connection to the Internet is always stopping and starting. It seems to be particularly bad on weekends. The problem does not appear to be coming from my router, which was installed by a professional. One further point that I would like to say is that I think that your firm should spend less money on advertising and more money on providing a decent service to your customers.

I am at home all day today, so if you wish to discuss any of the points that I have made, kindly get in touch with me at 555-2543.

Yours,

Tony Sands

ご担当者様
　6月8日に「インターネット契約について」のEメールを拝受しました。この機会に問題点を2つご説明し、助言を1つお伝えしたいと思います。
　まず、動画サイトにアクセスすると、回線スピードが非常に遅くなります。ビデオがアップされて始まるまで長い時間がかかります。その上、インターネット接続が常に不安定で、週末は特にひどい状態です。ルーターは業者に取り付けてもらったので、ルーターの問題ではなさそうです。さらに1つ申し上げたいのは、御社は広告費を削り、顧客へのしかるべきサービス提供にもっと予算を注ぎ込むべきだ、ということです。
　本日は終日自宅におります。お伝えしたことに関して何かありましたら、555-2543までお電話ください。
敬具
　トニー・サンズ

【注】□ furthermore　その上、さらに　　□ decent　しかるべき、きちんとした

▶▶▶ Guided Practice 3: Summer Performance （夏の公演）

Directions: Read the e-mail below.
ディレクション：以下の E メールを読みなさい。

From:	Ashberg Amateur Operatic Society
To:	All members
Subject:	Summer Performance
Sent:	July 18, 13:54

Dear Members,
This summer, we are performing the musical "Oscar Darling" at the Ashberg Civic Center, from August 14–17. As you know, tickets for our events are very popular. Book now to avoid disappointment!

差出人：アッシュバーグ・アマチュア・オペラ協会
宛先：全会員
件名：夏の公演について
日時：7月18日　13:54

会員各位
この夏、私たちはミュージカル『オスカー・ダーリング』を上演します。アッシュバーグ市民会館で、8月14日から17日までです。ご存知のように私たちの公演はとても人気があります。売り切れで後悔しないよう、今すぐご予約ください。

Directions: Respond to the e-mail as if you want to see this performance. In your e-mail, ask TWO questions and give ONE offer of help.

ディレクション：この公演を観に行きたい人物になったつもりで返信メールを書きなさい。文中では、質問を2つ挙げ、手伝いの申し出を1つ伝えること。

【注】□ book　（部屋・座席・切符などを）取っておく、予約する　　□ avoid　避ける、回避する
□ disappointment　失望、期待はずれ

【解答例】
Dear Sir or Madam,

I am writing in response to an e-mail that I received on July 18 regarding your summer performance. I would like to ask two questions and also give one offer of help.

Firstly, can you please tell me the price of tickets for both adults and for children? Your e-mail did not mention the cost, which I thought to be rather strange. Also, I would like to ask where I can buy tickets. Again, your e-mail did not mention it. Do I buy them at the Civic Center or from you? To conclude, I would like to give an offer of help. Each year you raffle some prizes in aid of the local hospital. I am more than happy to volunteer to sell raffle tickets on both August 14th and 15th, but I am not available on the other days.

If you wish to get in touch with me, kindly give me a call at 555-7344.

Best Regards,

(YOUR NAME)

ご担当者様

　7月18日に受け取った協会主催の夏の公演に関するEメールについて、2つの質問とお手伝いの申し出をお伝えします。
　まず最初に、チケットの子供料金と大人料金を教えていただけますか。いただいたメールでは料金が示されておらず、不思議に思いました。次に、チケットはどこで買えるでしょうか。このことも書かれていませんでした。市民会館で買うのでしょうか、それとも協会から購入するのでしょうか。最後に、お手伝いを申し出たいと思います。協会は毎年、地元の病院支援のために福引の賞品を提供しています。今年の福引くじ販売の際には、販売係をさせていただければと存じます。8月14日と15日は可能ですが、ほかの日はお手伝いできません。
　何かありましたら555-7344までお電話ください。

敬具

（あなたの名前）

【注】□ rather　いくぶん、やや　　□ raffle　（…を）くじの賞品に提供する

練習問題 1

Question 6

Directions: Read the e-mail below.
ディレクション： 以下のEメールを読みなさい。

From: Jay Peters
To: Kaldonia Customer Service Department
Subject: My order
Sent: December 17, 14:45

To whom it may concern:
One week ago I ordered a product from your Web site as a Christmas gift. Despite the money already having been debited from my account and delivery expected within five days, I have yet to receive anything. Can you tell me what has happened with my order?

差出人：ジェイ・ピーターズ
宛先：カルドニア・カスタマーサービス部
件名：注文した商品について
日付：12月17日　14:45

Speaking / Writing

> ご担当者様
> 1週間前に御社ウェブサイトから、クリスマスのプレゼント用に商品を注文しました。代金はすでに私の口座から引き落とされ、5日以内に品物が届くことになっていますが、いまだに何も受け取っておりません。私の注文がどうなったか、ご説明をお願いします。

Directions: Respond to the e-mail as if you work at the customer service department. In your e-mail, make TWO requests for information and explain ONE problem.

ディレクション：カスタマーサービス部の社員になったつもりで返信メールを書きなさい。文中では、2つの情報を求め、生じている問題を1つ説明すること。

【注】□ debit （ある金額・料金を）（口座から）引き落とす

【解答例】
Dear Mr. Peters,

Further to your recent e-mail, I would like to make two requests for information and explain one problem.

It would be of great assistance if you would be so kind as to provide me with your customer order number. It was not included in your previous e-mail, and without this number, it is difficult for me to search for your order. In addition to your customer order number, please also tell me which delivery option you chose. Did you select standard delivery or priority express? Finally, I would like to take this opportunity to explain one problem. As you may have read in the newspaper, we recently had a fire at our main warehouse. At the moment we are dealing with a significant backlog of orders and delays in delivery. I would like to ask for your patience.

You can either e-mail me the information I have requested, or alternatively you can call me toll-free at 800-555-3432.

Best regards,

(YOUR NAME)
Kaldonia Customer Service Department

> ピーターズ様
>
> このたびお送りいただいたEメールに関し、お尋ねを2点、そして弊社の現状について1点ご説明申し上げます。
> まず注文番号をご教示いただければ幸いです。いただいたメールにその情報が含まれておらず、この番号がないと注文の追跡が困難になります。さらに、どの配送方法を選択されたかもお教えいただけますか。通常配送でしょうか、それともお急ぎ便でしょうか。最後に、弊社の現状について1点ご説明いたします。すでに新聞でお読みになったかもしれませんが、先日弊社のメイン倉庫で火災が起こりました。現在、大量の未消化注文と発送遅延に対処しているところです。申し訳ありませんが今しばらくお待ちください。
> お尋ねした情報に関しては、メールで返信いただくか、もしくはフリーダイヤル800-555-3432で私宛にお電話ください。

	敬具
（あなたの名前） カルドニア・カスタマーサービス部	

【注】□ further to　…に関して（述べれば）　□ backlog　未処理分　□ patience　忍耐、我慢
　　　□ alternatively　あるいはまた　　　　　□ toll-free　フリーダイヤルで

Question 7

Directions:　Read the e-mail below.
ディレクション：以下のEメールを読みなさい。

From:	Skippy Entertainment Services
To:	Emily Matthews
Subject:	Birthday Party
Sent:	September 13, 11:43 A.M.

Dear Mrs. Matthews,
Thank you for choosing Skippy Entertainment Services to organize your son's seventh birthday party to be held on September 23. In addition to clowns, we also have magicians, balloon artists, and more. We also provide a full catering service.

差出人：スキッピー・エンターテインメント・サービス
宛先：エミリー・マシューズ様
件名：誕生日パーティについて
日付：9月13日　11:43

マシューズ様
このたびは、9月23日に開催する息子さんの7歳の誕生日パーティの企画会社として、スキッピー・エンターテインメント・サービスをご検討いただき、誠にありがとうございます。ピエロのほかにも、弊社ではマジシャン、バルーン・アーティストなども揃えております。おまかせケータリングプランもご用意しております。

Directions:　Respond to the e-mail as if you are Emily Matthews. In your e-mail, make TWO requests and explain ONE problem.

ディレクション：エミリー・マシューズになったつもりで返信メールを書きなさい。文中では、2つの要望を伝え、問題になることを1つ挙げて説明すること。

【注】□ in addition to　…に加えて、…のほかに

【解答例】
Dear Sir or Madam,

I am sorry for the delay in responding to your recent e-mail dated September 13th. I was overseas and have only just checked my mail box.

Speaking / Writing

Can I make two requests and at the same time explain one problem to you?

Firstly, my son is crazy about soccer. I would like to request a soccer themed party. For example, decorations or foods in his favorite team colors of blue and white. In addition, I would like to request a birthday cake in the shape of a soccer ball. Although I think this might be difficult for you to make, I would be prepared to pay extra for it.

Finally, I would like to share one problem. My son is allergic to both bananas and nuts. If we do decide to use your service, will you be able to take his allergies into consideration?

Sincerely,

Emily Matthews

ご担当者様

9月13日にいただいたメールへの返信が遅くなり申し訳ありません。海外にいたため、つい先ほどメールをチェックしました。
2つの要望をお伝えし、1点問題があるため、それについてご説明したいと思います。
まず、息子はサッカーが大好きです。サッカーをテーマに取り入れたパーティをお願いしたいのですが。たとえば飾り付けや料理に、息子の好きなチームのカラーである青と白を使うなどです。さらに、サッカーボールをかたどったケーキを作っていただけますか。むずかしいであろうことは承知しています、追加料金を支払う用意があります。
最後に、1つ問題があるので、それについて説明させてください。息子はバナナとナッツ類に対してアレルギーがあります。もし御社にお願いする場合は、息子のアレルギーを考慮していただけますか。
宜しくお願いします。

エミリー・マシューズ

【注】□ allergic　アレルギー（性）の

練習問題2

Question 6

Directions: Read the e-mail below.
ディレクション：以下のEメールを読みなさい。

From:	Sharon Taylor – Company President – Astoria Entertainment Services
To:	Emily Addams – Marketing Director – Astoria Entertainment Services
Subject:	Female Membership Drive
Sent:	April 5, 14:05

Dear Emily,
As you are aware, we recently launched our online video on-demand system, which has been a great success so far among men. However, we are failing to attract females, both single and married, between the ages of (18-30). What ideas do you have about how we can succeed with customers in this age group?

差出人：シャロン・テイラー　アストリア・エンターテインメント・サービス　社長
宛先：エミリー・アダムス　アストリア・エンターテインメント・サービス　マーケティング部長
件名：女性会員獲得について
日付：4月5日　14:05

エミリーへ
ご承知のように、わが社が最近開始したオンラインのビデオオンデマンドは、今のところ男性からはとても好評です。ところが女性を取り込むことに失敗しています。既婚未婚問わず、18歳から30歳までの女性です。この年代の女性を引き付けるためのアイディアをお持ちですか。

Directions: Respond to the e-mail as if you are Emily Addams, the marketing director at Astoria Entertainment Services. In your e-mail, explain ONE problem and make TWO suggestions.

ディレクション：　アストリア・エンターテインメント・サービスのマーケティング部長エミリー・アダムスになったつもりで返信メールを書きなさい。文中では、問題になることを1つ挙げて説明し、2つの提案を伝えること。

【注】□ launch　（新製品などを）送り出す、（運動などを）展開する　　□ fail　失敗する
□ attract　（…を）（魅力で）引き付ける

【解答例】
Dear Sharon,

Sorry for not having gotten back to you earlier. I was out of the office. Further to your recent e-mail, I would like to explain one problem and give two suggestions.

To start with, I think one problem is that most of the movies that we currently offer are either action or science-fiction movies. These tend to be more popular with males rather than with females. Another point that I would like to make is that I think we should consider expanding our range of dramas, romantic comedies, and similar types of movies that traditionally appeal to a female audience. A final point that I want to mention to you is about advertising. It seems to me that if you agree to add more "female-friendly" movies, then we should advertise our new catalog in magazines that have female readerships, such as fashion magazines, or even on parenting Web sites.

If you want to speak to me today, give me a call at extension 55.

Thanks,

Speaking / Writing

Emily

> シャロンへ
>
> 社外にいたため、返事が遅くなりすみません。いただいたメールに関して、問題点を1つ指摘し、2つの提案を挙げたいと思います。
> まず、問題の1つは、われわれが現在提供しているビデオのほとんどが、アクションかSF映画であることだと思います。こういった作品は女性よりも男性に人気があります。さらに、ドラマ、恋愛もの、コメディなどの作品を増やすことを検討すべきだということです。こうしたジャンルの作品は、以前から女性が好んでいるものです。最後にお伝えしたいのは、広告についてです。もし「女性好み」の作品を増やすことに賛成していただけるのであれば、新しいラインアップを女性読者の多い雑誌で宣伝すべきです。ファッション誌や、育児に関するウェブサイトもいいかもしれません。
> 本日何かありましたら内線55までお電話ください。
> 宜しくお願いします。
>
> エミリー
>
> 【注】 □ further to …に関して（述べれば） □ tend to do …する傾向がある、…しがちである
> □ readership 読者数 □ extension （電話の）内線

Question 7

Directions: Read the e-mail below.
ディレクション：以下のEメールを読みなさい。

From:	Mandy Phillips – Career Consultant – ABC Job Search
To:	Tony Davies
Subject:	Welcome
Sent:	January 7, 14:03

Dear Mr. Davies,
Thank you for signing up with ABC Job Search. We will do our best to help you find suitable employment during this difficult time. So that we can match you with suitable employment quickly, can I ask you to send me some information about your education, career, and other skills?

差出人：マンディ・フィリップス　ABCジョブサーチ　キャリア・コンサルタント
宛先：トニー・デイヴィス様
件名：ようこそ
日付：1月7日　14:03

デイヴィス様
このたびはABCジョブサーチにご登録ありがとうございます。この厳しい時期に適職探しのお手伝いをできるよう、鋭意努力いたします。貴方にふさわしい仕事を早急にご紹介できるよう、学歴、職歴、特技等に関する情報をお送りいただけますか？

Directions: Respond to the e-mail as if you are Tony Davies. In your e-mail, give TWO pieces of information and ask ONE question.

ディレクション：トニー・デイヴィスになったつもりで返信メールを書きなさい。文中では、2つの情報を伝え、1つの質問を挙げること。

【注】□ sign up with …と契約する、…に申し込む　□ suitable （…に）適した、ふさわしい

【解答例】
Dear Ms. Phillips,

I would like to take this opportunity to respond to your very kind e-mail asking me to provide you with further details about myself.

Perhaps I should mention my education first. I graduated from Exmouth University in 1982 and I have a degree in marketing. With regards to my skills, I speak four languages. In addition to English, I also speak French, Italian, and Japanese. I think that having a multi-lingual employee is a benefit for many companies. Finally, I would like to take this opportunity to clarify something. How long does it typically take for your agency to find suitable employment for a person like me? I ask simply because the sooner I can get back into full employment, the better it is for me.

Should you have any further questions, please do not hesitate to get in touch.

Sincerely,

Tony Davies

フィリップス様

　ごていねいなメールにお応えし、この機会にさらに詳しく私のことをお伝えします。
　まず学歴についてですが、1982年にエクスマス大学を卒業し、マーケティングの学士号を取得しました。特技に関して述べれば、私は4ヶ国語に精通しています。英語のほかに、フランス語、イタリア語、そして日本語を話せます。多言語を話せる従業員は多くの会社にとって有益であると思います。最後にうかがっておきたいことが1点あります。私のような者に職を見つけるには、御社の場合、通常はどのぐらいかかるものなのでしょうか。フルタイムの仕事への復帰は早ければ早いほどよいのでおたずねする次第です。
　さらにご質問がありましたら、遠慮なくご連絡ください。

敬具

トニー・デイヴィス

【注】□ with regards to …に関しては　□ benefit 利益、利

Speaking / Writing

Question 8

▶▶▶ **Guided Practice 1**

Some people prefer to take a job that requires a lot of traveling either domestically or internationally. What is your opinion about taking a job that requires a lot of traveling? Give reasons and examples to support your opinion.

> 海外国内を問わず出張の多い仕事を好む人がいます。出張の多い仕事についてどう思いますか？ 理由と具体例を示して自分の意見を述べなさい。

【解答例】
I personally think that taking a job that requires a lot of traveling is a good thing and there are several reasons why. I can meet many people, I can learn new things, and I can raise my profile.

The first reason is that I can meet many people. If I work in the same location all of the time, I will always see the same people every day. However, if I travel around, then I can meet lots of new people. For example, my father is a salesman for a large company. He always has to travel around Japan, and he gets to meet people from Tokyo, Osaka, and Hokkaido. He tells me that people from those areas are very different from each other. He thinks that it is very interesting to meet and talk to them.

The second reason is that I can learn new things. If I stay in the same office, I only learn our way of doing things. If I stay in my city, I only see our way of doing things, too. However, if I travel to another city or work in another office, I can see new and different ways of doing things. I can then take these ideas back to my office and we can use them, too.

The final reason is that I can raise my profile. If I work in my office only, then only my colleagues know about me, my abilities, and my skills. However, if I travel around the country or overseas, then other people will also begin to recognize my talents. This might mean that new career opportunities become available to me, and I might get head-hunted.

Overall, I think that a job that requires traveling is good. I have opportunities to become acquainted with people from different regions and become familiar with different ways of working. In addition, many people will get to know more about my abilities. (322 words)

> 私個人は出張の多い仕事はいいと思う。いくつか理由があるが、多くの人に会い、新しいことを学び、自分への注目度を高めることができるからだ。
> 　1つ目の理由は、多くの人と出会えるからだ。もし常に同じ場所で働くとしたら、毎日同じ人と会うことになる。しかし、いろいろな場所に行けば、多くの出会いがある。たとえば私の父は大会社の営業マンで、日本中を出張し、東京、大阪、北海道の人と会っている。彼によると地域によって人はかなり違い、その人たちと会って話をすることはとても興味深いことだと言う。

次の理由は新しいことを多く学べる点である。同じオフィスでずっと働いていると、1つの働き方しか知ることができないし、1つの都市にとどまっていると、自分たちの流儀しかわからない。しかし、もしほかの都市に行ったり、違うオフィスで働けば、ほかのやり方を知ることができる。その発想を自分のオフィスに持ち帰り、役立てることもできる。

最後の理由は、自分への注目度を高められる点だ。もし自分のオフィスだけで働いていると、同僚しか私の能力やスキルについて知る機会がない。しかし、国内や海外に出張すればほかの人も私の才能に気づいてくれる。したがって新しい仕事のチャンスが巡ってくるかもしれないし、ヘッドハンティングされるかもしれない。

全体的に見て出張の多い仕事はよい。いろいろな地域の人との新しい出会いがあるし、新しい働き方も学べる。それに加えて多くの人に自分の能力についてもっと知ってもらえるからだ。(322語)

【注】□ raise one's profile　…の注目度を上げる　　□ way　方法、手段　　□ colleague　同僚
□ recognize　(…を) (事実として) 認める、(…に) 気づく

▶▶▶ Guided Practice 2

Do you agree or disagree with the following statement. "All restaurants should adopt a non-smoking policy." Give reasons and examples to support your opinion.

以下の内容に賛成ですか、反対ですか？　「すべてのレストランを禁煙にすべきだ。」理由と具体例を示して自分の意見を述べなさい。

【注】□ adopt　採用する、取り入れる

【解答例】
I think that it is a good idea that all restaurants adopt a non-smoking policy. There are several reasons for this. It can help to reduce the number of smokers, it will create a better environment for non-smokers, and it will cut healthcare costs.

The first reason is that it will help to reduce the number of smokers. Currently, a smoker can light up a cigarette with their meal in many restaurants. This is quite convenient for them. However, by banning smoking and having a smoker have to go outside to smoke, it makes smoking more troublesome. The more troublesome something is, the less likely people are to do it.

The second reason is that it creates a better environment for non-smokers. Non-smokers have the right to enjoy meals in a smoke-free environment. I am a non-smoker, and I sometimes get annoyed by other people's smoke. When someone next to me starts smoking, the smoke ruins the taste of my meal, and it impairs my sense of smell. More importantly, I am being affected due to the effects of passive smoking if I have to dine with smokers. It is impossible for non-smokers to escape the risk. If all restaurants adopt a smoking ban, it will significantly reduce the risk of passive smoking.

The final reason is that it will cut the healthcare costs both for the government and for people. It is a common truth that smoking is the largest contributor to a whole range of cancers. To treat such cancers, a patient must undergo expensive and long medical treatment. I have to pay health insurance premiums and a lot of my payments go towards covering the cost of such treatments for smokers.

In conclusion, I strongly support the idea that all restaurants adopt a non-smoking policy because it will discourage smoking, enable me to enjoy my meal in a risk-free environment, and reduce medical costs. (317 words)

> すべてのレストランを禁煙にするのはいい考えだと思う。理由はいくつかあるが、喫煙者の数を減らし、非喫煙者によい環境を提供でき、医療費を削減できるからだ。
> 　1つ目の理由は喫煙者の数を減らせることだ。現在は多くのレストランで食事をしながらたばこに火をつけることができる。喫煙者にとっては都合がよい。しかし、喫煙が禁じられれば外に行って吸わなくてはならず、吸うことが面倒になる。面倒になるほど、そうしようとする人の数は減る。
> 　2つ目の理由は非喫煙者によい環境を提供できる点だ。たばこを吸わない人には、煙のない環境で食事を楽しむ権利がある。私はたばこを吸わないが、時々喫煙者の煙に悩まされる。隣の人がたばこを吸い出すと、食べ物がおいしくなくなるし、食べ物の匂いもわからなくなる。さらに重要なことは、喫煙者と食事をとると受動喫煙にさらされることだ。非喫煙者がこのリスクを逃れることはできない。もしすべてのレストランが禁煙になれば、受動喫煙のリスクをかなり減らせるだろう
> 　最後の理由は、政府が負担する医療費も個人が負担する医療費も削減できるからだ。喫煙があらゆるガンの最大要因であるのはよく知られた事実だ。ガンを治すために、患者は高額で長期にわたる治療を受ける。私が支払わなくてはいけない健康保険料の多くは喫煙者のこうしたガン治療に使われる。
> 　結論として、私はすべてのレストランを禁煙にするという政策を強く支持する。そうなれば喫煙者がたばこを吸わなくなるし、私もリスクのない環境で食事を楽しめ、医療費を減らせるからだ。(317語)
>
> 【注】□ reduce　（重さ・量・価値などを）少なくする　　□ healthcare　保健医療、健康管理
> □ light up　（たばこに）火をつける　　□ convenient　（…に）都合のよい
> □ ban　（…を）禁止する　　□ troublesome　面倒な、困難な　　□ right　権利、正当な要求
> □ ruin　台無しにする　　□ impair　（健康などを）損なう、傷つける　　□ contributor　一因
> □ cancer　ガン　　□ treat　治療する　　□ undergo　受ける、経験する
> □ premium　保険料　　□ cover　（費用・損失などを）補う
> □ discourage　（計画・行為などを）思いとどまらせる、妨げる

練習問題 1

What do you consider to be important qualities of a good supervisor? Give specific reasons and examples to support your opinion.

> 良い上司になるための重要な資質は何ですか。理由と具体例を示して自分の意見を述べなさい。
>
> 【注】□ quality　特質、特性　　□ supervisor　監督者、取り締まる人、上司

【解答例】
I think that a good supervisor needs many qualities, but for this essay I will focus on three. A good supervisor needs a sense of fairness, the respect of his or her subordinates, and the ability to motivate and inspire others.

The first quality that I feel is important is a sense of fairness. A supervisor needs to treat all employees equally and without favor. I once worked at a company where the supervisor gave her friends all of the nice jobs and gave jobs that were not so interesting to people that she didn't like. It is this kind of bias that discourages workers, so I feel that a supervisor should always treat everyone fairly.

Secondly, a supervisor should gain the respect of his or her subordinates. When subordinates trust their supervisor, they can work to his or her full potential as they know he or she will be a constant source of support should any problem arise. As I just mentioned, my previous supervisor did not gain my respect for the reasons I have just outlined. In addition, some supervisors tend to take it easy once they get to a senior position. At my present company, my supervisor is very supportive and hardworking. He is very honest, supports me, and leads our team well.

The final quality is to have the ability to motivate and inspire his or her subordinates. Most people get bored in their jobs after a few years or set in their ways. For me, a supervisor who can continually push me to improve, to learn, and not to rest on my previous achievements is a good one. My present supervisor constantly encourages me to achieve more, to be better, and to exceed my own expectations.

In conclusion, I feel that a good supervisor is someone who can demonstrate fairness when dealing with his or her subordinates. In addition, a supervisor should gain the respect of his or her subordinates and seek to motivate them fully. (329 words)

良い上司となるには多くの資質が求められるが、ここでは3点に絞る。良い上司に必要なのは、公平さ、部下からの尊敬、他者を鼓舞してやる気にさせる才能である。
　重要だと思う第1の資質は公平さである。上司はすべての社員を公平に、ひいきすることなく扱わなければならない。私がかつて勤めていた会社の上司は、よい仕事はすべて友人たちに、あまり面白くない仕事は気に入らない部下たちにまわしていた。このような不公平な判断が働く人のやる気をそぐので、上司はすべての人を公平に扱うべきだと思う。
　2番目に、上司は部下の尊敬を得ることだ。部下が上司を信頼できれば、何か問題が起きても常に上司がサポートしてくれることがわかるので、彼らの持てる力をすべて発揮して仕事をすることができる。先ほど述べたように、私の前の上司は今述べたような理由から私の尊敬を得ることはなかった。加えて、上司の中には、一度上級管理職に就いてしまうと、それほど熱心に仕事をしようとしない者もいる。今の会社では私の上司はとても協力的でよく働く。彼は正直で、私を支えてくれ、私たちのチームをうまく指揮している。
　最後の資質は部下をやる気にさせ、元気づけられる能力だ。多くの人は3, 4年すると自分の仕事に飽きがきたり、自分のやり方にこだわるようになる。私にとってはいつも自分を高め、学べるよう後押しし、自分の成果に安穏としないよう励ましつづけてくれる人が良い上司だ。私の現在の上司は、常に私が更なる成果を上げ、腕を上げて自分の期待以上の結果を出せるよう励ましてくれる。
　結論として、良い上司とは自分の部下を相手にする時に公平に事を行なう人だ。さらに上司は部下の尊敬を得て、やる気にさせられる人であるべきだ。(329語)

【注】□ subordinate　従属者、部下　　□ motivate　(人に)動機を与える、(人に)やる気を与える
□ inspire　(人を)奮い立たせる、鼓舞する　　□ favor　特に目をかけること、えこひいき
□ tend to do　…する傾向がある、…しがちである　　□ set in one's ways　考えが凝り固まっている

練習問題2

Should governments spend more money on welfare for the elderly or on supporting newly launched businesses? Why? Use specific reasons and details to develop your essay.

政府は、高齢者福祉と起業への支援、どちらにより多くの予算を費やすべきだと思いますか？　それはどうしてですか？　理由と詳細な説明を示して自分の意見を述べなさい。

Speaking / Writing

【注】 □ welfare 福祉、福利　□ launch (仕事などを) 始める、(事業・会社などを) 起こす

【解答例】
Ideally, the government should spend their money on both, but if I have to choose one, I will go for supporting newly launched businesses and there are several reasons why. New businesses create jobs and wealth, elderly people have had many years to save for their own retirement, and I am still young and more concerned with finding a job.

The first reason is that those new businesses stimulate the economy and create wealth. For example, if I am a small business owner and I can get support, then I can grow. As I grow, I will pay more corporation tax and that money will go to the government. Also, as I grow I will take on more employees, and they too will earn a salary. If businesses are successful, then the whole country benefits and indirectly elderly people do also because the government can afford to pay their pensions.

The second reason is that elderly people have had many years to save money for their retirement. By the time a person reaches sixty-five, they will have worked for more than forty-five years. That is long enough to have saved some money. If a person reaches sixty-five and they have not made any provision for their retirement, then that is their own fault. With an aging population, it is time for people to take responsibility for their own financial arrangements rather than depend on the state.

The final reason is that I am young and I need a job. If the government supports new businesses, this benefits young people. To be honest, if I were over sixty, I would probably give a different answer. But, I am young. I am also quite selfish too, perhaps. For me, finding employment is a more pressing matter, so I want the government to focus on that more than providing for the elderly.

In conclusion, I think the government should focus on supporting newly launched businesses. Firstly, new businesses create jobs and pay tax, so that helps the elderly indirectly. Secondly, elderly people should take care of themselves. Finally, I'm not old, so finding a job for me is more important. (357 words)

理想を言えば、どちらにも予算を割くのが望ましい。しかしどちらかを選ぶとしたら、起業への支援を選択する。それにはいくつかの理由がある。新規事業は仕事を生み、富を築くからだ。高齢者には貯蓄する時間が十分あり、そして私自身はまだ若く、仕事がみつかるかどうかのほうが重要だからだ。
　第1の理由は、起業支援は富を築くからだ。たとえば、もし私が小企業の社長で援助を受けられれば、会社を大きくすることができる。大きくなればそれだけ法人税を払うことになり、そのお金は政府に渡る。さらに、会社が成長すれば雇用も増え、彼らも給料を稼ぐことができる。事業の成功は国全体の利益となり、政府が年金を支払うので間接的には高齢者のためにもつながる。
　第2の理由は、高齢者には退職後の貯蓄をする時間が十分にあったからだ。65歳までには45年以上働いたことになる。貯蓄するには十分な時間だ。65歳になって退職後の備えが何もないとすれば、それは彼ら自身の責任だ。高齢化が進むなか、人はそれぞれの資金運用に責任を持つ時期にきている。国に頼ってばかりではいけない。
　最後の理由として、私は若く、仕事が必要だ。もし政府が新規事業を支援すれば若い人のためになる。正直に言うと、もし60歳を超えていれば、違う答えを出していただろう。ところが私はまだ若い。おそ

らく利己的でもある。私にとっては職探しのほうがもっと差し迫った問題で、政府には高齢者対策よりもそちらに力を入れてほしいと思っている。

結論として、政府には新規事業立ち上げを支援してほしいと思う。第1に、新規事業は雇用を生み法人税も払うので、間接的には高齢者を助けることになる。第2に、高齢者は他者に頼るよりも自分で自分の面倒をみるべきだ。最後に、私は高齢ではなく、職を見つけることのほうが高齢者救済よりも差し迫った問題であるからだ。(357語)

【注】□ wealth 富　□ retirement 退職　□ benefit [自動詞] 利益を得る、[他動詞] …のためになる　□ provision （先を見越した）用意、準備　□ fault 責任、罪　□ state 国家　□ pressing 差し迫った、急を要する

練習問題3

Do you agree with the following statement? "More can be achieved by working alone rather than working as a team". Use specific reasons and examples to support your answer.

次の内容に賛成ですか？「チームで仕事をするより、1人で仕事をしたほうが成果を得られる。」理由と具体例を示して自分の意見を述べなさい。

【注】□ achieve （仕事などを）達成する、成し遂げる

【解答例】
Actually, I do agree with this statement that more can be achieved by working alone rather than working as a team. There are quite a few reasons why. Firstly, I am a bit of a loner. Secondly, I tend to work faster than my coworkers. Finally, I get the credit myself rather than sharing it with others.

The first reason is that I am a bit of a loner. I do have friends, but I prefer to work by myself. If I work with others, I have to patiently listen to their ideas and then explain my ideas to them. If I work by myself, I can just do it. I remember a few years ago, I had to organize a Halloween Party. I was a member of the organizing group and it was difficult for me to persuade other people to agree on my suggestions. I like other people, but I prefer to do things by myself.

The second reason is that I tend to work faster than my coworkers. I don't know why this is, but they all seem to be so slow. Maybe I am too quick or a bit hyperactive, but I always feel like I am waiting for other people or that I can do things twice as quickly as they do. If I share work with others, then we have to go so slow. I get bored in that kind of situation.

The final reason is that I get the credit myself rather than sharing it with others. I am quite a selfish person. If I do a report by myself, I can do it quickly, and if it is a success, then everyone knows it is mine.

In conclusion, there are three reasons why I think working alone achieves more than working in a group. Firstly, I am a bit of a loner and prefer to do things by myself. Secondly, in my experience, I work faster than my coworkers. Finally, I get the credit.

Speaking / Writing

(332 words)

　実のところ、チームで仕事をするより、1人で仕事をしたほうが成果を得られるという意見に、賛成である。理由はいくつもあるが、第1に私がどちらかと言えば個人主義者だということ。第2に、私は同僚たちよりも仕事が速いこと。最後に、成果を分かち合うのではなく自分だけのものにできるからだ。

　第1の理由は、私は個人主義者で、友人はいるが、1人で仕事をすることを好むからだ。誰かと一緒に仕事をすれば、辛抱強く他人の意見を聞き、自分の意見を彼らに説明しなければならない。1人で仕事をすれば、そのことだけに集中できる。何年か前、ハロウィーン・パーティーを催すことになった。私は企画チームの一員だったが、ほかの人を説得して、私の意見に賛成してもらうのはむずかしかった。人は好きだが、物事を進めるには1人だけのほうがよい。

　第2の理由は、私が同僚たちより仕事が速いからだ。理由はわからないが、彼らがとてものろのろしているように見える。私がせっかちすぎるのか、並外れて活動的なのかもしれない。しかしいつも誰かを待っているような気持ちになり、私がやれば彼らの倍の速さで処理できるように思う。誰かと仕事を共にすれば、ペースダウンしなければならない。そのような状況では退屈してしまう。

　最後の理由は、功績は分かち合うのではなく自分のものにしたいからだ。私はかなり利己的な人間なのだ。1人で報告書を書けば、すぐに仕上げることができる。そしてそれがよいものであれば、それは私の報告書だということを皆に知ってもらえる。

　要するに3つの理由から私は何人かで仕事をするより、1人で仕事をしたほうが成果が上がると思う。まず1人が好きで、仕事は自分だけでやりたい。そして経験から考えると私はほかの人より仕事が速い。最後に私自身が功績を認められるからだ。(332語)

【注】□ credit　名誉、手柄、功績　　□ patiently　辛抱強く　　□ hyperactive　極度に活動的な

模擬テスト解答
answers

模擬テスト 1
Speaking Test 1

Questions 1-2: Read a Text Aloud

Question 1　CD2 19

Directions: In this part of the test, you will read aloud the text on the screen. You will have 45 seconds to prepare. Then you will have 45 seconds to read the text aloud.

ディレクション： この問題では画面に音読するテキストが表示されます。準備時間は45秒です。指示があったら、45秒で画面に表示されたテキストを音読してください。

CD2 35

Thank you for calling Seldon Bank. If you are calling to request an account balance, press one. If you are calling to report the loss of your ATM card, press two. For all other inquiries, please stay on the line and one of our customer service representatives will be with you as soon as possible. Thank you.

セルドン銀行にお電話ありがとうございます。残高照会は1を、キャッシュカード紛失のお手続きは2を押してください。そのほかのお問い合わせは、電話を切らずにそのままお待ちください。準備が整い次第、カスタマーサービス担当者が対応いたします。よろしくお願いいたします。

【注】□ account balance　口座残高　　□ inquiry　問い合わせ　　□ stay　…のままでいる
□ on the line　電話がつながっている　□ representative　担当者
□ as soon as possible　できるだけ早く

Question 2　CD2 20

Directions: In this part of the test, you will read aloud the text on the screen. You will have 45 seconds to prepare. Then you will have 45 seconds to read the text aloud.

ディレクション： この問題では画面に音読するテキストが表示されます。準備時間は45秒です。指示があったら、45秒で画面に表示されたテキストを音読してください。

CD2 36

Good evening! Today has been hot and sunny across most of the county. However, I'm sorry to say that by tomorrow morning, light showers and overcast skies will be widespread, so don't go planning any picnics. Average daytime temperatures tomorrow should be around sixty-four degrees Fahrenheit, that's around eighteen degrees Celsius.

こんばんは！今日はほとんどの地域で暑くなり、よく晴れました。けれども、残念ながら明朝までに弱いにわか雨が降り、広い範囲で雲が広がるでしょう。ピクニックの計画をたてるのは止めておいたほうがさそうです。明日の日中の平均気温は華氏で64度、摂氏で18度ぐらいでしょう。

【注】□ sunny 晴れる　□ across …の全域で　□ light shower 軽いにわか雨
□ overcast 雲で覆われた　□ widespread 広がった　□ average 平均の
□ temperature 気温　□ Fahrenheit 華氏の　□ Celsius 摂氏の

Question 3: Describe a Picture

CD2 21

Directions: In this part of the test, you will describe the picture on your screen in as much detail as you can. You will have 30 seconds to prepare your response. Then you will have 45 seconds to speak about the picture.

ディレクション： この問題では画面に写真が表示されます。写真をできるだけ詳しく描写してください。準備時間は30秒です。指示があったら、45秒で写真を描写してください。

【解答例】　**CD2 37**

This is a picture of a beach scene. I can see several people in the picture. In the background I can see the horizon and some tall waves. In the middle of the picture I can see two men about to enter the water. They seem a bit hesitant because maybe the water is too cold. In the foreground I can see a man and several females. They might be a family. The little girl on the right is wearing a yellow swimsuit. She might be about 5 years old. The lady in the foreground is carrying a white bag and wearing sunglasses.

これはビーチの風景です。何人かの人が写っています。背景に水平線と高い波が見えます。写真の中央には、海に入ろうとしている男性が2人います。彼らはすこし躊躇しているようです。水が冷たすぎるのかもしれません。手前には男性1人と数人の女性がいます。たぶん家族だと思います。右の少女は黄色の水着を着ています。5歳ぐらいかもしれません。手前の女性は白いバッグを持ち、サングラスをかけています。

【注】□ background　背景、後方　　□ horizon　水平線　　□ wave　波
□ about to do　まさに…しようとしている　　□ hesitant　ためらって　　□ foreground　前方
□ might　…かもしれない

Questions 4-6: Respond to Questions

CD2 22

Directions: In this part of the test, you will answer three questions. For each question, begin responding immediately after you hear a beep. No preparation time is provided. You will have 15 seconds to respond to Questions 4 and 5 and 30 seconds to respond to Question 6.

ディレクション：　ここでは、3つの設問があります。ビープ音の後、すぐに解答してください。準備時間はありません。Question 4, 5には15秒で、Question 6には30秒で解答してください。

CD2 23-25

Imagine that a British marketing firm is doing research in your country. You have agreed to participate in a telephone interview about computers and the Internet.

Question 4: When did you first use the Internet?
Question 5: What kinds of things do you like to do on the Internet?
Question 6: Describe your favorite Web site.

イギリスのマーケティング会社が、あなたの国で調査を行なっており、あなたはコンピューターとインターネットについての電話によるインタビューを受けることを承諾したとします。
質問4：インターネットを初めて使ったのはいつですか。
質問5：インターネットでどういったことをするのが好きですか。
質問6：お気に入りのウェブサイトについて説明してください。

【注】□ imagine　想像する、仮定する　　□ agree　同意する　　□ participate　参加する
□ kind of　…のような人（もの）　　□ favorite　お気に入りの

【解答例】

Question 4 CD2 38

I first used the Internet when I was in high school / in university / ten years old. It was a very interesting experience for me.

初めてインターネットを使ったのは高校生 / 大学生 /10歳の時でした。とってもおもしろかったです。

Question 5 CD2 39

I like to check my e-mail, do some shopping, and watch videos. I am able to keep in touch with my friends and buy many things.

メールを確認したり、買い物をしたり、動画を見たりするのが好きです。友だちと連絡を取り合ったり、いろいろな物を買ったりできます。

【注】□ do shopping　買い物をする　　□ in touch with　…と連絡を取り合って

Question 6 CD2 40

My favorite Web site is Amazon. It is a shopping site. It has a wide range of books, software, and other goods. The prices are usually very cheap. The delivery is quick, too. If you have time, I recommend it. Just do a search for it.

お気に入りのウェブサイトはアマゾンです。ショッピングサイトの1つです。本、ソフトウェアをはじめ、幅広い種類の品物を扱っています。価格はかなり安いことが多いです。配送も速いです。インターネットをする時間があるなら、おすすめします。検索してみてください。

【注】□ a wide range of　幅広い…　　□ delivery　配送　　□ have time　時間がある
　　　□ recommend　推薦する　　□ do a search　検索を行なう

Questions 7-9: Respond to Questions Using Information Provided

CD2 26

Directions: In this part of the test, you will answer three questions based on the information provided. You will have 30 seconds to read the information before the questions begin. For each question, begin responding immediately after you hear a beep. No additional preparation time is provided. You will have 15 seconds to respond to Questions 7 and 8 and 30 seconds to respond to Question 9.

Speaking / Writing

ディレクション： ここでは、提示される情報に基づいて、3つの設問に解答してください。設問に解答する前に、提示された情報を30秒で読んでください。各問題とも、ビープ音の後、すぐに解答してください。準備時間は与えられません。Question 7 と Question 8 には 15 秒で、Question 9 には 30 秒で解答してください。

Abbey Town Historical Society is pleased to announce that a renowned local historian, Mary Wilson, will give a series of lecture talks next month.

Date	Time	Title
Saturday, May 5	5 P.M. – 7 P.M.	Famous People in 1860s
Monday, May 7	5 P.M. – 7 P.M.	Popular Vacation Spots in 1870s
Saturday, May 12	6 P.M. – 8 P.M.	Food and Drink in 1880s
Thursday, May 17	5 P.M. – 7 P.M.	Fashion and Style in 1890s

To buy tickets call the box office at 555-4322

Prices per lecture:
Members: Adults $5, Seniors $3
Non-members: Adults $7, Seniors $5

Tickets will be sold on a first-come-first-served basis.
Book early to avoid disappointment!

CD2 27

(Narrator)
Hi, I'm Carl Milan, Abby Town resident. I'd like to know about a lecture series led by Mary Wilson next month. I'd appreciate it if you would answer a couple of my questions.

CD2 28-30

Question 7: Can you tell me how I can get tickets for the lectures?
Question 8: I believe that all of the lectures start at five o'clock. That's correct, isn't it?
Question 9: Could you tell me more about the various ticket prices and how the tickets are sold?

アビータウン歴史協会からのお知らせ
当協会では来月、郷土史研究家として知られるメアリー・ウィルソンさんをお迎えして、連続講義を行ないます。

日程	時間	講義題目
5月5日（土）	午後5時～7時	1860年代の偉人たち
5月7日（月）	午後5時～7時	1870年代の人気リゾート
5月12日（土）	午後6時～8時	1880年代の食べ物と飲み物
5月17日（木）	午後5時～7時	1890年代のファッションとスタイル

チケットのお求めはプレイガイドへ。電話 555-4322

料金：
会員：一般 5ドル　高齢者 3ドル　　非会員：一般 7ドル　高齢者 5ドル

先着順に販売します。どうぞお早めに！

【注】□ announce　知らせる　　□ renowned　有名な　　□ local historian　郷土史研究家
□ a series of　ひと続きの　　□ call　電話する　　□ box office　チケット売り場
□ on a first-come-first-served basis　先着順に　　□ avoid　避ける
□ disappointment　がっかりすること

【メッセージ】
もしもし、アビータウンのカール・ミランと申します。来月のメアリー・ウィルソンさんの連続講義について知りたいことがありまして、いくつかお尋ねしたいのですが。

【注】□ resident　居住者

質問 7　講義のチケットはどうすれば手に入るか教えてください。
質問 8　講義はすべて5時からだったと思うのですが、合ってますよね。
質問 9　チケットの種類と値段、それに販売方法を教えてくださいますか。

【解答例】

Question 7　　CD2 41

Yes. You can get tickets if you call the box office at 555-4322.

はい、プレイガイドでお求めいただけます。電話番号は 555-4322 です。

Question 8　　CD2 42

Actually, that's not correct. They all begin at five o'clock except for the lecture on Saturday, May 12. That one begins at six o'clock.

Speaking / Writing

残念ながら、ちょっと違います。ほかの日はすべて5時開始ですが、5月12日（土）だけは6時からです。

【注】□ correct 正確な　□ except for …を除いて

Question 9　CD2 43

Sure. For members of the Abbey Town History Society, the price is five dollars for adults and three dollars for seniors. However, for non-members the price is seven dollars for adults and five dollars for seniors. Also, tickets will be sold on a first-come-first-served basis, so you should book early to avoid disappointment.

わかりました。アビータウン歴史協会会員の方は一般5ドル、高齢者3ドルです。会員以外の方は一般7ドル、高齢者5ドルです。チケットは先着順で販売します。ぜひお早めにお求めください。

Question 10: Propose a Solution

CD2 31

Directions: In this part of the test, you will be presented with a problem and asked to propose a solution. You will have 30 seconds to prepare. Then you will have 60 seconds to speak.
In your response, be sure to
- show that you recognize the problem, and
- propose a way of dealing with the problem.

Now listen to the voice message.

ディレクション：ここでは、提示される1つの問題について、解決策を提案してください。準備時間は30秒、解答時間は60秒です。
解答にあたっては、必ず
・メッセージの相手の問題を理解していることを示してください
・問題への対処方法を提案してください

では、留守番電話のメッセージをお聴きください。

CD2 32

Hello, this is Kelly Hammond, head of sales with a message for the company vice-president. I hope you don't mind, but I have a few concerns that have been raised by my team about the weekly staff meeting that I would like to share with you. As you know, it is held in the cafeteria each Monday for two hours between one and three o'clock. However, because there are so many different problems that affect different departments, I feel that a lot of time is wasted. For example, last week the I.T. department raised a problem about a software bug; however, that had no relevance for my department – sales. Also, each head of department speaks about their plans for the next week, and although it is interesting for them to hear about other departments, I do not feel it is an efficient use of time. I am curious to know whether you can suggest any ideas on how we might go about making meetings more efficient. Thanks. This is Kelly Hammond at extension 24.

もしもし、営業部長のケリー・ハモンドから副社長へのメッセージです。さしつかえなければ、毎週のスタッフミーティングについて、私のチームの中からちょっと懸念が出ていますので、お伝えしたいと思います。ご存知のように、ミーティングは毎週月曜日の午後1時から3時までの2時間、カフェテリアで行なわれています。しかし、あまりにも多くの問題があり、それがいろいろな部署に影響するので、ずいぶん時間がむだになっている気がします。たとえば先週、IT部からソフトウェアの不具合の問題が出されたのですが、私の部署は営業なので関係がありません。また、各部の部長が翌週の計画について話しますが、他部署の話を聞くのは興味深いとはいえ、これが時間の有効な使い方だとは思えません。どうしたらもっと効率のいいミーティングにすることができるか、お考えをお聞かせいただければと思います。よろしくお願いいたします。内線24番のケリー・ハモンドでした。

【注】□ bug （プログラム中の）不具合　　□ relevance　関連　　□ efficient　効率のよい

Respond as if you are a company vice-president.

In your response, be sure to
・show that you recognize the problem, and
・propose a way of dealing with the problem.

会社の副社長になったつもりで解答してください。
解答にあたっては、必ず
・相手の問題を理解していることを示してください
・その問題に対処する方法を提案してください

【解答例】　● CD2 44

Hello, this is a message for Kelly Hammond. This is (your name [ex. Ken Okada]) the vice-president. Thank you for your call. Your message said that you were concerned that meetings are not being efficiently run. To be honest, I have been feeling the same way too. It seems that we are trying to communicate too much information and include everyone. Why don't we divide the meeting into two? The first hour will be for heads of department only to share their plans for the week. The second hour will be individual department meetings where you can pass on information that is relevant to your team. We can try the new format for a month and see how it works. If you want to speak to me today, give me a call at extension 44. Thanks.

もしもし、ケリー・ハモンドさんへのメッセージです。副社長の（名前［例、岡田健］）です。お電話ありがとうございました。ミーティングが効率よく進められていないことが気になる、ということですね。正直に言って、私も同じように考えていました。情報が多すぎるので、それを全員で共有しようとしているのですね。ミーティングを2部制にしたらどうでしょうか。前半の1時間は部長だけの会議にして、翌週の計画について話します。後半の1時間は各部署ごとの会議とし、その部署に関連する情報を部長からチームに伝えるようにします。1ヶ月間、新しい形式でやってみて様子を見るのもいいでしょう。この件で今日お話がありましたら、内線44番にお電話ください。よろしくお願いします。

【注】□ efficiently　効率よく　　□ pass on　伝える　　□ relevant　関係のある

Speaking / Writing

Question 11: Express an Opinion

🔊 **CD2 33**

> **Directions:** In this part of the test, you will give your opinion about a specific topic. Be sure to say as much as you can in the time allowed. You will have 15 seconds to prepare. Then you will have 60 seconds to speak.

> ディレクション: ここでは、特定のトピックについて、自分の意見を述べてください。与えられた時間を使ってできるだけ多くのことを解答してください。準備時間は15秒、解答時間は60秒です。

🔊 **CD2 34**

Which of the following would you choose for relieving stress?
A) Exercising outside
B) Listening to your favorite music
C) Playing a video game
Give specific reasons and examples to support your answer.

> ストレスを解消するために、以下の3つからどれを選びますか。
> A) 屋外で運動する
> B) 好きな音楽を聞く
> C) テレビゲームをする
> それを選んだ具体的な理由と、実際の例を話してください。
>
> 【注】□ relieve 和らげる、軽減する □ choose 選ぶ □ exercise 運動する
> □ outside 屋外

【解答例】 🔊 **CD2 45**

I usually do some exercise outside to reduce my stress. There are several reasons why. Firstly, by doing exercise, I can maintain good health. A lot of stress is caused by overwork or pressure. So doing some sports outside is a good way to release this stress. I usually jog around my neighborhood each weekend. Secondly, exercise is a chance to meet new people. Stress is often caused by family or work relationships. Therefore, we sometimes need to meet people outside of our usual circle of friends. By meeting new people or talking about different things from usual, it helps us to forget about the things that are causing us stress. While jogging, I usually meet my neighbors and exchange a few words. That is really relaxing.

> ストレスを解消するために、たいてい外で体を動かします。その理由はいくつかあります。第1に、体を動かすことで、健康を維持することができます。かなりのストレスが、働きすぎやプレッシャーによって生じます。外でスポーツをすることは、こうしたストレスの発散にいいのです。私はいつも、週末になると家の近くをジョギングします。第2に、運動は人と知り合うきっかけになります。ストレスは、家庭や職場での人間関係からくることも少なくありません。そのため、ふだん付き合っている友人以外の人と知り合うことも、時には必要です。知らない人と出会っていつもと違うことを話すと、ストレスの原因を忘れてしまうこともあります。ジョギングしているあいだ、たいてい近所の人と顔を合わせて、あいさつを

交わします。そうするととてもリラックスできます。

【注】□ reduce 減らす □ firstly はじめに □ do exercise 体を動かす
□ release 解放する □ neighborhood 近所 □ relationship 人間関係
□ therefore したがって □ exchange words 言葉を交わす

模擬テスト 1
Writing Test 1

Questions 1-5: Write a Sentence Based on a Picture

Directions: In this part of the test, you will write ONE sentence that is based on a picture. With each picture, you will be given TWO words or phrases that you must use in your sentence. You can change the forms of the words, and you can use the words in any order. Your sentence will be scored on

・the appropriate use of grammar and
・the relevance of the sentence to the picture.

In this part, you can move to the next question by clicking on "Next." If you want to return to a previous question, click on "Back."

You will have 8 minutes to complete this part of the test.

ディレクション： この問題では、写真に基づく1つの文章を作成します。各写真について、文章中に使わなければならない2つの単語または句（熟語）が提示されます。単語の形は変えて構いません。また、これらの単語はどのような順番で使ってもよいものとします。作成した文章は、以下に基づいて採点されます。
・文法
・写真と文章の関連性
Question 1-5 においては画面上の「Next」や「Back」をクリックして、次の問題に進んだり、前の解答を見直すことができます。解答時間は5問で8分間です。

Question 1

woman / picture

【解答例】　A **woman** is trying to take a **picture** in the park. (11 words)

女性が公園で写真を撮ろうとしている。(11 語)

Question 2

some / museum

【解答例】　**Some** visitors are browsing the exhibit in the **museum**. (9 words)

来場者たちが美術館で展示を見て回っている。(9 語)

【注】□ browse　（商品・陳列品を）ゆっくり見て回る　　□ exhibit　展示

Question 3

sofa / between

【解答例】　A large **sofa** is **between** a tall vase and a lamp. (11 words)

大きなソファが背の高い花瓶とランプの間にある。(11 語)

Speaking / Writing

Question 4

talk / because

【解答例】 A customer is **talk**ing to a clerk **because** she needs some information. (12 words)

知りたい情報があるので客が店員に話しかけている。(12 語)

Question 5

escalator / in order to

【解答例】 Travelers are taking the **escalator in order to** go downstairs. (10 words)

旅行者たちは下の階に行くためエスカレーターに乗っている。(10 語)

Questions 6-7: Respond to a Written Request

Directions: In this part of the test, you will show how well you can write a response to an e-mail. Your response will be scored on
· the quality and variety of your sentences,
· vocabulary, and
· organization.
You will have 10 minutes to read and answer each e-mail.

ディレクション：この問題では、Eメールのメッセージに対していかにうまく返信できるかが問われます。作成した解答は、以下に基づいて採点されます。
・　文章の質と多様性
・　語彙・語句
・　構成
解答時間は10分間です。

Question 6

Directions: Read the e-mail below.

ディレクション：以下のEメールを読みなさい。

From: ABC Sports
To: Local Residents
Subject: Working in your community
Sent: March 3, 14:05

Dear Resident,

ABC Sports is planning to build our newest sports center in your neighborhood. We would really value your input into what kind of clubs or activities you would like to see offered in your community.

差出人：ABCスポーツ
宛先：地元住民のみなさま
件名：地域での活動について
日付：3月3日　14:05

地元住民のみなさま
ABCスポーツは近隣にスポーツセンター新設を計画しており、みなさまのご意見を大切にしたいと考えています。地域に対してどのようなクラブ、もしくは活動の提供を望まれているか、お考えをお聞かせください。

【注】□ value　尊重する、大切にする　　□ input　情報（考え・意見の）提供、投入

Speaking / Writing

Directions: Respond to the e-mail as if you are a local resident. In your e-mail, ask ONE question and make TWO suggestions.

> ディレクション： 地元住民になったつもりで返信メールを書きなさい。文中では、質問を1つと提案を2つ挙げること。

【解答例】
Dear Sir or Madam,

In response to your e-mail dated March 3, I would like to ask one question and make two suggestions.

First of all, can I ask when the sports center will actually open? If it is possible, I would love to be able to use it by next summer. Then, I would like to make two suggestions. I recommend that for the youngsters, you have a soccer skills club. There are a lot of local children who love soccer, but there is nowhere for them to practice. Also, I would like to suggest that for older people, you offer some gentle aerobics classes. Not like the ones that younger people like with all the loud pop music. I would like something for people of my age, something gentler.

If you wish to hear any more of my suggestions, then feel free to get in touch with me at 555-3984.

Regards,

(YOUR NAME)

> ご担当者様
>
> 　3月3日付のEメールに対し、質問を1つ、提案を2つしたいと思います。
> 　まず最初に、スポーツセンターはいつごろオープンする予定でしょうか。もし可能であれば、来年の夏までに使えるようになっていれば嬉しいです。次に、提案を2つお伝えします。まず子供向けにサッカーの技術を学べるクラブの設立です。地元にはサッカーが大好きな子供が大勢いますが、練習する場がどこにもありません。さらに、ご年配の方々のためにやさしいエアロビクスのクラス開設はどうでしょう。若者向けのポピュラー音楽が大音量でかかるクラスではなく、私などの年代を対象としたもっと緩いものです。
> 　提案についてさらに何かお知りになりたい場合は、遠慮なく555-3984までお電話ください。
>
> 　　　　　　　　　　　　　　　　　　　　　　　　　　　　　　　　　敬具
>
> （あなたの名前）
>
> 【注】□ youngster　子供、若者

Question 7

Directions: Read the e-mail below.

> ディレクション： 以下のEメールを読みなさい。

From:	Mike Sampson
To:	All employees
Subject:	Maintenance
Sent:	July 25, 13:05

All employees,

From August 4 through August 6, the air conditioning system throughout the second and third floors of the building will be out of service while routine maintenance takes place. Please refrain from using the system during this time. The first and fourth floors will be unaffected by the maintenance.

差出人：マイク・サンプソン
宛先：全社員
件名：保守点検について
日付：7月25日　13:05

社員各位
8月4日から6日まで、2階と3階の全フロアで定期保守点検を行なうため、エアコンが使用できません。期間中はエアコンの使用を控えてください。1階と4階は今回の点検の影響を受けることはありません。

【注】
☐ out of service　（道路・水道・電気などが）使われていない（で）、（交通機関が）運行しない（で）
☐ refrain from　差し控える、慎む、やめる

Directions: Respond to the e-mail as if you are an employee. In your e-mail, ask TWO questions and make ONE suggestion.

ディレクション：この会社の社員になったつもりで返信メールを書きなさい。文中では、質問を2つと提案を1つ挙げること。

【解答例】
Dear Mr. Sampson,

Thank you for your e-mail and for telling us all about the scheduled maintenance. I do have two questions and would at the same time like to make one suggestion to you.

Firstly, why are we having the air conditioning checked during August? August is the hottest month of the year. I could understand it being done in May or September, but August does not make a lot of sense to me. Furthermore, why will it take three days for the air conditioning to be checked? I am surprised that it is going to take so long. One final point is that I would like to suggest that the company allow us to remove our ties, or that we be allowed to wear casual clothing during this time. It is going to be very hot on both the second and third floors if the air conditioning is out of service.

Speaking / **Writing**

Again, thank you for your e-mail.

Yours,

(YOUR NAME)

サンプソン様

点検に関するお知らせの E メールありがとうございます。2 点お尋ねするとともに、1 つの提案をお伝えしたいと思います。
まず第一に、なぜ 8 月にエアコンの点検があるのでしょうか。8 月は 1 年で最も暑い時期です。5 月や 9 月に行なうのは理解できますが、8 月というのはまったく納得がいきません。さらに、なぜエアコンの点検に 3 日もかかるのでしょうか。それほど時間がかかるものかと驚いています。最後に提案ですが、この期間、社員はネクタイをはずす、もしくはカジュアルな服装でもよいとしたらどうでしょう。エアコンが使えなくなると、2 階と 3 階は非常に暑くなります。
改めまして、メールを頂戴し、ありがとうございました。
宜しくお願いします。

(あなたの名前)

【注】 □ make sense 意味をなす、道理にかなう

Question 8: Write an Opinion Essay

Directions: In this part of the test, you will write an essay in response to a question that asks you to state, explain, and support your opinion on an issue. Typically an effective essay will contain a minimum of 300 words. Your response will be scored on

- whether your opinion is supported with reasons and/or examples,
- grammar,
- vocabulary, and
- organization.

You will have 30 minutes to plan, write, and revise your essay.

ディレクション： この問題では、質問に対して自分の意見を記述します。自分の意見を述べ、説明し、根拠を挙げてください。効果的な解答を作成するには少なくとも 300 語以上必要でしょう。作成した解答は、以下に基づいて採点されます。
・理由や例を挙げて意見を述べているか
・文法
・語彙・語句
・構成
構成を考え、書き、見直すための解答時間は 30 分間です。

Directions: Read the question below. You have 30 minutes to plan, write, and revise your essay.

Some people prefer to be self-employed and work for themselves. Others prefer to follow a career path with an established company. Which approach to work would you prefer? Use specific reasons and details to support your answer.

> ディレクション：以下の質問を読みなさい。構成を考え、書き、見直すための時間は 30 分です。
>
> 自営業を好む人と、実績のある会社でキャリアを積むのを好む人がいます。あなたはどちらのスタイルがいいですか。具体的な理由を挙げて、あなたの意見を詳しく説明してください。
>
> 【注】☐ prefer …のほうを好む　☐ self-employed 自営業の　☐ career path キャリアの道
> ☐ established company 実績のある会社

【解答例】
I would prefer to follow a career path with an established company and there are several reasons why. I can learn from other experienced colleagues, I can feel more secure about my finances, and I don't have to think about tax, insurance, or advertising.

The first reason is that I can learn from other experienced colleagues. From day one at the company, I will be able to watch, observe, talk to, and learn from others. However, if I am self-employed and work by myself, then I will have nobody else to seek advice from. Should I have a question, I am truly on my own.

The second reason is that I can feel more secure about my finances. If I work for myself, I will always have to worry about where my next month's salary will come from. For example, I have a friend who is a self-employed plumber. Sometimes he is very busy, but at other times he doesn't have any customers. As a result, his monthly income is always fluctuating. If I work for an established company, I will probably get a regular salary each month, and so I don't have to worry about financial planning so much.

The final reason is that I don't have to think about tax, insurance, or advertising. If I am self-employed, I will have to keep all receipts, calculate my own tax, and complete all of the paperwork myself. I will also have to think about advertising my business. All of these things will be in addition to my regular work. However, by working for an established company, the payroll department will take care of those things, and the marketing department will deal with advertising so I can just do my job.

In conclusion, I prefer to work for an established company. I can learn from more experienced colleagues, I can expect a stable income every month, and the company will take care of any tax, insurance, or advertising. (327 words)

Speaking / Writing

　私は実績のある会社でキャリアを積むほうがいいです。それにはいくつか理由があります。経験のある同僚から学ぶことができますし、財政面で安心していられます。それに税金や保険、会社の宣伝について自分で考える必要がありません。
　1番目の理由は、経験のある同僚から学ぶことができる点です。入社したその日から、ほかの社員をしっかり観察して話をし、彼らから教わることができます。しかし、もし自営業者であれば、誰からもアドバイスをもらえず、わからないことがあっても自分で解決しなくてはなりません。
　2番目の理由は、経済的に安心できる点です。自営業者なら、来月どこからお金が入ってくるか、いつも心配していなければなりません。たとえば、友人に自営の配管工がいます。とても忙しい時もあれば、まったく仕事がない時もあります。その結果、彼の月収はいつも変動しています。確立した会社で働けば、おそらく毎月定額の給与がもらえるので、お金の使い方についてそれほど心配しなくてすみます。
　最後の理由は、税金や保険、会社の宣伝について自分で考えなくてもよい点です。自営業者であれば、領収書をすべて取っておいて税金を計算し、事務作業を全部自分でやらなければなりません。さらに広告についても考えなければなりません。そういったたくさんの仕事が、通常業務のほかにあります。しかし実績のある会社では、そういったことは給与担当の部署が引き受け、宣伝はマーケティング部が担当しますので、自分の仕事に専念できます。
　まとめると、私が実績のある会社で働きたい理由は、同僚から学べ、毎月安定した給与をもらえて、そして税金や保険、会社の宣伝などの手続きを会社がやってくれるからです。(327語)

【注】□ experienced　経験を積んだ　　□ secure　安心していられる　　□ tax　税
□ insurance　保険　　□ advertising　宣伝　　□ truly　本当に　　□ on one's own　単独で
□ salary　給与　　□ plumber　配管工　　□ income　収入　　□ fluctuate　変動する
□ worry　心配する　　□ final　最後の　　□ receipt　領収書　　□ payroll　給与
□ in conclusion　結論として

模擬テスト 2
Speaking Test 2

Questions 1-2: Read a Text Aloud

Question 1　CD2 46

Directions: In this part of the test, you will read aloud the text on the screen. You will have 45 seconds to prepare. Then you will have 45 seconds to read the text aloud.

ディレクション： この問題では画面に音読するテキストが表示されます。準備時間は 45 秒です。指示があったら、45 秒で画面に表示されたテキストを音読してください。

CD2 62

The first part of the agenda this morning will consist of an overview of the firm, our present condition, and our future goals. After a short break, we will return to discuss company policies and regulations. So let's begin by learning about the organization itself, and it is my pleasure to introduce Geoffrey Baxter, President of PCB Bank.

午前の部は、会社の概要と現状、そして今後の目標からスタートする予定です。その後短い休憩を挟んで、会社の方針と規則について話し合います。それではまず私たちの会社を知ることから始めましょう。PCB 銀行のジェフリー・バクスター頭取をご紹介いたします。

【注】□ agenda　議事予定　　□ overview　概要　　□ condition　状況　　□ break　休憩
　　　□ policy　方針　　□ regulation　規則　　□ president　社長、(銀行の場合は) 頭取

Question 2　CD2 47

Directions: In this part of the test, you will read aloud the text on the screen. You will have 45 seconds to prepare. Then you will have 45 seconds to read the text aloud.

Speaking / Writing

> ディレクション： この問題では画面に音読するテキストが表示されます。準備時間は 45 秒です。指示があったら、45 秒で画面に表示されたテキストを音読してください。

CD2 63

Good evening ladies and gentlemen, we have now arrived at the Port of Dover where the local time is five fifty-five. On behalf of the Captain, his officers, and the crew of the Bell of Bristol, we would like to thank you for traveling with Wave-Line Ferries today. We hope that you had a pleasant crossing and wish you a safe onward journey.

> みなさま、こんばんは。本船はただいまポートオブドーバーに到着いたしました。現在の時刻は 5 時 55 分です。ベル・オブ・ブリストル（ブリストルの鐘）号の船長以下、航海スタッフ、乗組員に代わりてお礼を申し上げます。本日はウェイブライン・フェリーをご利用いただき、誠にありがとうございました。みなさまにとって快適な航海であったことを願うとともに、この先のご旅行の安全をお祈り申し上げます。
>
> 【注】 □ local time　現地時刻　　□ Captain　船長　　□ crossing　航海　　□ onward　以降の

Question 3 : Describe a Picture

CD2 48

Directions: In this part of the test, you will describe the picture on your screen in as much detail as you can. You will have 30 seconds to prepare your response. Then you will have 45 seconds to speak about the picture.

> ディレクション： この問題では画面に写真が表示されます。写真をできるだけ詳しく描写してください。準備時間は 30 分です。指示があったら、45 秒で写真を描写してください。

【解答例】　**CD2 64**

This is a picture of some kind of outdoor scene. I guess it is outside a café or a restaurant. There are a lot of people and all of the chairs are occupied. Some people are wearing coats and jackets. Other people have taken their jackets off.

Some jackets are hanging on the back of chairs. I cannot see what they are eating or drinking. The man on the right is wearing a brown hat. The man in the center is wearing glasses. The man on the left is resting his elbow on the table. He might be bored. The poster says free Wi-Fi.

これは屋外の風景の写真です。カフェかレストランの外のようです。人がたくさんいて、席はすべて埋まっています。コートやジャケットを着ている客がいます。ジャケットを脱いでいる客もいます。椅子の背に掛けられているジャケットがあります。客たちが何を飲んだり食べたりしているのかはわかりません。右手の男性は茶色の帽子をかぶっています。中央の男性は眼鏡をかけています。左手の男性はテーブルに肘をついています。退屈なのかもしれません。ポスターには、無料 Wi-Fi についての説明が書かれています。

【注】□ occupied ふさがった　□ take off 脱ぐ　□ hang 掛かる　□ rest 置く
□ elbow 肘　□ be bored 退屈する

Questions 4-6 : Respond to Questions

CD2 49

Directions: In this part of the test, you will answer three questions. For each question, begin responding immediately after you hear a beep. No preparation time is provided. You will have 15 seconds to respond to Questions 4 and 5 and 30 seconds to respond to Question 6.

ディレクション： ここでは、3つの設問があります。ビープ音の後、すぐに解答してください。準備時間はありません。Question 4, 5 には 15 秒で、Question 6 には 30 秒で解答してください。

CD2 50-52

Imagine that a British marketing firm is doing research in your country. You have agreed to participate in a telephone interview about health and fitness.

Question 4: What do you do to stay fit?
Question 5: What kind of food is good for people who want to lose weight?
Question 6: Describe a healthy food in your country.

イギリスのマーケティング会社が、あなたの国で調査を行なっており、あなたは健康とフィットネスについての電話によるインタビューを受けることを受諾したとします。

質問4：健康でいるために何をしていますか。
質問5：減量したい人にはどんな食べ物が適していますか。
質問6：あなたの国の健康によいとされている食べ物について説明してください。

【注】□ fit 健康な、元気な　□ good for …に適した　□ lose weight 減量する、やせる

Speaking / Writing

【解答例】

Question 4　CD2 65

I go running, swim, and play sports. I usually go running in the evening after work. I run about five kilometers.

ランニングや水泳などのスポーツをします。通常仕事が終わった夕方に走りに行きます。約5キロ走ります。

Question 5　CD2 66

I think fresh vegetables are good. They have a lot of vitamins in them. Salad is a good example. However, it is important to maintain a balanced diet.

新鮮な野菜がいいと思います。ビタミンが豊富に含まれています。サラダがいいですね。でも、バランスのとれた食事を続けることが大切だと思います。

【注】□ vitamin　ビタミン　　□ balanced　バランスのとれた　　□ diet　食事

Question 6　CD2 67

A healthy food in my country is sushi. It is raw fish with rice. You can also have it with a spicy radish called wasabi and with soy sauce. I think the consumption of sushi is perhaps one of the reasons why Japanese people live a long time. If you come to Japan, I suggest you try tuna. It is really nice in autumn.

私の国で健康によいとされている食べ物は寿司です。寿司は生魚とごはんが一体となっています。それに、ラディッシュのようにピリッとするワサビと、醤油をつけて食べます。寿司を食べることが、日本人が長生きする理由の1つかもしれません。日本に来ることがあれば、マグロをぜひ試してみてください。秋には特においしいですよ。

【注】□ raw　生の　　□ spicy　ピリッとした　　□ consumption　消費

Questions 7-9 : Respond to Questions Using Information Provided

CD2 53

Directions: In this part of the test, you will answer three questions based on the information provided. You will have 30 seconds to read the information before the questions begin. For each question, begin responding immediately after you hear a beep. No additional preparation time is provided. You will have 15 seconds to respond to Questions 7 and 8 and 30 seconds to respond to Question 9.

ディレクション： ここでは、提示される情報に基づいて、3つの設問に解答してください。設問に解答する前に、提示された情報を30秒で読んでください。各問題とも、ビープ音の後、すぐに解答してください。準備時間は与えられません。Question 7とQuestion 8には15秒で、Question 9には30秒で解答してください。

Kelwood Shopping – Customer Database - March 4th
Customer Name: Mr. Ken Masters
Customer ID: #754-4365
Customer Home Address: 54 Elms Vale Road, Maidstone, New Jersey.

Order Date	Summary of Items	Delivery Status
March 1	Trident 42" Widescreen T.V.	To be delivered: March 6 (1 P.M. – 4 P.M.) Deliver to: Home Address
March 1	Trident MP3 player – blue	Out-of-Stock: Awaiting delivery (3 days)
March 1	Blue wash jeans – 1 pair	To be delivered: March 5 (10 A.M. – 12 P.M.) Deliver to: Home Address
March 2	The Creeps – Season Four DVD	To be delivered: March 6 (1 P.M. – 4 P.M.) Deliver to: Home Address
March 3	Michael Reynolds – Greatest Hits Album	To be delivered: March 7 (10 A.M. – 12 P.M.) Deliver to: John Stevens 15 Lasley Way, Canterbury, Iowa

模擬テスト2解答

Speaking / Writing

🎧 **CD2 54**

(Narrator)
Good morning, this is Ken Masters. I would like to check on some recent purchases that I have made from your online store. However, I cannot access your Web site at the moment. Can I ask you some questions over the phone instead?

🎧 **CD2 55-57**

Question 7: Can you tell me when my television will be delivered and what time I can expect it to arrive at my home?

Question 8: On March 3rd, I ordered Michael Reynolds' album for my friend, John Stevens. That item has been delivered to him, hasn't it?

Question 9: Can you tell me the delivery status of my other items aside from the television and the jeans?

ケルウッド・ショッピング　顧客データベース　3月4日
顧客氏名：ケン・マスターズ様
顧客 ID：#754-4365
顧客自宅住所：ニュージャージー州メイドストーン　エルムスヴェール通り54番

注文日	注文商品	発送状況
3月1日	トライデント　42インチ　大画面テレビ	配達予定日 3月6日（午後1時～4時） お届け先：ご自宅
3月1日	トライデント　MP3プレーヤー（青）	品切れ 入荷待ち（3日間）
3月1日	ブルー・ウォッシュ・ジーンズ（1着）	配達予定日 3月5日（午前10時～12時） お届け先：ご自宅
3月2日	ザ・クリープス　シーズン4　DVD	配達予定日 3月6日（午後1時～4時） お届け先：ご自宅
3月3日	マイケル・レイノルズ　グレイテスト・ヒッツ　アルバム	配達予定日 3月7日（午前10時～12時） お届け先：ジョン・スティーヴンズ様 アイオワ州カンタベリー　ラスリーウェイ15番

【注】□ customer　顧客　　□ summary　概要　　□ status　状況
　　　□ to be delivered　配達予定　　□ out-of-stock　品切れ　　□ await　待つ

【メッセージ】
おはようございます。ケン・マスターズと申します。そちらのオンラインストアで最近注文したものについて、確認しようと思ってお電話しました。今ホームページが見られないので、電話でうかがいたいのですが。

【注】
- check on 確認する
- at the moment ちょうど今
- purchase 買い物
- instead 代わりに
- access 接続する

質問7　注文したテレビの配達はいつになりますか。それと、自宅に届くのはだいたい何時頃になるでしょうか。
質問8　3月3日にマイケル・レイノルズのアルバムを注文して、友人のジョン・スティーヴンズのところに送ってもらうようにしたのですが、もう届いてますよね。
質問9　テレビとジーンズ以外の、注文した品物の配達状況を教えてください。

【注】□ aside from　…のほかに

【解答例】

Question 7　CD2 68

Your television will be delivered on March 6th. You can expect delivery between one o'clock and four o'clock in the afternoon.

> テレビは3月6日に配達予定です。午後1時から4時のあいだのお届けになります。

Question 8　CD2 69

I'm afraid not. The item is going to be delivered to Mr. Stevens on March 7th between 10 A.M. and 12 P.M.

> 申し訳ありませんが、まだお届けしていません。スティーヴンズ様へお届けするのは3月7日の午前10時から12時のあいだになる予定です。

Question 9　CD2 70

Unfortunately, the Trident MP3 player is out-of-stock at the moment. We are awaiting delivery, and that will take about three days. The Creeps, season four DVD is expected to be delivered to you on March 6th between one o'clock and four o'clock in the afternoon.

> 現在、トライデントMP3プレーヤーはあいにく品切れで、入荷待ちとなっております。入荷まで3日ほどかかります。『ザ・クリープス』シーズン4のDVDは3月6日の午後1時から4時のあいだにお届けする予定です。

【注】
- unfortunately　あいにく、残念ながら
- be expected to do　…するはずだ

Speaking / Writing

Question 10 : Propose a Solution

CD2 58

Directions: In this part of the test, you will be presented with a problem and asked to propose a solution. You will have 30 seconds to prepare. Then you will have 60 seconds to speak.
In your response, be sure to
• show that you recognize the problem, and
• propose a way of dealing with the problem.

Now listen to the voice message.

ディレクション：ここでは、提示される1つの問題について、解決策を提案してください。準備時間は30秒、解答時間は60秒です。
解答にあたっては、必ず
・メッセージの相手の問題を理解していることを示してください
・問題への対処方法を提案してください

では、留守番電話のメッセージをお聴きください。

CD2 59

Good afternoon. My name is Thomas Kendall and I am the manager of the Dawson Hotel. This is a message for Claire Jones, the youth employment officer at Dawson job center. Owing to the seasonal nature of our business we take on a lot of part-time, temporary staff during the summer, and the vast majority of those are students seeking to earn some money. However, the quality of their work is very disappointing. They are often late, have poor people skills, and basically don't seem to understand that we are in the hospitality business. I was wondering if you had any ideas on how I can attract the best young people to work here in the summer, or how you, as the youth employment officer, can prepare them for the job prior to them taking up their responsibilities. As a local employer, we are keen to give our local youngsters experience and skills. Call me, and tell me your suggestions. This is Thomas Kendall at 555-3234. Thanks.

こんにちは。ドーソンホテルの支配人のトマス・ケンダルと申します。ドーソン就職センターの青年雇用担当のクレア・ジョーンズさんにメッセージです。私どもの業界は季節によって忙しさが変動するので、夏のあいだは多くのアルバイトや臨時従業員を雇いますが、そのほとんどがお金を稼ぎたい学生です。しかし、彼らの仕事ぶりはまったく期待はずれです。頻繁に遅刻するし、コミュニケーションスキルも低く、何よりもわれわれの仕事がサービス業だということを理解していないようです。夏のあいだ、どうしたら優秀な若者に来てもらえるか、お考えをお聞きしたいと思っています。あるいは青年雇用のご担当として、仕事を始める前に心構えを持たせることができますでしょうか。地元の雇用主として、地域の若者に経験とスキルを提供したいと強く思っております。お電話でお考えをお聞かせください。トマス・ケンダル、電話番号は555-3234です。よろしくお願いいたします。

【注】□ employment 雇用　□ seasonal 季節の　□ attract 引きつける
　　□ take up 始める　□ keen to do しきりに…したがっている

Respond as if you are an employment officer.

In your response, be sure to
・show that you recognize the problem, and
・propose a way of dealing with the problem.

就職担当者になったつもりで解答してください。
解答にあたっては、必ず
・相手の問題を理解していることを示してください
・その問題に対処する方法を提案してください

【解答例】　CD2 71

This is a message for Thomas Kendall. This is Claire Jones, the youth employment officer. Thank you for your call. Your message said that you were not satisfied with the quality of the young people working at your hotel, and that you wanted me to suggest some ideas to improve the situation. To be honest, I have been thinking about the same thing recently. It seems that many young people do not have confidence or pride in their work. Why don't we hold some training workshops before the summer at local schools? We could do some customer service role-plays, and you could talk to them about your hotel. I am sure that if we did this, then not only would more young people know about your hotel, but they would also be more confident and know what is expected of them. If you want to speak to me today, give me a call at 555-4367. Thanks.

トマス・ケンダルさんへのメッセージです。青年雇用担当のクレア・ジョーンズと申します。お電話ありがとうございました。そちらのホテルに勤務する若者の仕事ぶりにご不満で、状況を改善するための意見をお聞きになりたいということですね。実は最近、私も同じように考えておりました。どうも若い人たちの多くは自分の仕事に対して、自信や誇りを持っていないようですね。夏になる前に、地元の学校で研修ワークショップを開いたらどうでしょうか。私たちは接客のロールプレーをし、ケンダルさんにはホテルについて学生にお話ししていただきます。そうすれば若者たちはそちらのホテルについての知識を得られるばかりか、もっと自分に自信を持つことができるし、何が期待されているのかわかると思います。この件で今日お話がありましたら、555-4367にお電話ください。よろしくお願いいたします。

【注】□ confidence 自信

Speaking / Writing

Question 11 : Express an Opinion

CD2 60

Directions: In this part of the test, you will give your opinion about a specific topic. Be sure to say as much as you can in the time allowed. You will have 15 seconds to prepare. Then you will have 60 seconds to speak.

ディレクション：ここでは、特定のトピックについて、自分の意見を述べてください。与えられた時間を使ってできるだけ多くのことを解答してください。準備時間は15秒、解答時間は60秒です。

CD2 61

You have just won a competition. For your prize, you can either choose a first-class domestic airline ticket or an economy-class international flight. Which would you choose and why?

あなたはコンテストで優勝しました。賞品として、国内線のファーストクラス・チケットか、国際線のエコノミークラス・チケットを選ぶことができます。あなたはどちらを選びますか。理由とともに答えてください。

【注】□ competition　コンテスト　　□ domestic　国内の

【解答例】　**CD2 72**

If I had to choose one, then I would choose an economy-class international flight ticket, and there are several reasons why. The first reason is that I really like to travel overseas. So far, I have been to America, New Zealand, and China. I love learning about other cultures and using foreign languages. By traveling overseas, I can do both. For example, last year I visited America for the first time. It was an amazing experience, and I finally gained confidence in using English. The second reason is that I am not so interested in traveling in my own country. Even though the domestic ticket is first class, the actual flight time might be only thirty minutes. In addition, I have already visited a lot of places in Japan. Although the culture can be slightly different from place to place, it is not so different that I can maintain interest.

1つ選ばなければならないなら、国際線のエコノミークラス・チケットを選びます。理由はいくつかあります。第1の理由は、海外旅行が大好きだからです。これまでに、アメリカ、ニュージーランド、中国に行きました。私は違う文化を学んだり外国語を使うのが好きなのですが、海外に旅行するとその両方ができます。たとえば、去年はアメリカに初めて行きました。貴重な経験でしたし、英語を使うことにやっと自信が持てました。2番目の理由は、国内を旅行することにあまり興味が持てないことです。国内線のチケットはファーストクラスですが、実際の飛行時間が30分程度ということもあります。さらに、日本国内はすでにたくさんの場所を訪れています。地域によって多少文化の違いがあるかもしれませんが、興味を持ち続けられるほどではありません。

【注】□ overseas　海外に　　□ for the first time　初めて　　□ amazing　貴重な、すばらしい

□ finally　やっと　　□ actual　実際の　　□ might　…のおそれがある　　□ slightly　わずかに
□ from place to place　場所によって

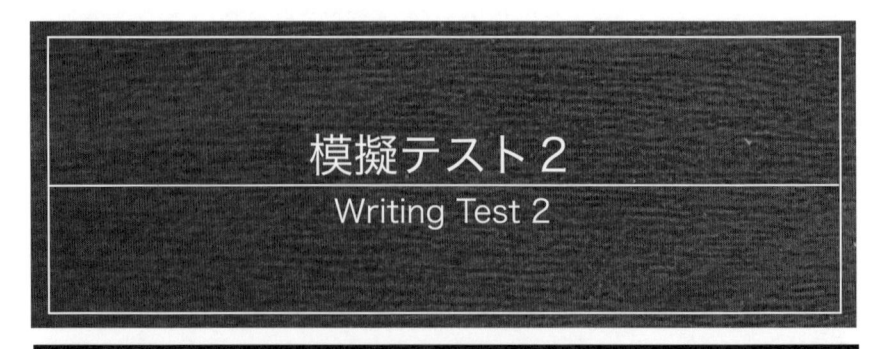

模擬テスト 2
Writing Test 2

Questions 1-5: Write a Sentence Based on a Picture

Directions: In this part of the test, you will write ONE sentence that is based on a picture. With each picture, you will be given TWO words or phrases that you must use in your sentence. You can change the forms of the words, and you can use the words in any order. Your sentence will be scored on

・the appropriate use of grammar and
・the relevance of the sentence to the picture.

In this part, you can move to the next question by clicking on "Next." If you want to return to a previous question, click on "Back."

You will have 8 minutes to complete this part of the test.

ディレクション: この問題では、写真に基づく 1 つの文章を作成します。各写真について、文章中に使わなければならない 2 つの単語または句（熟語）が提示されます。単語の形は変えて構いません。また、これらの単語はどのような順番で使ってもよいものとします。作成した文章は、以下に基づいて採点されます。
・文法
・写真と文章の関連性
Question 1-5 においては画面上の「Next」や「Back」をクリックして、次の問題に進んだり、前の解答を見直すことができます。解答時間は 5 問で 8 分間です。

Question 1

man / stand

【解答例】 A **man** is **stand**ing beside the escalator in the department store. (11 words)

男性がデパート店内のエスカレーター横に立っている。(11 語)

Question 2

carry / luggage

【解答例】 A man and a woman are **carry**ing their **luggage** in the park. (12 words)

男性と女性が公園で荷物を運んでいる。(12 語)

Question 3

some / around

【解答例】 **Some** wooden chairs are placed **around** the rectangular table. (9 words)

木製の椅子が長方形のテーブルの周りに置かれている。(9 語)

【注】□ rectangular　長方形の

Question 4

play / in

【解答例】 Several boys are **play**ing soccer **in** the soccer field. (9 words)

少年たちがサッカー場でサッカーをしている。(9語)

Question 5

sit / while

【解答例】 One of the passengers is **sit**ting on a cart **while** he is waiting for his flight. (16 words)

搭乗客の1人が、飛行機を待つあいだカートに腰を下ろしている。(16語)

Questions 6-7: Respond to a Written Request

Directions: In this part of the test, you will show how well you can write a response to an e-mail. Your response will be scored on
• the quality and variety of your sentences,
• vocabulary, and
• organization.
You will have 10 minutes to read and answer each e-mail.

ディレクション: この問題では、E メールのメッセージに対していかにうまく返信できるかが問われます。作成した解答は、以下に基づいて採点されます。
・ 文章の質と多様性
・ 語彙・語句
・ 構成
解答時間は 10 分間です。

Question 6

Directions: Read the e-mail below.

ディレクション: 以下の E メールを読みなさい。

From: Peter Levitt – Arkansas Countryside Volunteer Group
To: All members
Subject: Annual Cleanup
Sent: June 14, 08:45 A.M.

Dear Member,

Next month, the municipal council plan to clean up the local river. We have been asked to assist them in cleaning up the stretch of the Little Red River from the Middle Fork to the South Fork. If you have time, we would really appreciate your help!

差出人:ピーター・レヴィット　アーカンソー・カントリーサイド・ボランティアグループ
宛先:全会員
件名:毎年恒例の掃除について
日付:6月14日　08:45

会員各位
来月、市議会が地元の川の清掃を計画しており、われわれに協力を求めています。リトルレッド川のミドルフォークからサウスフォークまでの範囲です。お時間があればぜひご協力ください！

【注】□ municipal council　市議会　　□ stretch　広がり、範囲

Speaking / Writing

Directions: Respond to the e-mail as if you are a member of Arkansas Countryside Volunteer Group. In your e-mail, give ONE time that you are free and give TWO pieces of advice.

ディレクション： アーカンソー・カントリーサイド・ボランティアグループの会員になったつもりで返信メールを書きなさい。文中では、1つの空き時間を挙げ、2つの助言を伝えること。

【解答例】
Dear Mr. Levitt,

I received an e-mail dated June 14. I would like to give one time I am free and also give two pieces of advice.

Firstly, I am free on Saturday 5th July from ten o'clock in the morning until five o'clock in the afternoon. In addition, I would like to give two pieces of advice. Last year, some people cut their hands very badly on some wire or cable. I don't think it is a good idea to ask people to clean but not provide them with basic safety wear. Furthermore, why don't you ask the local college if they have any people who want to volunteer? Students are always talking about saving the planet but rarely do anything about it.

Best regards,

(YOUR NAME)

レヴィット様

6月14日付のEメールを拝見しました。お手伝いが可能な日時を1つ挙げ、さらに意見を2つ申し上げたいと思います。
　まず最初に、7月15日土曜日の午前10時から午後5時までは空いています。さらに、2点意見を申し上げたいと思います。去年、何人かの人が針金かケーブルで手に深い切り傷を負いました。掃除への協力を求めておきながら基本的な安全装具を支給しないのは、あまりいい対応とは思えません。
　最後に、地元の大学でボランティアを募ってはどうでしょうか。学生たちはいつも地球を救おうと言っていますが、なかなか行動を起こしません。

敬具

(あなたの名前)

【注】□ provide 支給する　□ rarely まれにしか…しない、めったに…しない

Question 7

Directions: Read the e-mail below.

ディレクション： 以下のEメールを読みなさい。

From:	Simon Clayson – Kelshire Historical Society
To:	All Members

Subject: One hundred years of coal mining
Sent: April 13, 15:32

Dear Member,

This year marks one hundred years of coal mining in Kelshire. Local historian, Ian Taylor has written a book detailing the ups and downs of the industry, and the society has made a DVD. To purchase either of these items, please contact me directly.

差出人：サイモン・クレイソン　ケルシャー歴史協会
宛先：全会員
件名：採炭開始100周年について
日付：4月13日　15:32

会員各位
ケルシャーは今年、採炭開始から100年を迎えます。郷土史研究家イアン・テイラー氏が、石炭産業の浮き沈みを詳述した書籍を執筆され、当協会はDVDを制作しました。これら商品の購入に関しては、直接私宛にお問い合わせください。

Directions: Respond to the e-mail as if you are a member of the Kelshire Historical Society. In your e-mail, place ONE order and make TWO suggestions.

ディレクション：ケルシャー歴史協会の会員になったつもりで返信メールを書きなさい。文中では、注文を1つ出し、提案を2つすること。

【解答例】
Dear Mr. Clayson,

I would like to place one order and make two suggestions.

Firstly, I would like to order two copies of the book. It sounds very interesting. Secondly, I would like to make two suggestions. In future, why don't you upload any videos that you make onto the Kelshire Historical Society's Web site? It would be cheaper than producing a DVD and would reach a larger audience. In addition, why don't you visit local schools and show them the DVD? I think a lot of kids would be interested in learning about it.

If you want to speak to me today, give me a call at 555-4434.

Sincerely,

(YOUR NAME)

クレイソン様

注文を1つ出し、2つ提案をしたいと思います。
まず書籍を2冊注文します。とても面白そうですね。次に提案が2つあります。将来的には、映像をケルシャー歴史協会のウェブサイトにアップしたらどうでしょうか。そのほうがDVDを制作するより安いですし、より多くの人に観てもらえるでしょう。さらに、DVDは地元の学校を訪問して見せたらいかがでしょう。多くの子供たちが石炭産業について学ぶことに関心を持つと思います。
本日何かありましたら555-4434までお電話ください。

敬具

(あなたの名前)

【注】□ sound …のように思われる、…みたいである

Question 8: Write an Opinion Essay

Directions: In this part of the test, you will write an essay in response to a question that asks you to state, explain, and support your opinion on an issue. Typically an effective essay will contain a minimum of 300 words. Your response will be scored on

- whether your opinion is supported with reasons and/or examples,
- grammar,
- vocabulary, and
- organization.

You will have 30 minutes to plan, write, and revise your essay.

ディレクション: この問題では、質問に対して自分の意見を記述します。自分の意見を述べ、説明し、根拠を挙げてください。効果的な解答を作成するには少なくとも300語以上必要でしょう。作成した解答は、以下に基づいて採点されます。
・理由や例を挙げて意見を述べているか
・文法
・語彙・語句
・構成
構成を考え、書き、見直すための解答時間は30分間です。

Directions: Read the question below. You have 30 minutes to plan, write, and revise your essay.

Recently, online shopping has become increasingly popular. Do you think that the growth of online businesses has had a negative impact on local businesses? Give reasons and examples for your opinion.

> ディレクション： 以下の質問を読みなさい。構成を考え、書き、見直すための時間は 30 分です。
>
> 最近、オンラインショッピングはますます人気となっています。あなたは、オンラインストアの成長が、地元の店にマイナスの影響を与えると考えますか？　あなたがそう考える理由を述べ、例を挙げて説明してください。

【解答例】

I agree that online shopping is bad for local businesses, and there are a couple of reasons why. Online shops can undercut local businesses, and they can advertise more widely than local businesses. Despite security concerns, online shopping is more convenient.

The first reason is that online stores can cut costs by not spending money on having an actual retail shop. Therefore, prices listed by online stores are often cheaper because those savings can be passed on to the customer. Last week I was looking to buy a new camera. I looked online and found a camera for about thirty thousand yen. Later, I went to my local camera store and found the same camera for thirty-seven thousand yen. If I bought the camera online, I could make a saving of seven thousand yen. I later decided to buy the camera online, and so the local business lost a sale.

The second reason is that online businesses can advertise more widely. Local businesses usually only advertise on local radio or in the local newspaper. They also have to pay for that advertising. However, it is possible for online businesses to advertise more widely and often for free on blogs, on search engines, and on other Web sites. As a result, advertising by online businesses not only reaches a wider audience, but also attracts customers who might otherwise have used their local store instead.

On the other hand, there may be some security concerns. Customers usually provide their credit card information when shopping online. Without a tight security system, a customer may become a victim of online fraud. When shopping at an actual shop, they do not need to worry so much about this because they have a variety of payment options. Having said that, if customers shop at reputable online businesses, online shopping can be much more convenient than shopping at local stores.

Overall, I think online shopping is bad for local businesses because online stores can sell more cheaply and advertise more widely and thus steal customers from local stores. Also, by choosing reputable sites, security concerns can be avoided and shoppers can enjoy convenience. (356 words)

> オンラインショッピングは、地元の店にとってマイナスになると思います。その理由はいくつかあります。オンラインストアは地元の店より価格を安くできますし、広く宣伝することができるからです。安全面の心配はありますが、オンラインショッピングのほうが便利です。
> 　1番目の理由は、オンラインストアは実店舗を持たないので経費を削減できる点です。それによって

Speaking / Writing

　節約分を顧客に還元できます。先週、私は新しいカメラを買おうと思っていました。インターネットで調べて見つけたカメラは約 30,000 円でした。その後、地元のカメラ屋へ行って同じカメラを見たところ、37,000 円でした。カメラをオンラインストアで購入すると 7000 円節約できます。私はカメラをオンラインストアで買うことに決め、地元の店は 1 つ売り損ねました。

　2 番目の理由は、オンラインストアは宣伝を広く行なえる点です。地元の店は、通常、地域限定のラジオや地方紙でしか宣伝できません。広告を出すのに代金を支払わなければなりません。しかしオンラインストアは、ブログや検索エンジンなどのウェブサイトに、時には無料で、広く頻繁に広告を出すことができます。その結果、オンラインストアの広告は幅広い顧客に接するだけでなく、地元の店から顧客を奪います。

　一方で安全上の懸念もあります。オンラインでの買い物では顧客は通常クレジットカードの情報を提供します。厳重なセキュリティーシステムがないと、顧客はオンライン詐欺の犠牲になることも考えられます。実在する店で買い物をする場合は、支払方法がいろいろあるので、このようなことを心配する必要はありません。とは言ったものの、評判のよいサイトで買い物をすれば、地元の店で買うよりずっと便利でしょう。

　総合的に見て、オンラインショッピングは地元の店にマイナスです。なぜなら、オンライン上では値段を下げることができ、広く宣伝することで顧客を奪うからです。また、評判のいいショッピングサイトを選べば、安全性の懸念もなくなりますから、顧客は便利に活用できます。(356 語)

【注】□ bad for　…に不利益になる　　□ online shop　オンラインストア
　　　□ undercut　…より価格を下げる　　□ local business　地元の店
　　　□ pass on　(利益・経費などを) 還元する　　□ tight　厳しい　　□ fraud　詐欺
　　　□ on the other hand　一方